Der
New Yorker
Bartender

Der New Yorker Bartender

Sally Ann Berk
Photos von George G. Wieser, J.R.

KÖNEMANN

This book was designed and produced by
Black Dog & Leventhal Publishers, Inc.
151 W. 19th Street
New York, New York 10011

Original Title: The New York Bartender's Guide

© 1996 für die deutsche Ausgabe
Könemann Verlagsgesellschaft mbH, Bonner Str. 126, D-50968 Köln

Redaktion und Satz der deutschen Ausgabe:
Dr. Jörg Meidenbauer Verlagsbüro, München
Übersetzung aus dem Englischen: Diethelm Hofstra
Umschlaggestaltung: Peter Feierabend
Montage: Reproservice Werner Pees
Herstellungsleitung: Detlev Schaper
Druck und Bindung: Kossuth Printing House Co., Budapest

Printed in Hungary

ISBN: 3-89508-261-9
10 9 8 7

INHALT

EINLEITUNG

New York: das Empire State Building, die Freiheitsstatue und das Chrysler Building – Symbole der Stadt, voller Stil und Perfektion. Cocktails heißen hier Martini und Gimlet, Margarita und Manhattan. Auch diese Getränke sind zeitlose Meisterwerke. Es handelt sich um Köstlichkeiten, die genaue und sorgfältige Zubereitung erfordern. „Der New Yorker Bartender" sagt Ihnen, wie Sie den perfekten Drink zusammenstellen – mit über 1300 Rezepten für alkoholische und alkoholfreie Getränke, die auf traditionelle oder moderne Weise gemixt werden. Das Spektrum reicht von Klassikern bis hin zu populären „In"-Getränken.

„Der New Yorker Bartender" nennt Ihnen jedes nur erdenkliche Rezept. Zudem erhalten Sie wertvolle Tips von berühmten New Yorker Barkeepern. Warum gerade Rezepte aus New York? Nun, weil etwas, das Sie in New York nicht finden können, wahrscheinlich überhaupt nicht existiert! Dieses Buch enthält das ganze Wissen unserer Lieblingsbarkeeper – Tips und Tricks für jeden, der die Kunst des Mixens beherrschen oder einfach wissen möchte, wie man einen köstlichen Drink zubereitet.

LIEBLINGSDRINKS

Nicholas Mellas, seit 26 Jahren Barkeeper (Gallagher's Steak House): *„Mein unsterblicher Favorit ist ein klassischer trockener Martini mit herrlichen Oliven. Martinis wurden schließlich schon immer getrunken."*

Billy Steel, seit 15 Jahren Barkeeper ('21' Club, Hudson River Club, Mesa Grill): *„Am häufigsten wurden im '21' Drinks auf Eis ausgeschenkt, hauptsächlich Scotch. Ich selbst rührte dort am liebsten einen klassischen Martini, mit einer Spur mehr Vermouth als üblich. Im '21' werden die Drinks eben so zubereitet, wie es sich gehört."*

Dale de Groff, seit 20 Jahren Barkeeper und Chef-Barkeeper im Rainbow Room, (The Rainbow Promenade Restaurant/Bar): *„Mit Blick aus dem 65. Stock auf das Panorama von New York kommt man einfach nicht umhin, Manhattans und Martinis zu bestellen."*

Peter Mellett, seit 15 Jahren Barkeeper (Au Bar, Mesa Grill): *„Ich habe erlebt, wie alte Standardgetränke unpopulär und nur noch von Angehörigen einer gewissen Altersstufe bestellt wurden, nur um plötzlich wieder „in" zu sein. Ich habe das Wiederaufleben des Martinis schon in den frühen achtziger Jahren vorausgesagt, zusammen mit seinen Abwandlungen wie dem Cosmopolitan, für den vor allem das Odeon in New York City berühmt ist."*

BARTENDING IN DER HAUSBAR

Peter Mellett: *„Es ist ein großer Unterschied, ob man Getränke als Hobby in der Hausbar oder professionell in einer Cocktailbar mixt. Aber hier wie dort lieben die Menschen es, einen Barkeeper in Aktion zu sehen."*

Dale de Groff: *„Hinter die Bar gehört eine Saftpresse. Es ist wichtig, nur frischgepreßte Säfte zu verwenden, und zu Hause ist das einfach."*

John Nathan, seit 10 Jahren Barkeeper (Phoebe's): *„Ich habe im privaten Kreis schon mit allen möglichen behelfsmäßigen Shakern gearbeitet. Alle lieben frisch geschüttelte Getränke, aber kaum jemand hat einen anständigen Shaker. Es ist sehr wichtig, einen guten Shaker im Haus zu haben."*

TIPS UND TRENDS

Dale de Groff: *„Als Chef-Barkeeper im Rainbow Room habe ich eine Liste der Hausgetränke von berühmten alten New Yorker Bars zusammengestellt, in die ich auch modernere Klassiker aufgenommen habe. Wir hatten unglaublich viele Anfragen nach dieser Liste. Ich glaube fast, daß sie den darauffolgenden Cocktail-Boom bewirkt hat."*

John Nathan: *„Der beste Tip, den ich als Barkeeper geben kann, ist, sich intensiv um die Gäste zu kümmern."*

Peter Mellett: *„Es macht einfach Spaß, Drinks wie Margaritas, Martinis oder Gibsons zuzubereiten. Das Interessante ist: Wenn nur einer sie trinkt, folgt fast die ganze Bar diesem Beispiel. Sie machen alleine schon durch ihr Aussehen Lust aufs Trinken."*

Sarah Fearon, seit fünf Jahren Barkeeperin (Hi-Life Bar and Grill): *„Jede Party braucht einen Gastgeber, der dafür sorgt, daß alles reibungslos abläuft. Als Barkeeper sind Sie allabendlich Gastgeber einer Mordsparty. Der erste Schritt, ein unvergeßliches Erlebnis daraus zu machen, ist: den Gästen das Gefühl zu geben, willkommen zu sein."*

BAR-ETIKETTE

Billy Steel: *„Im '21' kommen die Barkeeper mit Anzug und Krawatte, und sie bringen ihre Bargerätschaft in der Aktentasche mit. Man läßt Sie dort nicht hinter die Bar, bevor Sie nicht fünf Monate lang ausgebildet worden sind, gleichgültig welchen Hintergrund Sie mitbringen. Das ist richtige alte Schule, nach der das Mixen von Getränken als geachtete Kunst angesehen wird."*

Nicholas Mellas: *„Es war eines der denkwürdigsten Ereignisse meiner Zeit als Barkeeper, als Joe Namath (ein bekannter amerikanischer Footballspieler) von seinem Tisch im Restaurant herüber in die Bar kam und sich mit einigen Kindern zu unterhalten begann, die hier mit* ihren Eltern aßen. Er nahm einige Brötchen vom Tisch und begann, mit den Kindern Football zu spielen. Sie warfen die Brötchen quer durch den Raum, aber niemand machte sich etwas daraus, weil es Joe Namath war. Urplötzlich verließ er das Restaurant, kam kurz danach mit einem gekauften Football zurück, setzte sein Autogramm darauf und schenkte ihn den Kindern. Wirklich ein freundlicher Kerl!"

John Nathan: *„Ich habe herausgefunden, daß sich ein Drink am besten verkauft, wenn man seinen Namen auf eine Tafel an der Bar setzt. Egal was wir darauf schreiben, unsere ‚Specials' verkaufen sich. Die Wirkung dieser Anregung ist phänomenal."*

Billy Steel: *„Die seltsamsten Erlebnisse in meiner Zeit als Barkeeper hatten mit meinem ersten Job in einer Mafioso-Bar mit Namen Paul's Lounge zu tun. Ich agierte als Mittelsmann zwischen Buchmachern und der Bar-Klientel. Sie setzten ihre Wetten und leisteten die Zahlungen durch mich. Das Mixen von Getränken geht eben weit über das Ausschenken eines Drinks hinaus."*

John Nathan: *„Das Mixen von Getränken in New York ist eine Herausforderung. Ich habe ein ständiges Problem mit Fällen von Taschendiebstahl. Deshalb halte ich neben meinem eigentlichen Aufgabenbereich ein waches Auge auf die Art von Typen, die in der Nähe der Bar nach Taschen greift. Es geschieht, daß jemand hereinkommt, ich ihn förmlich wittere und er mir einen Blick zuwirft, als wolle er sagen: Hoppla, diesmal hast du mich ertappt, ich haue besser ab. Er stürzt hinaus, nur um dann irgendwann wieder aufzutauchen."*

DIE EINRICHTUNG IHRER HAUSBAR

Sally Ann Berk, Hobby-Barkeeperin: *„Als ich damals nach New York kam, bezog ich ein Apartment, das von der Größe her eher die Bezeichnung ‚begehbarer Wandschrank' verdiente. Im Küchenbereich war kaum Platz für Lebensmittel, Geschirr und andere notwendige Dinge, geschweige denn für eine ordentlich ausgestattete Bar. Doch ich wollte Gäste einladen, und so fand ich die Lösung für mein Platzproblem durch Improvisation. Unter dem einzigen Fenster der Wohnung war ein großes Loch in der Wand, das irgendwann einmal für eine Klimaanlage geschlagen worden war. Das habe ich einfach als Likörvitrine und Weinkeller benutzt. Es war für diese Zwecke geradezu ideal."*

DIE HAUSBAR-GRUNDAUSSTATTUNG

Hier nun die wichtigsten Bestandteile einer kompletten kleinen Hausbar, die alles Wesentliche enthält. Improvisieren Sie und stellen Sie die Ausstattung Ihrer eigenen Bar nach dem Geschmack Ihrer Freunde und Gäste zusammen.

BIER, WEIN UND SPIRITUOSEN

Bier: Export, Helles oder Lager (gekühlt)

Blended Whiskey oder Rye

Bourbon

Brandy

Gin

Pernod

Rotwein: Cabernet Sauvignon oder einen anderen trockenen Rotwein

Rum, weiß

Scotch

Sherry, trocken

Tequila, weiß

Triple Sec

Vermouth, trocken und süß

Weißwein, trockener, z.B. Chardonnay (gekühlt)

Wodka (im Gefrierfach)

ZUM MISCHEN (KALT STELLEN, FRISCHE FRUCHTSÄFTE NEHMEN)

Cola

Ginger Ale

Grapefruitsaft

Limettensaft

Orangensaft

Preiselbeersaft

Sodawasser

Tomatensaft

Tonic Water

Zitronen-Limetten-Soda bzw.

Zitronenlimonade

Zitronensaft

ZUM WÜRZEN UND GARNIEREN

Angosturabitter

Barzucker, fein

Cocktailoliven

Grenadine

Limetten

Maraschinokirschen

Orangen

Pfeffer, schwarz

Tabasco-Sauce

Worcestershire-Sauce

Zitronen

GLÄSER

Cocktailglas

Cognacschwenker

Longdrinkglas

Pilsglas

Sektglas

Weinkelch

Whiskyglas

BARGERÄTE

Barlöffel

Barsieb

Cocktailmaß (Jigger)

Elektromixer

Flaschenöffner

Korkenzieher

Meßglas

Meßlöffel

Rührglas

Saftpresse

ZUSÄTZLICHE AUSSTATTUNG FÜR EINE KOMPLETTE HAUSBAR

Wenn Sie über genügend Platz verfügen, statten Sie Ihre Bar am besten mit einigen zusätzlichen Dingen aus. Zum Aufbewahren der Getränke und fürs Eis empfiehlt sich ein kleiner, in der Nähe der Likörvitrine oder in der Bar installierter Kühlschrank. So sparen Sie Zeit, wenn Sie Gäste bewirten.

Schälmesser

Standard-Shaker

BIER, WEIN UND SPIRITUOSEN

Aguardiente	Jägermeister
Ale (im Kühlschrank)	Kanadischer Whisky
Amaretto	Kirschwasser
Amer Picon	Lillet
Apfelbrandy, Applejack	Madeira
Aquavit	Maraschinolikör
Armagnac	Pernod
Bénédictine	Pfefferminzschnaps
Calvados	Pimm's Cup No. 1
Campari	Porter
Champagner	Portwein, Ruby, Tawny und Vintage
Chartreuse, grün und gelb	Punt e Mes
Cognac	Rock and Rye
Cointreau	Rum, brauner, goldener, Anejo und Demerara
Crème de Bananes	Sake
Crème de Cacao, weiß und dunkel	Sambuca, weiß
Crème de Cassis	Schlehen-Gin
Crème de Menthe, weiß und grün	Sherry, Fino und Cream
Crème de Noyaux	Single Malt Scotch
Curaçao, blau und weiß	Slibowitz
Drambuie	Southern Comfort
Dubonnet, Blanc und Rouge	Stout-Bier
Galliano	Tequila, gold und silber
Grand Marnier	Williams Christ Birne
Grappa	Wishniak
Himbeergeist	Wodka (versetzt z.B.
Irischer Whiskey	mit Zitrus-, Pfeffer-, Johannisbeer-
Irish Cream Likör	Geschmack; im Gefrierfach)

ZUM MISCHEN (KALT STELLEN)

Ananassaft	Kirschmost
Apfelcidre	Kokoscreme
Bitter Lemon	Muschel-Tomaten-Saft
Guavennektar	Pfirsichnektar
Half-and-half	Rindfleischbrühe
Ingwerbier	Tafelwasser
Kaffee	

ZUM WÜRZEN UND GARNIEREN

Ananas	Meerrettich
Äpfel	Minze, frisch
Bananen	Muskat, gemahlen
Birnen	Orangenbitter
Cocktailzwiebeln	Orgeatsirup (Mandelsirup)
Eier*	Passionsfruchtsirup
Erdbeeren	Peychaud's Bitter
Gewürznelken	Pfeffer, weiß
Gewürznelkenpfeffer	Salz
Gurke	Schokolade, halbbitter
Himbeeren	Stangensellerie
Himbeersirup	Tamarindensirup
Honig	Zimt, gemahlen
Jalapeño-Pfefferschoten (eingelegt)	Zimtstangen
Koriander	Zuckersirup
Limettensaft	Zuckerwürfel

* Bei allen Rezepten dieses Buches Vorsicht beim Gebrauch roher Eier walten lassen. Rohe Eier können zu Salmonellenvergiftung führen!

GLÄSER

Bierkrug	Rotweinglas
Irish-Coffee-Glas	Schnapsglas
Margarita-Glas	Sherryglas
Pousse-Café-Glas	Sour-Glas
Punschtasse	Weißweinglas

BARGERÄTE

Bowle	Eiszange
Champagnerflaschen-Verschluß	Glaskrug
Eiskübel	Mörser

DIE ZUTATEN

Um einen wirklich guten Cocktail präsentieren zu können, sollte man nicht allein die richtige Mixtechnik beherrschen, sondern auch Qualitätsprodukte verwenden. Es mag verlockend erscheinen, ein paar Mark durch den Kauf einer günstigeren Flasche Gin einzusparen, doch Ihr Martini wird darunter leiden. Natürlich ist es müheloser, Zitronensaft aus der Flasche statt frisch gepreßten Saft zu verwenden, aber frisch gepreßter Saft schmeckt bei weitem besser. Wenn Sie Cocktails für Ihre Gäste zubereiten, sollten Sie Ihnen das Bestmögliche anbieten. Eine kleine elektrische Saftpresse kostet nur ein paar Mark und macht das Entsaften zum Kinderspiel. Sollten Sie jedoch auf konservierte Säfte angewiesen sein, verwenden Sie lieber Naturprodukte ohne Zusatz von Zucker oder Sirup. Achten Sie beim Kauf auf die Inhaltsstoffe. Selbst Preiselbeersaft findet man in vielen Supermärkten mit Traubensaft gesüßt, statt mit Zucker oder Süßstoffen. Kaufen Sie Fruchtsäfte in Glasflaschen und greifen Sie bei Zitrussäften zu denen mit hohem Fruchtgehalt.

Verwenden Sie frisch gemahlene Gewürze und halten Sie Muskatnüsse und Zimtstangen vorrätig. Beides können Sie mit der Muskatreibe zerkleinern. Frisch gemahlener Pfeffer gibt einer Bloody Mary die entscheidende Note, und eine Margarita schmeckt viel besser, wenn das Glas einen Salzrand hat.

Es mag mitunter mühsam sein, eine exotische Zutat ausfindig zu machen, doch die Mühe lohnt sich. Tamarindensirup und Guavennektar gibt es z.B. im nächsten Asiengeschäft. Vieles können Sie im Versandhandel bestellen - oder wenden Sie sich an Freunde in der nächsten größeren Stadt oder im Ausland, die besseren Zugang zu exotischen Produkten haben. Und wenn Sie trotz aller Mühe eine Zutat nicht auftreiben können, dann können Sie immer noch den Geschäftsführer Ihres Lebensmittel- oder Getränkefachgeschäftes um Unterstützung bitten.

DIE WICHTIGSTEN FACHAUSDRÜCKE

Apéritif: Ursprünglich ein Getränk vor einer Mahlzeit, um den Appetit anzuregen, zum Beispiel im Vermouthstil aromatisiert wie Byrrh, Dubonnet, Lillet, Campari, Pernod, Amer Picon oder St. Raphael. Heute bezieht sich der Begriff Apéritif vor allem auf den Zeitpunkt, zu welchem das Getränk gereicht wird.

Aromatisierter Wein: Hierzu gehören Vermouthsorten (italienische und französische) und chininhaltige oder andere Apéritifweine aus verschiedenen Ländern, die einen Alkoholgehalt zwischen 15% und 20% haben.

Bitter: Diese Aromaverstärker aus Beeren, Wurzeln und Kräutern werden häufig verwendet, um herbem Whisky eine Spur Weichheit zu verleihen.

Brandy: Ein in Holzfässern gereiftes alkoholisches Getränk, das durch Destillation aus gegorenem Obst oder Wein gewonnen wird.

Cobbler: Ein im Collins- oder Longdrinkglas servierter Drink mit zerstoßenem Eis, Wein oder Likör, der mit frischen Früchten und Minzezweigen garniert wird. Der klassische Cobbler besteht aus Sherry, Ananassirup und einer Garnierung aus frischen Früchten.

Collins: Ein hohes Glas, das mit Eis, Zucker, einem alkoholischen Getränk, Zitrussäften und Soda oder Selters gefüllt wird.

Cooler: Diese Getränke werden für gewöhnlich im hohen Glas (Collins- oder Longdrinkglas) serviert. Sie bestehen aus einer kohlensäurehaltigen Zutat wie Soda oder Ginger Ale, dazu einem Wein oder einer Spirituose, und werden mit zur Spirale geschnittenen Limetten- oder Orangenschalen serviert, die über den Glasrand gehängt werden.

Daisy: Ein übergroßer Cocktail, z.B. ein Margarita, der mit relativ viel Alkohol zubereitet, mit Fruchtsirup gesüßt und über zerstoßenem Eis serviert wird.

Dry: Bezeichnung für Wein, Likör oder Cocktail, die auf einen herben Geschmack hinweist. Ein trockener Martini z.B. enthält nur einen Schuß Vermouth, den aromatisierten Wein, der alkoholischen Getränken etwas mehr Weichheit gibt.

Falernum: Ein Sirup aus der Karibik aus verschiedenen Obstsorten, Zuckerrohr und Gewürzen, der Mixgetränken einen süßen Geschmack verleiht.

Fix: Ein Drink, der direkt im Longdrinkglas zubereitet und immer mit sehr viel Eis serviert wird.

Fizz: Alkoholisches Mixgetränk mit Zucker und Zitrussäften, traditionell auf der Basis von Gin.

Flip: Kaltes, cremiges Getränk aus Eiern, Zucker, Zitrussaft und einer Spirituose.

Grog: Getränk auf Rumbasis, besonders unter Seeleuten beliebt. Zutaten sind neben Rum Früchte und Zucker.

Half-and-half: Mischung aus Kaffeesahne und normaler Milch.

Julep: Drink auf zerstoßenem Eis, gewöhnlich aus Kentucky-Bourbon, Zucker und Minzeblättern.

Likör: Wird aus destilliertem Alkohol unter Zugabe von Aromastoffen hergestellt. Zu den Geschmacksrichtungen gehören unter anderem Mandel, Erdbeere, Orange, Kaffee, Haselnuß, Minze und Schokolade.

Mist: Bezeichnung für alkoholische Getränke, die in einem mit zerstoßenem Eis gefüllten Glas gereicht werden.

Mull: Bezeichnung für Getränke, deren Zutaten durch Erhitzen gründlich gemischt werden.

Neat: Fachbezeichnung für das Servieren eines alkoholischen Getränks ohne Mischstoffe oder Eis, also pur.

Negus: Heißes, süßes Weingetränk. Traditionell auf der Basis von Sherry oder Portwein.

On the rocks: Bezeichnung für Weine oder Spirituosen, die mit Eiswürfeln im Glas serviert werden.

Pousse-Café: Ein Getränk aus verschiedenen Likören oder Magenbittern, die sich nach Gewicht und Farbe unterscheiden und übereinander geschichtet werden können, ohne sich zu vermischen.

Rickey: Getränk aus Limetten- oder Zitronensaft, Gin oder einer anderen Spirituose und Soda, für gewöhnlich ohne Süßstoff.

Shooter: Kleines Mixgetränk oder Schnaps, der in einem Zug leergetrunken wird.

Sling: Gewöhnlich ein im hohen Glas kalt serviertes Getränk. Eine Spirituose wird mit Zitronensaft und Zucker gemischt, und das Glas wird mit Soda aufgefüllt.

Sour: Drink aus Zitronen- oder Limettensaft, Zucker und einer Spirituose.

Süßweine: Dazu gehören z.B. Sherry, Portwein, Madeira und Marsala. Ihr Alkoholgehalt beträgt zwischen 14% und 24%.

Swizzle: Ursprünglich ein Rumgetränk, das im hohen Glas auf zerkleinertem Eis mit einem langstieligen Löffel umgerührt wird, bis das Glas eisig beschlagen ist. Heute heißt jedes alkoholische Getränk mit Eis, das auf diese Weise serviert wird, so.

Toddy: Ursprünglich eine heiße Mischung aus Alkohol, Zucker, Gewürzen wie Nelke, Zimt und Zitronenschalen, die unter Zusatz von Wasser im hohen Glas zubereitet wird. Heute kann ein Toddy auch kalt serviert werden, in Form jeder Kombination von Alkohol, Gewürzen und Eis.

Variety: Klassifizierung einer Traubensorte, die zur Weinproduktion verwendet wird. Der Begriff bezeichnet Trauben, deren Saft oder Wein verschnitten wird.

Whisky/Whiskey: Alkoholisches Getränk, das durch Destillation von gärendem Korn gewonnen wird und in Holzfässern reift. Es gibt z.B. kanadischen Whisky, irischen Whiskey, schottischen Whisky, Rye Whiskey und Bourbon Whiskey.

ANMERKUNG ZU DEN REZEPTEN

Viele der folgenden Cocktails werden „straight-up" (pur, ohne Eis) im Cocktailglas serviert, doch Sie können sie auch „on the rocks" (mit Eis) zubereiten, wenn Sie dies bevorzugen. Halten Sie sich in diesem Fall einfach an das Rezept und servieren Sie das Getränk auf Eiswürfeln im Whiskyglas.

Die Maßangaben sind sehr großzügig berechnet. Wenn Sie einen kleineren Cocktail wünschen, sollten Sie die Mengen halbieren, das Getränk mit einem Freund teilen oder den Rest im Kühlschrank für später aufbewahren.

Viele Cocktail-Liebhaber mögen Gin, andere nicht. Das vorliegende Buch bietet zahlreiche Gin-Rezepte, doch für nahezu jedes dieser Getränke können Sie statt Gin auch Wodka verwenden. Sie werden anders schmecken, weil der typische Gingeschmack verlorengeht, doch auch mit Wodka sind die Getränke vorzüglich.

Wenn Sie einen Mint Julep zubereiten wollen und keinen Bourbon im Haus haben, dann nehmen Sie einen anderen Whisky. Rye Whiskey ist ein ordentlicher Ersatz für Bourbon, kanadischer Whisky ersetzt verschnittenen (blended) oder amerikanischen. Experimentieren Sie ruhig ein wenig, doch denken Sie daran, daß der im Rezept genannte Whisky am besten paßt. Für Scotch gibt es keine akzeptable Variante.

Auch Tequila ist eine Klasse für sich, obwohl einige Rezepte statt mit Tequila auch mit Rum zubereitet werden können und umgekehrt. Nochmals: Haben Sie Mut und kreieren Sie Ihre eigenen Spezialitäten!

DAS RICHTIGE GLAS

Die Symbole im Rezeptteil verweisen Sie auf das jeweils passende Glas. Gläser für alkoholische Getränke sind mit einem blauen, die für alkoholfreie mit einem grünen Symbol gekennzeichnet.

Hier die Symbole für die Gläser:

	bauchiges Weinglas		Whiskyglas
	Bierkrug		Parfait-Glas
	Cognacschwenker		Kanne
	Sektglas		Pony-Glas
	Cocktailglas		Pousse-Café-Glas
	Kaffeetasse		Rotweinglas
	Collinsglas		Sherryglas
	großes Whiskyglas		Schnapsglas
	Longdrinkglas		Sour-Glas

DAS RECHTE MASS

Schnäpse und Brände

Altes Flaschenmaß	US-Maß	metrisches Maß
Miniature	1,7 oz	50 ml
Half pint	6,8 oz	200 ml
Pint	16,9 oz	500 ml
Fifth	25,4 oz	750 ml
Quart	33,8 oz	1 l
Half gallon	59,2 oz	1,75 l

Wein

Bezeichnung	US-Maß	metrisches Maß
Split	6,3 oz	187 ml
Tenth	12,7 oz	373 ml
Fifth	25,4 oz	750 ml
Quart	33,8 oz	1 l
Magnum	50,7 oz	1,5 l
Double magnum	101,4 oz	3 l

Bar-Maße

Bezeichnung	US-Maß	metrisches Maß
1 dash (Spritzer)	1/32 oz	0,8 ml
1 teaspoon (TL)	1/8 oz	3,5 ml
1 tablespoon (EL)	3/8 oz	10 ml
1 pony	1 oz	30 ml
1 jigger	1,5 oz	45 ml
1 wineglass (Weinglas)	4 oz	120 ml
1 split	6 oz	180 ml
1 cup (Tasse)	8 oz	240 ml

Nach den amerikanischen Maßangaben errechnen sich die in Europa gebräuchlichen
Milliliterwerte mit mehreren Dezimalstellen. Um eine gute Übersicht zu gewährleisten, wurden
die Mengen bei der Umrechnung abgerundet. Die folgende Auflistung stellt die in diesem Buch
gewählten Abrundungen den exakten Werten der amerikanischen Originalrezepte gegenüber.

Anzahl der Teile	abgerundet (ml)	exakt (ml)
0,5	7,5	7,8125
1	15	15,625
1,5	22,5	23,4375
2	30	31,25
3	45	46,875
4	60	62,5
5	75	78,125
6	90	93,75
7	105	109,375
8	120	125
10	150	156,25
12	180	187,5
16	240	250
20	300	312,5
24	360	375
32	480	500
40	600	625
64	960	1000

KALORIENTABELLE

Bei den folgenden Angaben handelt es sich um geschätzte Werte.

	Menge	Kalorien (kcal)	Joule
Alkoholische Getränke			
Bier			
Ale	0,2 l	95	397
alkoholfrei	0,33 l	93	386
Alt	0,33 l	145	607
Export	0,5 l	290	1214
Pils	0,33 l	145	607
Cidre	0,25 l	95	397
Spirituosen und Liköre			
Brandy	2 cl	42	176
Chartreuse	2 cl	76	318
Cognac	2 cl	45	188
Crème de Menthe	2 cl	74	310
Curaçao	2 cl	81	339
Gin	2 cl	66	276
Kaffeelikör (Kahlua)	2 cl	86	360
Rum	2 cl	75	314
Whisky Bourbon	4 cl	116	486
Whisky Scotch	4 cl	101	423
Wodka	2 cl	46	193
Wein und Sekt			
Champagner brut	0,1 l	67	281
Champagner extra dry	0,1 l	71	297
Vermouth, süß	5 cl	86	360
Vermouth, trocken	5 cl	57	239
Wein, rot	0,25 l	170	712
Wein, weiß (trocken)	0,25 l	150	628
Wein, weiß (lieblich)	0,25 l	170	712
Sherry Cream	5 cl	78	327
Sherry Dry	5 cl	59	247
Sherry Medium	5 cl	66	276
Zum Mischen			
Ananassaft	0,2 l	100	418
Cola	0,2 l	89	373
Cola light	0,2 l	10	42
Ginger Ale	0,2 l	57	239
Limettensaft	1 EL	1	4
Orangensaft	0,1 l	46	193
Sodawasser		0	0
Tonic Water	0,2 l	65	272
Zitronensaft	1 EL	5	21

WEIN

Wein wird zunehmend populär, an der Bar wie zu Hause. Der Trend geht weg von den klassischen Weinen, man experimentiert mit dem vielfältigen Angebot an Rotweinen, Weißweinen, Rosés und Schaumweinen aus den unterschiedlichsten Ländern. Die traditionellen Weine kommen aus Frankreich, Italien, Spanien, Portugal und Deutschland.Seit einigen Jahren erhält man auch in Europa Weine aus den USA (Kalifornien, New York, Oregon, Washington und Texas), Argentinien, Chile, Australien und Neuseeland.

ROTWEIN

Das Thema Wein ist nicht so kompliziert, wie es auf den ersten Blick erscheint. Häufig setzt man sich heutzutage über die Regel hinweg, daß Weißwein zu Fisch und Rotwein zu Fleisch getrunken wird. Lassen Sie Ihrer Phantasie freien Lauf! Warum nicht einmal würzigen Rotwein zu einem Lachsgericht probieren? Eine einfache Regel: leichte Weine passen besser zu feinen, delikateren Speisen, ein vollmundiger Wein ergänzt gut gewürzte, kräftige Mahlzeiten besser. Probieren Sie einfach aus, wie Ihr Gaumen auf trockenen oder süßen Wein reagiert.

Weißweine sollten mit circa 12 °C, Rosé- und Beaujolais-Rotweine mit circa 15 °C gereicht werden. Es ist unbedingt zu vermeiden, den Wein so stark zu kühlen, daß sein Aroma verschleiert wird. Rotweine sollten mit Zimmertemperatur serviert werden, und ihr Aroma entfaltet sich am besten, wenn man sie für eine Weile offen in der entkorkten Flasche oder im Glas stehen läßt. An der Luft verfeinert sich das Aroma des Weins nämlich. Generell läßt sich sagen: Je älter und edler ein Wein ist, desto wichtiger ist es, ihn „atmen" zu lassen.

Zur besseren Einordnung der vielen verschiedenen Weine folgt eine Übersicht der wichtigsten Klassifizierungen.
Häufig wird nach Herkunft und Rebsorte unterschieden, doch die Klassifikationsmerkmale unterscheiden sich von Land zu Land.

FRANZÖSISCHE WEINE

Die Benennung der französischen Weine erfolgt nach der jeweiligen Stadt oder Region, aus der sie stammen. Die wichtigsten Gebiete sind: Bordeaux, Loire, Rhône, Burgund, Elsaß und Champagne. Die besten Weine erhalten ihre Klassifizierung nach den *Appellations d'Origine Contrôllées*, durch die der französische Staat Ursprung und Qualität des Weins garantiert.

Bordeaux stammt aus dem circa 105000 Hektar großen Weinanbaugebiet nahe der gleichnamigen Stadt, wo pro Jahr mehrere Millionen Flaschen abgefüllt werden.

Roter Bordeaux. Der Weinproduzent verschneidet Cabernet-, Sauvignon-, Merlot-, Cabernet-Franc-, Malbec- und Petit-Verdot-Trauben zu Kombinationen, die nur die besten Jahrgänge enthalten. Besonders bekannt sind: Médoc / Haut Médoc, Pomerol, Margaux, St. Emilion, Graves.

Weißer Bordeaux. Diese Weine werden hauptsächlich aus der Sauvignon-Blanc-Traube hergestellt. Besonders bekannt sind: Graves, Entre-Deux-Mers, Sauternes / Barsac.

Loire. Überwiegend Weißweine werden aus der Chenin-Blanc- und Sauvignon-Blanc-Traube gewonnen. Es gibt jedoch auch Rosé-, Rot- und Schaumweine aus dieser Region. Besonders bekannt sind: Sancerre, Vouvray, Muscadet, Pouilly-Fumé, Coteaux Du Layon, Chinon.

Rhônetal. Berühmt ist diese Gegend vor allem für vollblumige Rotweine, die bis zu dreizehn verschiedene Traubensorten enthalten, von denen die Syrah-Traube am weitesten verbreitet ist. Besonders bekannt sind: Côte Rotie, Cornas, Condrieu, Côtes du Rhône, Hermitage, Châteauneuf-du-Pape, St. Joseph.

Burgund. Die wichtigsten Trauben für **roten Burgunder** sind Pinot Noir und Gamay. Besonders bekannt sind: Côte de Nuits, Gevrey-Chambertin, Chambolle Musigny, Côte de Beaune, Beaujolais, Volnay, Mâconnais. **Weißer Burgunder** wird im allgemeinen aus Chardonnay- und Aligoté-Trauben hergestellt. Besonders bekannt sind: Chablis, Montrachet, Côte de Nuits, Meursault, Aloxe Corton, Mâconnais.

Elsaß. Elsässische Weine werden hauptsächlich aus den Sorten Riesling und Gewürztraminer gewonnen. Obwohl trockener als diese, ähneln sie den deutschen Weinen.

Champagne. Die Weinproduzenten dieser Region verschneiden drei Traubensorten: Chardonnay, Pinot Noir und Pinot Meunier. Champagner reift mit Hefe in der Flasche, wodurch Kohlensäure und der komplexe, frische Charakter entstehen. Hefegehalt und relative Trockenheit variieren je nach Marke. Ist der Champagner richtig gekühlt, werden die Perlen winzig klein und sehr aktiv. „Brut"

Champagner ist äußerst trocken, „Extra Dry" trocken, „Dry" oder „Sec" medium und „Demi-sec" lieblich.

Non-Vintage Brut ist ein Weinverschnitt, der innerhalb von zwei oder drei Jahren reift. **Vintage Brut** wird aus außergewöhnlich guten Jahrgängen hergestellt und reift fünf Jahre oder länger. Die Färbung des **Rosé Champagner** entsteht durch Zusetzung eines kleinen Anteils roten Saftes während des Gärungsprozesses. Rosés sind gewöhnlich voller und aromatischer als andere Champagner.

ITALIENISCHE WEINE

Die Benennung italienischer Weine richtet sich entweder nach der Traubensorte oder der Stadt, in deren Nähe die Trauben wachsen. Die folgende Kategorisierung orientiert sich zunächst an Regionen und nennt anschließend Weine, die nach Städten und Sorten innerhalb dieser benannt sind.

Piemont

Die in dieser Region vorwiegend angebauten Trauben heißen Nebbiolo und Barbera. Die Weine werden nach der Sorte unter Hinzufügung des Anbauortes benannt, heißen also zum Beispiel Barbera d'Alba, Barbera d'Asti oder Nebbiolo d'Alba.

Barolo. Dieser Rotwein wird vorwiegend aus der Sorte Nebbiolo gewonnen. Alle Barolos müssen mindestens zwei Jahre in Fässern aus Edelkastanie oder Eiche reifen.

Barbaresco. Wird aus Nebbiolo-Trauben gewonnen, doch durch unterschiedliche Bodenbeschaffenheit entstehen Weine in zahlreichen Geschmacksvarianten.

Toskana

Chianti. Die Region ist in sieben Distrikte unterteilt, und ihr Wein wird aus verschiedenen Traubensorten gewonnen. Die am häufigsten gezogene Traube ist die Sangiovese, es folgen Canaiolo Nero, die weiße Trebbiano Tuscano und die Malvasia del Chianti. Es gibt eine ganze Reihe unterschiedlicher Chianti-Sorten. Der in Gehalt und Farbe leichte Wein, der für den baldigen Genuß bestimmt ist, heißt einfach nur Chianti. Ein Wein besserer Qualität, dessen herber Geschmack sich nach einem Jahr Lagerung mildert, heißt Chianti Vecchio. Chianti Classico - ein Wein mit höherem Alkoholgehalt, der über einen längeren Zeitraum heranreift - ist von hoher Qualität. Chianti Riserva reift zwei zusätzliche Jahre im Faß.

Brunello di Montalcino. Hierbei handelt es sich um Rotwein, der ausschließlich aus einer Züchtung der Sangiovese-Traube („Brunello") hergestellt wird.

Vino Nobile de Montepulciano. Für diesen Wein nimmt man die gleichen Trauben wie für Chianti, doch er muß mindestens zwei Jahre länger im Eichenfaß reifen als jener. Trägt er den Zunamen Riserva, ist er mindestens drei bis vier Jahre älter.

Veneto: Valpolicella, Soave. ·

Italienische Weißweine (aus unterschiedlichen Regionen): Trentino, Alto Adige, Friuli.

DEUTSCHE WEINE

Rund 20% des Gesamtanbaus umfaßt die Riesling-Traube. Den größten Anteil aber hat mit 27% die Sorte Müller-Thurgau. Sie reift früher als andere Sorten und ergibt einen leichten, sehr aromatischen Wein. Ungefähr 11% des deutschen Weinbaus nimmt die Silvanertraube in Anspruch. Aus Gewürztraminer gewinnt man einen sehr pikanten Wein, aus Ruländer oder Pinot Burgund Produkte mit intensivem Geschmack und vollem Aroma.

Die Palette deutscher Weine reicht von „sehr trocken" bis „sehr süß". Sie werden nach einer sechsstufigen „Reifeskala" bewertet. Die trockensten Weine sind die Kabinettweine, die süßesten die Eisweine, für die die Trauben nach kräftigem Frost geerntet werden.

SPANISCHE WEINE

Die wichtigsten Weinanbaugebiete Spaniens sind Rioja und Valdepeñas.

Rioja. In dieser Region gibt es drei Distrikte, in denen Wein angebaut wird. Aus Rioja Alta stammen sehr herbe Weine, aus Rioja Alavesa würzige, und Rioja Baja als wärmstes Anbaugebiet produziert Weine mit hohem Alkoholgehalt. Weine aus Rioja sind traditionell Verschnitte aus allen drei Distrikten.
Die roten Trauben Riojas heißen Tempranillo, Garnacha Tinta (Grenache), Graciano und Mazuelo. Die wichtigste Traubensorte für Weißwein ist Viura, die mit Garnacha Blanca und Malvasia verschnitten wird.

Valdepeñas. Die Weine, die in dieser zentral gelegenen Region produziert werden, sind besonders in Madrid als Karaffenweine beliebt. Die bekannteste rote Traube heißt Cencibel, die bekannteste weiße Airen.

Sherry. Spanien ist für seinen Sherry bekannt, der ein angereicherter Wein ist. Jerez ist seit Jahrhunderten berühmt für seine Sherry-Produktion. Die Palette reicht von sehr trockenen bis zu sehr süßen Produkten.

PORTUGIESISCHE WEINE

Portugal produziert hauptsächlich Port- und Tafelweine.
Port

Qualitätsportwein (Vintage Port). Angereicherter Wein von tief rubinroter Farbe.

Ruby Port und **Tawny Port** sind verschnittene Weine. Ruby Port ist von kräftig roter Farbe, Tawny Port ist gelbbräunlich und für gewöhnlich trockener.

Spät abgefüllter Qualitätswein (Late Bottled Vintage). Ein gelbbrauner Portwein aus einem einzelnen guten Jahrgang, der im Faß bleibt und nicht verschnitten wird.

Tafelweine

Colares. Trockener Weißwein.

Bucelas. Trockener Rotwein.

Vinho Verde. Weiß, rot oder rosé. Immer leicht.

Madeira. Eine portugiesische Atlantikinsel vor der afrikanischen Küste gibt diesem Wein seinen Namen. Madeiraweine reichen von „sehr trocken" bis „sehr süß".

AMERIKANISCHE WEINE

Die bekanntesten Weinanbaugebiete der USA sind Kalifornien, der Nordwesten und New York. Allerdings gibt es noch einige andere, weniger bekannte Gebiete, wie z.B. Texas, Idaho, New Mexico oder Virginia. Wichtigstes Kategorisierungsmerkmal für amerikanische Weine ist die Traubensorte.

Rotweine

Pinot Noir. Die qualitativ beste Pinot Noir ist hell. Oregon wird zunehmend berühmt für seine Pinot Noirs. Diese Traube ist die amerikanische Version einer roten Burgundertraube.

Merlot. Bei diesem Wein schmeckt man unverkennbar den Reifeprozeß im Eichenfaß heraus.

Cabernet Sauvignon. Diese Weine besitzen die gleichen Charakteristika wie rote Bordeauxweine aus Frankreich, denn sie werden aus der gleichen Traubensorte gewonnen.

Zinfandel ähnelt den französischen Rhôneweinen. Ein vielseitiger Tischwein.

Weißweine

Sauvignon Blanc wird aus den gleichen Trauben gewonnen wie weißer Bordeaux aus Frankreich.

Chardonnay. Diesen Wein gibt es, abhängig vom Gärungsverfahren, mit unterschiedlichem Alkoholgehalt. Er wird aus den gleichen Trauben wie französischer weißer Burgunder gewonnen.

Gewürztraminer. Ein süßlicher, pikanter Wein.

Roséweine. Weine mit Rotfärbung werden als Rotweine klassifiziert. Die Traubenschalen bewirken die Färbung während des Gärungsprozesses. Man unterscheidet nach Rot- und Weißweinen. Rotweine wiederum variieren von zartrosa bis tiefrot.

Schaumweine. Diese Weine werden zwar nach dem gleichen Verfahren hergestellt wie der französische Champagner, doch sie können nicht als solcher bezeichnet werden. Kalifornische Schaumweine wirken fruchtiger als französischer Champagner.

ARGENTINISCHE WEINE

Die drei argentinischen Hauptanbaugebiete sind Mendoza, San Juan und Río Negro. Für roten Tafelwein werden die Sorten Criolla, Malbec, Cabernet Sauvignon, Barbera, Petite Sirah, Pinot Noir, Tempranilla, Merlot, Sangiovese und Lambrusco verwendet. Für weiße Tafelweine nimmt man Criolla, Sémillon, Sauvignon Blanc, Pinot Blanc, Riesling, Chardonnay und Trebbiano. Angereicherte und Dessertweine werden aus Malvasia, Muscat of Alexandria und Pedro Ximenez gewonnen. Die populärsten Weine werden aus einem Verschnitt von Criolla, Malbec und Barberatrauben hergestellt.

CHILENISCHE WEINE

Die wichtigsten chilenischen Anbaugebiete sind:

Atacama und Coquimbo. Die Weine aus dem Norden Chiles sind überwiegend süß und von hohem Alkoholgehalt.

Aconcagua bis Talca. Aus den Provinzen Zentralchiles kommen die besten Tafelweine des Landes.

Maule bis Bío Bío. Die südlichen Provinzen produzieren den Großteil des chilenischen Weins.

Die Rotweinproduzenten arbeiten vornehmlich mit Trauben der Sorten Cabernet Sauvignon, Malbec, Cabernet Franc, Merlot, Pinot Noir und Petit Verdot. Die häufigsten weißen Sorten sind Sauvignon Blanc, Sémillon, Pinot Blanc, Chardonnay, Trebbiano, Riesling und eine chilenische Sorte namens Loca Blanca.

AUSTRALISCHE WEINE

Australische Weine werden in Südaustralien, New South Wales, Victoria, Westaustralien und Tasmanien produziert. Es gibt zahlreiche Traubensorten, doch um einen Wein nach ihr bezeichnen zu können, muß er zu mindestens 80% aus ihr gewonnen werden.
Shiraz ist die am häufigsten angepflanzte Sorte für Rotwein und angereicherte Weine. Auch Cabernet Sauvignon, Merlot und Pinot Noirs werden für die Rotweinproduktion verwendet. Zu den Sorten für Weißwein gehören: Sémillon, Chardonnay, Rhein-Riesling, Sultana

und Muscat Gordo Blanco, Traminer, Doradillo, Palomino und Pedro Ximenez.

NEUSEELÄNDISCHE WEINE

Die größten Weinanbaugebiete Neuseelands sind Marlborough auf der Südinsel sowie Poverty und Hawkes Bay auf der Nordinsel. Über 80% der neuseeländischen Trauben sind Weißweintrauben. Zu ihnen gehören Riesling-Sylvaner, Chardonnay, Gewürztraminer, Sauvignon Blanc und Rhein-Riesling. An roten Traubensorten findet man Pinot Noir, Cabernet Sauvignon, Pinotage (eine Kreuzung aus Pinot Noir und Cinsaut) sowie Shiraz.

BIER

Bier gibt es in vielerlei Geschmacksrichtungen. Unter den Produzenten befinden sich bekannte in- und ausländische Großbrauereien sowie zahlreiche kleinere Betriebe. Bier ist ein durch Gärung gewonnenes Produkt aus gemalzten Getreidesorten, Hefe und Wasser, das seinen bitteren Geschmack durch Hopfen erhält. Biere, die bei niedriger Temperatur mit am Boden sitzender Hefe gären, werden als „untergärig" bezeichnet. Für das Mixen besonders geeignet sind folgende Sorten:

Ale. Ale ist herb und stark mit pikantem Beigeschmack und bitterer als normales Bier. Ale ist ein obergäriges Bier, da die Gärung bei hoher Temperatur mit obenauf schwimmender Hefe erfolgt. Ein in Deutschland besonders verbreitetes obergäriges Bier ist das bitterwürzige Alt.

Bitter. Ein herbes, bronzefarbenes Bier, das mit reichlich Hopfen angesetzt wird.

Bockbier. Ein untergäriges Starkbier, süßer und dunkler als das normale. In vielen Regionen ist es nur zu bestimmten Jahreszeiten erhältlich („Maibock").

Dry Beer. Ein kalt filtriertes Getränk, das keinen Nachgeschmack hinterläßt.

Lager. Ein leichtes, helles, klares, perlendes Bier, das mit Malz, Hopfen und Wasser gebraut wird, in Deutschland zumeist als „Export" oder „Helles" im Handel. Ausländische Sorten werden auch auf der Basis von zerstoßenem Reis oder Getreideschrot gebraut. Nach dem Gären wird das Getränk zum Reifen eingelagert und mit

Kohlensäure versetzt.

Malzlikör. Ein trübes Malzgetränk, das wie Bier gebraut wird, jedoch einen höheren Alkoholgehalt aufweist.

Pilsner. Bezeichnung für ein untergäriges, stark gehopftes helles Bier. Alle Pilssorten sind hell, leicht und gelagert.

Porter. Eine Variante des Stout-Bieres, jedoch mit niedrigerem Alkoholgehalt. Von bittersüßem Geschmack und dunkler Farbe.

Stout. Ein sehr dunkles Ale, das ein wenig bitter und malzig schmeckt. Um dem Gebräu Farbe und Aroma zu geben, wird geröstete Gerste zugesetzt.

BIER

Die Getränke sind alphabetisch geordnet, und der Index gibt über die Zutaten Querverweise. Mengenangaben sind in Teilen und zusätzlich mit einer Maßzahl genannt, um die Proportionen leicht beurteilen zu können. Symbole zeigen das richtige Glas für jedes Rezept an. Blaue Symbole stehen für alkoholische, grüne für alkoholfreie Getränke.

A

ABBEY

3 Teile Gin (45 ml)
3 Teile Lillet (45 ml)
2 Teile Orangensaft (30 ml)
2 Spritzer Orangenbitter
Maraschinokirsche oder Orangenschale

Zutaten, außer Kirsche bzw. Orangen-schale, im Shaker zusammengießen und über zerkleinertes Eis abseihen. Mit Kirsche oder Orangenschale garnieren.

ACAPULCO

4 Teile weißer Rum (60 ml)
1 Teil Cointreau oder Triple Sec (15 ml)
1 Teil frischer Limettensaft (15 ml)
1 TL feiner Barzucker
1 Eiweiß
1 Zweig frische Minze

Rum, Cointreau, Limettensaft, Zucker und Eiweiß im zur Hälfte mit Eis-würfeln gefüllten Shaker mischen und kräftig schütteln. Ins hoch mit Eis-würfeln gefüllte Glas abseihen und mit Minze garnieren.

ACAPULCO CLAM DIGGER

3 Teile Tequila (45 ml)
6 Teile Tomatensaft (90 ml)
6 Teile Muschelsaft (90 ml)
3/4 EL Meerrettich
Tabasco-Sauce nach Geschmack
Worcestershire-Sauce nach Geschmack
Schuß frischer Zitronensaft
Zitronen- oder Limettenscheibe

Zutaten im Glas mit zerkleinertem Eis mischen. Mit Zitronen- bzw. Limetten-scheibe garnieren.

Anm.: Statt Tomatensaft und Muschelsaft kann Muschel-Tomaten-Saft (12 Teile = 180 ml) verwen-det werden.

ADONIS

6 Teile trockener Sherry (90 ml)
2 Teile süßer Vermouth (30 ml)
Spritzer Orangenbitter
Orangenschale

Sherry, Vermouth und Orangenbitter im Shaker mit Eis mischen. Ins gekühlte Glas abseihen. Orangenschale zu einer Spirale schneiden und hinzugeben.

AFFINITY

2 Teile trockener Vermouth (30 ml)
2 Teile süßer Vermouth (30 ml)
2 Teile Scotch (30 ml)
3-6 Spritzer Angosturabitter

Alle Zutaten im Rührglas verrühren und danach ins gut gekühlte Cocktailglas abseihen.

AFTER DINNER COCKTAIL

2 Teile Aprikosenbrandy (30 ml)
2 Teile Triple Sec oder Cointreau (30 ml)
Saft einer Limette, Limettenscheibe

Brandy, Triple Sec und Limettensaft im Shaker zusammengießen. Ins Cocktail-glas abseihen und mit Limettenscheibe garnieren.

A.J.

3 Teile Applejack oder Calvados (45 ml)
2 Teile Grapefruitsaft (30 ml)

Zutaten im Shaker mischen und ins gekühlte Cocktailglas abseihen.

ALABAMA SLAMMER

2 Teile Amaretto (30 ml)
2 Teile Southern Comfort (30 ml)
1 Teil Schlehen-Gin (15 ml)
1 Schuß frischer Zitronensaft

Zutaten außer Zitronensaft ins Long-drinkglas über Eis gießen und ver-rühren. Zitronensaft hinzugeben.

ALABAMA SLAMMER

ALASKA

4 Teile Gin (60 ml)
1 Teil grüner Chartreuse (15 ml)
3 Spritzer Orangenbitter
Zitronenspirale

Zutaten außer Zitronenspirale im
Rührglas mit Eis verrühren. Ins gekühl-
te Cocktailglas abseihen und mit
Zitronenspirale garnieren.

ALBERMARLE FIZZ

4 Teile Gin (60 ml)
1 Teil frischer Zitronensaft (15 ml)
1 TL Himbeersirup
1 Spritzer Framboise
Sodawasser

Zutaten, außer Sodawasser, zusammen
mit zerkleinertem Eis im Shaker
mischen. Ins Longdrinkglas über
Eiswürfel abseihen und mit dem
Sodawasser auffüllen.

ALEXANDER

2 Teile Gin (30 ml)
2 Teile Crème de Cacao (30 ml)
2 Teile Half-and-half (30 ml)
Muskat nach Geschmack (frisch gemahlen)

Zutaten, außer Muskat, zusammen mit
zerstoßenem Eis im Shaker mischen
und kräftig schütteln. Ins gekühlte
Cocktailglas abseihen und mit frisch
gemahlenem Muskat bestreuen.

ALEXANDER'S SISTER

3 Teile Gin (45 ml)
2 Teile Crème de Menthe, weiß oder grün (30 ml)
2 Teile Half-and-half (30 ml)
Muskat nach Geschmack (frisch gemahlen)

Zutaten, außer Muskat, zusammen mit zerstoßenem Eis im Shaker verrühren und kräftig schütteln. Ins gekühlte Cocktailglas abseihen und mit frisch gemahlenem Muskat bestreuen.

ALGONQUIN

3 Teile Blended American Whiskey (45 ml)
1 Teil trockener Vermouth (15 ml)
2 Teile Ananassaft (30 ml)

Zutaten im Shaker zusammen mit Eiswürfeln mischen und kräftig schütteln. Ins gekühlte Cocktailglas abseihen.

ALGONQUIN BLOODY MARY

4 Teile Wodka (60 ml)
8 Teile Tomatensaft (120 ml)
Salz nach Geschmack
Pfeffer nach Geschmack (frisch gemahlen)
Saft einer halben Limette
1,5 TL Worcestershire-Sauce
6-8 Spritzer Tabasco-Sauce
Limettenachtel

Zutaten, außer Limette, im mit Eis gefüllten Shaker mischen. Schnell hin und her schütteln (damit sich der Tomatensaft nicht absetzt). Über Eis ins Glas abseihen. Limettenachtel hinzugeben.

ALHAMBRA ROYALE

3 Teile Cognac (45 ml)
Heiße Schokolade (1 Tasse)
1 breites Stück Orangenschale
Schlagsahne (falls gewünscht)

Hohe Tasse bis nahe zum Rand mit heißer Schokolade füllen. Orangenschale über Tasse zur Spirale schneiden und hinzugeben. Cognac im Schöpflöffel über heißem Wasser erwärmen, anzünden und in brennendem Zustand vorsichtig in die Tasse geben. Umrühren. Nach Wunsch mit Schlagsahnehaube servieren.

ALLEGHENY

3 Teile Bourbon (45 ml)
2 Teile trockener Vermouth (30 ml)
1 EL Brombeerbrandy
2 TL Zitronensaft
Zitronenspirale

Zutaten, außer Zitronenspirale, zusammen mit Eis im Shaker schütteln. Ins gekühlte Cocktailglas abseihen und mit Zitronenspirale garnieren.

ALLEN COCKTAIL

3 Teile Gin (45 ml)
1 Teil Maraschino-Kirschlikör (15 ml)
1,5 TL Zitronensaft

Zutaten im Shaker mischen und zusammen mit Eis kräftig schütteln. Ins Cocktailglas abseihen.

ALLIES

2 Teile Gin (30 ml)
2 Teile trockener Vermouth (30 ml)
3/4 TL Kümmelkorn oder Jägermeister

Zutaten zusammen mit zerkleinertem Eis im Shaker verrühren. Im klassischen Whiskyglas servieren.

ALMOND COCKTAIL

4 Teile Gin (60 ml)
2 Teile trockener Vermouth (30 ml)
1 Teil Pfirsichbrandy (15 ml)
1 TL Kirschwasser
1 Teil Zuckersirup (15 ml)
6 Mandelsplitter

Gin im Rührglas erwärmen. Pfirsichbrandy, Zuckersirup und Mandelsplitter hinzugeben und abkühlen lassen. Ins gekühlte, mit Eiswürfeln gefüllte Whiskyglas gießen. Restliche Zutaten hinzufügen und gut umrühren.

ALLEGHENY

ALOHA

3 Teile Rum Cream Liqueur (45 ml)
2 Teile brauner Rum (30 ml)
1 Teil frischer Limettensaft (15 ml)
4 Teile Ananassaft (60 ml)
4 Teile frischer Orangensaft (60 ml)
2 Teile Kokossirup (30 ml)
1 kleine Kugel Vanilleeis
Ananasstück

Zutaten, außer Ananasstück, im
Elektromixer zusammen mit Eis
mischen. Vorsicht walten lassen, damit
die Mixtur nicht zu dünnflüssig wird.
Ins gekühlte Glas gießen und mit dem
Ananasstück garnieren.

AMARETTO AND CREAM

4 Teile Amaretto (60 ml)
4 Teile fettarme Sahne oder Half-and-half
(60 ml)

Zutaten zusammen mit zerkleinertem
Eis im Shaker mischen und kräftig
schütteln. Ins gekühlte Cocktailglas
abseihen.

AMARETTO COFFEE

1 Tasse heißer Kaffee (250 ml)
3 Teile Amaretto (45 ml)
Schlagsahne (nach Geschmack)
gemahlener Koriander

Amaretto in heißem Kaffee umrühren.
Mit Sahnehaube servieren. Zum Schluß
mit gemahlenem Koriander bestreuen.

AMARETTO MIST

4 Teile Amaretto (60 ml)
Zitronenspirale

Klassisches Whiskyglas mit
zerstoßenem Eis füllen. Amaretto
hinzugießen und mit Zitronenspirale
garnieren.

AMARETTO SOUR

4 Teile Amaretto (60 ml)
2 Teile frischer Zitronensaft (30 ml)
Orangenscheibe

Amaretto und Zitronensaft gut im
Shaker schütteln. Ins gekühlte Sour-
Glas abseihen und mit Orangenscheibe
garnieren.

AMARETTO STINGER

4 Teile Amaretto (60 ml)
2 Teile weißer Crème de
Menthe (30 ml)

Zutaten gut im Shaker schütteln. Über
zerkleinertes Eis ins gekühlte Cocktailglas abseihen.

AMBROSIA

3 Teile Brandy (45 ml)
3 Teile Apfelbrandy (45 ml)
1/2 TL Himbeersirup
gekühlter Champagner oder Schaumwein
frische Himbeeren

Beide Brandysorten und Sirup mit zer-
kleinerten Eis in den Shaker geben.
Kräftig schütteln. Ins gekühlte Weißweinglas abseihen, dieses mit Champagner oder Schaumwein auffüllen.
Einige Himbeeren hinzugeben.

AMERICAN BEAUTY

3 Teile Brandy (45 ml)
2 Teile trockener Vermouth (30 ml)
2 Teile frischer Orangensaft (30 ml)
2-3 Spritzer Grenadine
2-3 Spritzer weißer Crème de Menthe
1 Teil Portwein (15 ml)

Zutaten, außer Portwein, im Shaker mit
zerkleinertem Eis schütteln. Ins gekühlte Cocktailglas abseihen. Portwein darübergleiten lassen.

AMERICAN FLYER

3 Teile weißer Rum (45 ml)
1 EL frischer Limettensaft
1/2 TL Zuckersirup
Champagner oder Schaumwein

Rum, Limettensaft und Zuckersirup im
Shaker mit zerkleinertem Eis mischen.
Kräftig schütteln. Ins gekühlte Weißweinglas abseihen und mit Champagner
oder Schaumwein auffüllen.

AMERICAN ROSE

3 Teile Brandy (45 ml)
1 TL Grenadine
1/2 frischer Pfirsich, geschält und zerstoßen
1/2 TL Pernod
Champagner oder Schaumwein
kleines Stück frischer Pfirsich

Zutaten, außer Champagner und
Pfirsich, im Shaker mischen. Ins
gekühlte Weißweinglas gießen, mit
Champagner auffüllen, vorsichtig
umrühren. Mit Pfirsich garnieren.

AMERICANO

3 Teile süßer Vermouth (45 ml)
3 Teile Campari (45 ml)
Sodawasser
Zitronenschale

Vermouth und Campari über Eiswürfel
ins gekühlte Longdrinkglas gießen. Mit
Sodawasser auffüllen und umrühren.
Mit Zitronenschale garnieren.

AMARETTO SOUR

AMER PICON COCKTAIL

4 Teile Amer Picon (60 ml)
2 Teile frischer Limettensaft (30 ml)
1 TL Grenadine

Zutaten zu zerkleinertem Eis in den Shaker geben und kräftig schütteln. Ins gekühlte Cocktailglas abseihen.

ANATOLE COFFEE

1 Teil Cognac (15 ml)
1 Teil Kaffeelikör (15 ml)
1 Teil Frangelico (15 ml)
12 Teile eisgekühlter Kaffee (180 ml)
Schlagsahne
Schokoladenraspel

Zutaten, außer Schlagsahne und Schokoladenraspel, mit wenig zerkleinertem Eis im Elektromixer mischen. Ins gekühlte Weißweinglas füllen und vor dem Servieren mit Schlagsahnehaube krönen und mit Schokoladenraspeln bestreuen.

ANCHORS AWEIGH

3 Teile Bourbon (45 ml)
2 TL Triple Sec
2 TL Pfirsichbrandy
2 TL Kirschlikör
2 EL Half-and-half

Zutaten zusammen mit zerkleinertem Eis im Shaker oder Elektromixer mischen. Ins Whiskyglas abseihen.

ANDALUSIA

4 Teile trockener Sherry (60 ml)
2 Teile Brandy (30 ml)
2 Teile weißer Rum (30 ml)
1/4 TL Angosturabitter

Zutaten im Rührglas mit Eiswürfeln mischen und gut verrühren. Ins gekühlte Cocktailglas abseihen.

ANGEL FACE

3 Teile Gin (45 ml)
1 Teil Aprikosenbrandy (15 ml)
1 Teil Apfelbrandy (15 ml)

Zutaten mit zerkleinertem Eis im Shaker mischen und kräftig schütteln. Ins gekühlte Cocktailglas abseihen.

ANGEL'S DELIGHT

1/2 Teil Grenadine (7,5 ml)
1/2 Teil Triple Sec (7,5 ml)
1/2 Teil Schlehen-Gin (7,5 ml)
1/2 Teil Half-and-half (7,5 ml)

Zutaten in der genannten Reihenfolge vorsichtig ins Glas geben, so daß jede Schicht auf der vorherigen schwimmt, ohne sich mit dieser zu mischen.

ANGEL'S KISS

1/2 Teil Crème de Cacao, weiß (7,5 ml)
1/2 Teil Schlehen-Gin (7,5 ml)
1/2 Teil Brandy (7,5 ml)
1/2 Teil Half-and-half (7,5 ml)

Die Zutaten in der angegebenen Reihenfolge vorsichtig ins Glas geben, so daß jede Schicht auf der vorherigen schwimmt, ohne sich mit dieser zu vermischen.

ANGEL'S TIT

1/2 Teil weißer Crème de Cacao (7,5 ml)
1/2 Teil Maraschino-Kirschlikör (7,5 ml)
1/2 Teil Half-and-half (7,5 ml)
1 Maraschinokirsche

Zutaten in der angegebenen Reihenfolge vorsichtig ins Glas geben, so daß jede Schicht auf der vorherigen schwimmt, ohne sich zu vermischen. Vor dem Servieren eine halbe Stunde kühlen. Kirsche darauf geben.

ANGLER'S COCKTAIL

4 Teile Gin (60 ml)
3 Spritzer Angosturabitter
3 Spritzer Orangenbitter
3 Spritzer Grenadine

Zutaten mit zerkleinertem Eis im Shaker schütteln. Über Eiswürfel ins gekühlte Whiskyglas abseihen.

ANKLE BREAKER

4 Teile hochprozentiger Rum (60 ml)
2 Teile Kirschbrandy (30 ml)
2 Teile frischer Limettensaft (30 ml)
1 TL Zuckersirup (nach Geschmack)

Zutaten mit zerkleinertem Eis im Shaker mischen und kräftig schütteln. Ins gekühlte Whiskyglas abseihen.

ANNABELLE SPECIAL

4 Teile Bénédictine (60 ml)
1/2 Teil trockener Vermouth (7,5 ml)
1/2 Teil frischer Limettensaft (7,5 ml)

Zutaten mit zerkleinertem Eis im Rührglas verrühren. Ins gekühlte Cocktailglas abseihen.

ANNA'S BANANA

4 Teile Wodka (60 ml)
2 Teile frischer Limettensaft (30 ml)
1 halbierte Banane, geschält und in dünnen Scheiben
1 TL Honig (oder Mandelsirup)
1 Limettenscheibe

Zutaten, außer Limettenscheibe, im Elektromixer mit zerkleinertem Eis (aus ca. 125 ml Wasser) und auf mittlerer Stufe zehn bis fünfzehn Sekunden lang mischen. Ins gekühlte Weißweinglas gießen und mit Limette garnieren.

ANTIBES

4 Teile Gin (60 ml)
1 1/2 Teile Bénédictine (22,5 ml)
5 Teile Grapefruitsaft (75 ml)
Orangenscheibe

Zutaten, außer Orangenscheibe, zu zerkleinertem Eis ins Rührglas schütten und gut verrühren. Ins gekühlte Whiskyglas gießen und mit Orangenscheibe garnieren.

APERITIVO

4 Teile Gin (60 ml)
3 Teile weißer Sambuca (45 ml)
3-5 Spritzer Orangenbitter

Zutaten zu zerkleinertem Eis in ein Rührglas schütten und gut verrühren. Ins gekühlte Cocktailglas abseihen.

APPETIZER

6 Teile roter Apéritifwein
(z.B. Dubonnet; 90 ml)
Saft einer Orange, frisch gepreßt.

Wein, Orangensaft, Eis vermischen. Ins Cocktailglas abseihen.

APPLE ANNIE FRUIT PUNCH

1 Liter Apfelbrandy
6 Teile Himbeerlikör (90 ml)
20 Teile frischer Orangensaft (300 ml)
16 Teile frischer Grapefruitsaft (240 ml)
4 Teile frischer Zitronensaft (60 ml)
1 Liter Ginger Ale
1 Liter Sodawasser oder Zitronen-Limetten-Soda
1 Orange in dünnen Scheiben
1 Apfel in dünnen Scheiben
1 Zitrone in dünnen Scheiben
12-15 frische Himbeeren

Apfelbrandy, Himbeerlikör und Fruchtsäfte in große Bowle gießen und gut verrühren. Großen Block Eis hinzugeben. Mit frischen Früchten garnieren. Ginger Ale und Sodawasser erst unmittelbar vor dem Servieren hinzugeben und noch einmal gut verrühren. Für ca. 20 Personen.

APPLE BLOSSOM

4 Teile Brandy (60 ml)
3 Teile Apfelsaft (45 ml)
1 TL frischer Zitronensaft
Zitronenscheibe

Zutaten, außer Zitronenscheibe, im Rührglas mischen und gut verrühren. Über Eiswürfel ins gekühlte Whiskyglas gießen. Mit Zitronenscheibe garnieren.

APPLE BLOW FIZZ

6 Teile Apfelbrandy oder Applejack (90 ml)
1 TL Zuckersirup
1/2 TL frischer Zitronensaft
1 Eiweiß
Soda

Zutaten, außer Soda, mit zerkleinertem Eis im Shaker mischen und kräftig schütteln. Über Eiswürfel ins gekühlte Longdrinkglas abseihen. Mit Soda auffüllen.

APPLE BRANDY COCKTAIL

4 Teile Apfelbrandy (60 ml)
1 TL Grenadine
1 TL Zitronensaft

Zutaten mit zerkleinertem Eis im Shaker mischen und kräftig schütteln. Ins gekühlte Cocktailglas abseihen.

APPLE BRANDY COOLER

4 Teile Brandy (60 ml)
2 Teile weißer Rum (30 ml)
2 Teile brauner Rum (30 ml)
8 Teile Apfelsaft (120 ml)
1 TL Zuckersirup
1 Teil frischer Limettensaft (15 ml)
Limettenscheibe

Zutaten, außer braunem Rum und Limettenscheibe, mit zerkleinertem Eis im Shaker mischen und kräftig schütteln. Ins gekühlte Collinsglas gießen. Braunen Rum vorsichtig darübergleiten lassen. Mit Limettenscheibe garnieren.

APPLE BRANDY HIGHBALL

4 Teile Apfelbrandy (60 ml)
Sodawasser
Zitronenspirale

Brandy über Eiswürfel ins Glas gießen. Mit Wasser auffüllen, Zitronenspirale hinzugeben, verrühren.

APPLE CART

2 Teile Apfelbrandy (30 ml)
1 1/2 Teile Cointreau (22,5 ml)
1 Teil frischer Zitronensaft (15 ml)

Zutaten ins Rührglas gießen und gut verrühren. Über Eiswürfel ins gekühlte Whiskyglas gießen.

APPLE DAIQUIRI

4 Teile weißer Rum (60 ml)
1 1/2 Teile Calvados (22,5 ml)
1 Teil Zitronensaft (15 ml)
1 TL Zuckersirup (je nach Geschmack etwas mehr oder weniger)
Apfelscheibe

Zutaten, außer Apfelscheibe, mit zerkleinertem Eis im Shaker mischen und kräftig schütteln. Ins gekühlte Cocktailglas abseihen. Mit Apfelscheibe garnieren.

APPLE DUBONNET

4 Teile Apfelbrandy (60 ml)
3 Teile Dubonnet Rouge (45 ml)
Zitronenscheibe

Zutaten, außer Zitronenscheibe, mit zerkleinertem Eis im Shaker mischen und kräftig schütteln. Ins gekühlte Whiskyglas abseihen. Mit Zitronenscheibe garnieren.

APPLE FIZZ

4 Teile Apfelbrandy (60 ml)
8 Teile Apfelsaft (120 ml)
1/2 TL frischer Limettensaft
Sodawasser
Limettenscheibe

Alle flüssigen Zutaten über Eis ins Longdrinkglas gießen. Umrühren und mit Limettenscheibe garnieren.

APPLE FRAZZLE

8 Teile Apfelsaft (120 ml)
1 TL Zuckersirup
1/2 TL frischer Zitronensaft
Sodawasser

Zutaten, außer Sodawasser, mit zerkleinertem Eis im Shaker mischen und kräftig schütteln. Über Eiswürfel ins gekühlte Longdrinkglas abseihen. Mit Sodawasser auffüllen.

APPLE PIE

4 Teile weißer Rum (60 ml)
1 1/2 Teile Apfelbrandy (22,5 ml)
1 Teil süßer Vermouth (15 ml)
1 TL Zitronensaft
1 Spritzer Aprikosenbrandy
1 Spritzer Grenadine

Zutaten mit zerkleinertem Eis im Shaker mischen und kräftig schütteln. Ins gekühlte Cocktailglas abseihen. (Anm.: Sie können für dieses Getränk auch einen Elektromixer benutzen. Circa zehn Sekunden auf mittlerer Stufe mischen.)

APPLE RUM RICKEY

2 Teile Apfelbrandy (30 ml)
1 Teil weißer Rum (15 ml)
Sodawasser
Limettenspirale

Brandy und Rum mit zerkleinertem
Eis im Shaker mischen. Über Eiswürfel
ins Longdrinkglas abseihen. Mit Sodawasser auffüllen und mit Limettenspirale garnieren.

APPLE SWIZZLE

4 Teile Apfelbrandy (60 ml)
3 Teile weißer Rum (45 ml)
1 Teil frischer Limettensaft (15 ml)
1 TL Zuckersirup
2-3 Spritzer Angosturabitter

Zutaten im Rührglas mit zerkleinertem
Eis verrühren. Ins gekühlte Whiskyglas
gießen.

APPLEJACK COLLINS

4 Teile Applejack oder Apfelbrandy
(60 ml)
2 Teile frischer Zitronensaft (30 ml)
1/2 TL feiner Barzucker
3-5 Spritzer Orangenbitter
Sodawasser
Zitronenscheibe

Zutaten, außer Sodawasser und Zitro-
nenscheibe, zu zerkleinertem Eis in den
Elektromixer geben und circa zehn
Sekunden auf mittlerer Stufe mischen.
Ins gekühlte Collinsglas geben und mit
Soda auffüllen. Langsam umrühren. Mit
Zitronenscheibe garnieren.

APPLEJACK DAISY

4 Teile Applejack oder Apfelbrandy
(60 ml)
2 Teile frischer Limettensaft (30 ml)
1/2 TL feiner Barzucker
1/2 TL Grenadine
Zitronenscheibe
Maraschinokirsche

Zutaten, außer Zitronenscheibe und
Kirsche, mit zerkleinertem Eis im
Shaker mischen und kräftig schütteln.
Ins gekühlte Cocktailglas abseihen. Mit
Früchten garnieren.

APPLEJACK MANHATTAN

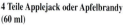

4 Teile Applejack oder Apfelbrandy
(60 ml)
1 Teil süßer Vermouth (15 ml)
Spritzer Orangenbitter
Maraschinokirsche

Zutaten im Rührglas mit zerkleinertem
Eis verrühren. Ins Cocktailglas abseihen. Spritzer Orangenbitter hinzugeben
und mit Kirsche garnieren.

APPLEJACK SOUR

4 Teile Applejack oder Apfelbrandy
(60 ml)
2 Teile frischer Zitronensaft (30 ml)
1/2 TL feiner Barzucker
Zitronenscheibe

Zutaten, außer Zitronenscheibe, mit
zerkleinertem Eis im Shaker mischen
und kräftig schütteln. Ins gekühlte
Cocktailglas abseihen. Mit Zitronenscheibe garnieren.

APRICOT COCKTAIL

2 Teile Aprikosenbrandy (30 ml)
1 EL Wodka oder neutraler Alkohol
1 EL frischer Zitronensaft
1 EL frischer Orangensaft

Zutaten mit zerkleinertem Eis im
Shaker mischen und kräftig schütteln.
Ins gekühlte Cocktailglas abseihen.

APRICOT FIZZ

4 Teile Aprikosenbrandy (60 ml)
2 Teile frischer Zitronensaft (30 ml)
1 TL Zuckersirup
Sodawasser
Zitronenschale

Zutaten, außer Sodawasser und
Zitronenschale, im Rührglas mit zer-
kleinertem Eis mischen und gut ver-
rühren. Über Eiswürfel ins gekühlte
Longdrinkglas abseihen. Mit Soda-
wasser auffüllen und erneut rühren.
Zitronenschale über dem Glas zur
Spirale schneiden und hineingeben.

APRICOT LADY

3 Teile weißer Rum (45 ml)
2 Teile Aprikosenbrandy (30 ml)
1/2 TL Triple Sec
1 EL frischer Limettensaft
1 Eiweiß
Orangenscheibe

Zutaten, außer Orangenscheibe, mit zerkleinertem Eis im Shaker mischen und kräftig schütteln. Über Eiswürfel ins gekühlte Whiskyglas abseihen. Mit Orangenscheibe garnieren.

APRICOT SHAKE

6 Teile Aprikosennektar (90 ml)
4 Teile Ananassaft (60 ml)
2 Teile frischer Limettensaft (30 ml)
2 Teile Kirschsirup (30 ml)

Zutaten im Elektromixer mit zerkleinertem Eis mischen. Cremig rühren und ins gekühlte Collinsglas gießen.

APRICOT SOUR

4 Teile Aprikosenbrandy (60 ml)
2 Teile frischer Zitronensaft (30 ml)
1/2 TL feiner Barzucker
Zitronenscheibe

Zutaten, außer Zitronenscheibe, mit zerkleinertem Eis im Shaker mischen und kräftig schütteln. Ins gekühlte Cocktailglas abseihen. Mit Zitronenscheibe garnieren.

APRICOT SPARKLER

4 Teile Aprikosennektar (60 ml)
2 Teile frischer Zitronensaft (30 ml)
Sodawasser
Zitronenschale

Zutaten, außer Sodawasser, im Rührglas mit zerkleinertem Eis mischen und gut umrühren. Über Eiswürfel ins gekühlte Longdrinkglas abseihen. Mit Sodawasser auffüllen und erneut rühren. Zitronenschale über dem Glas zur Spirale schneiden und hineingeben.

AQUEDUCT COCKTAIL

4 Teile Wodka (60 ml)
1 1/2 TL weißer Curaçao
1 TL Aprikosenbrandy
1 TL frischer Limettensaft
1 TL frischer Zitronensaft
Zitronenspirale

Zutaten, außer Zitronenspirale, mit zerkleinertem Eis im Shaker mischen und kräftig schütteln. Ins gekühlte Cocktailglas abseihen und mit Zitronenspirale garnieren.

ARAWAK CUP

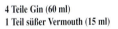

4 Teile brauner Rum (60 ml)
1 Teil Ananassaft (15 ml)
1 Teil Passionsfruchtsirup (15 ml)
1 Teil frischer Limettensaft (15 ml)
1 TL Orgeatsirup (Mandelsirup)
Ananasstück

Zutaten, außer Ananasstück, mit zerkleinertem Eis im Shaker mischen und kräftig schütteln. Ins gekühlte Cocktailglas abseihen. Mit Ananasstück garnieren.

ARTILLERY COCKTAIL

4 Teile Gin (60 ml)
1 Teil süßer Vermouth (15 ml)

Gin und Vermouth mit zerkleinertem Eis im Shaker gründlich mixen. Ins gekühlte Cocktailglas abseihen.

ARTILLERY PUNCH

1 Liter Bourbon oder Rye Whiskey
1 Liter Rotwein
500 ml brauner Rum
250 ml Aprikosenbrandy
250 ml Gin
1 Liter schwarzer Tee, stark
500 ml frischer Orangensaft
125 ml frischer Zitronensaft
125 ml frischer Limettensaft
eine Vierteltasse feiner Barzucker
1 Zitrone in dünnen Scheiben
1 Limette in dünnen Scheiben

Zutaten, außer Früchtescheiben, mixen und im Kühlschrank abkühlen. Dann zu einem Block Eis in große Bowle gießen. Mit Zitronen- und Limettenscheiben garnieren.
Für 30 bis 35 Personen.

ARUBA

4 Teile Gin (60 ml)
1 Teil weißer Curaçao (15 ml)
2 Teile frischer Zitronensaft (30 ml)
1/2 Eiweiß
1 TL Orgeatsirup (Mandelsirup)

Zutaten mit zerkleinertem Eis im Shaker mischen und kräftig schütteln. Ins gekühlte Cocktailglas abseihen.

AVIATION

4 Teile Gin (60 ml)
1 Teil frischer Zitronensaft (15 ml)
1/2 TL Maraschino-Kirschlikör
1/2 TL Aprikosenbrandy

Zutaten mit zerkleinertem Eis im Shaker mischen und kräftig schütteln. Ins gekühlte Cocktailglas abseihen.

AZTEC PUNCH

2 Liter weißer Tequila
2 Liter Grapefruitsaft
125 ml weißer Curaçao
1 Liter kalter schwarzer Tee, stark
125 ml frischer Zitronensaft
80 ml Orgeatsirup (Mandelsirup)
15 ml Orangenbitter
gemahlener Zimt

Zutaten zu einem Block Eis in große Bowle geben und gründlich mischen.
Für 40 Personen.

B

BABBIE'S SPECIAL COCKTAIL

4 Teile Aprikosenbrandy (60 ml)
2 Teile Half-and-half (30 ml)
1 TL Gin

Zutaten mit zerkleinertem Eis im
Shaker mischen und kräftig schütteln.
Ins gekühlte Cocktailglas abseihen.

BABY BELLINI

Gekühlter Apfelschaumwein (Cidre)
4 Teile Pfirsichnektar (60 ml)
2 Teile frischer Zitronensaft (30 ml)

Fruchtsäfte im Champagnerglas gut
verrühren. Cidre hinzugeben und
vorsichtig umrühren.

BACHELOR'S BAIT

4 Teile Gin (60 ml)
3 Spritzer Orangenbitter
3/4 TL Grenadine
1 Eiweiß

Zutaten mit zerkleinertem Eis im
Shaker mischen und kräftig schütteln.
Ins gekühlte Cocktailglas abseihen.

BAHAMA MAMA

2 Teile brauner Rum (30 ml)
2 Teile weißer Rum (30 ml)
2 Teile goldener Rum (30 ml)
2 Teile Kokoslikör (30 ml)
4 Teile frischer Orangensaft (60 ml)
4 Teile Ananassaft (60 ml)
1 Teil frischer Zitronensaft (15 ml)
2 Spritzer Grenadine
Maraschinokirsche
Orangenscheibe

Alle flüssigen Zutaten mit Eiswürfeln
im Shaker mischen und kräftig schütteln. Ins gekühlte Collinsglas gießen
und mit Früchten garnieren.

BAIRN

4 Teile Scotch (60 ml)
2 Teile Cointreau (30 ml)
3-5 Spritzer Orangenbitter

Zutaten mit zerkleinertem Eis im
Shaker mischen und kräftig schütteln.
Ins gekühlte Cocktailglas abseihen.

BALI HAI

4 Teile weißer Rum (60 ml)
2 Teile Aguardiente (30 ml)
4 Teile frischer Zitronensaft (60 ml)
4 Teile frischer Limettensaft (60 ml)
1 TL Orgeatsirup (Mandelsirup)
1 TL Grenadine
Champagner oder Schaumwein

Zutaten, außer Champagner bzw.
Schaumwein, mit zerkleinertem Eis im
Shaker mischen und kräftig schütteln.
Ins gekühlte Collinsglas gießen. Mit
kaltem Champagner auffüllen.

BALLYLICKEY BELT

4 Teile irischer Whiskey (60 ml)
3/4 TL Honig
kaltes Sodawasser
Zitronenschale

Honig in einem gekühlten Whiskyglas
mit ein wenig Wasser vermengen, bis er
zerläuft. Whiskey und Eiswürfel hinzugeben. Mit Sodawasser auffüllen und
langsam umrühren. Zitronenschale über
dem Glas zur Spirale schneiden und
hinzugeben.

BALMORAL COCKTAIL

4 Teile Scotch (60 ml)
1 Teil Dubonnet Rouge (15 ml)
1 Teil Dubonnet Blanc (15 ml)
3 Spritzer Angosturabitter

Zutaten im Rührglas mit Eiswürfeln
verrühren. Gründlich umrühren. Ins
gekühlte Cocktailglas abseihen.

BALTIMORE BRACER

3 Teile Brandy (45 ml)
2 Teile Anisette oder Pernod
(30 ml)
1 Eiweiß

Zutaten mit zerkleinertem Eis im
Shaker mischen und sehr kräftig
schütteln. Ins gekühlte Cocktailglas
abseihen.

BALTIMORE EGGNOG

4 Teile Brandy (60 ml)
2 Teile brauner Rum (30 ml)
2 Teile Madeira-Wein (30 ml)
12 Teile Half-and-half (180 ml)
1 Ei
1 TL feiner Barzucker
frisch gemahlener Muskat

Zutaten, außer Muskat, im Elektromixer mit zerkleinertem Eis ca. zehn
Sekunden auf mittlerer Stufe mischen.
Ins gekühlte Collinsglas gießen und
mit Muskat bestreuen.

BAMBOO COCKTAIL

4 Teile trockener Sherry (60 ml)
1 Teil trockener Vermouth (15 ml)
Spritzer Orangenbitter

Zutaten mit Eiswürfeln im gekühlten
Cocktailglas verrühren.

BANANA DAIQUIRI

4 Teile weißer Rum (60 ml)
1 Teil Triple Sec (15 ml)
1 Teil frischer Limettensaft (15 ml)
1 Teil Half-and-half (15 ml)
1 TL feiner Barzucker
1/4 Banane, in Scheiben geschnitten
Limettenscheibe

Zutaten, außer Limettenscheibe, mit
einer halben Tasse zerkleinertem Eis in
den Elektromixer geben und auf niedriger Stufe weich rühren. Ins gekühlte,
bauchige Weinglas füllen und mit
Limettenscheibe garnieren.

BANANA ITALIANO

3 Teile Galliano (45 ml)
2 Teile Crème de Bananes (30 ml)
2 Teile Half-and-half (30 ml)

Zutaten im Elektromixer mit zerkleinertem Eis mischen und weich rühren. Ins
gekühlte Cocktailglas abseihen.

BANANA MILK SHAKE

4 Teile weißer Rum (60 ml)
2 Teile Bananenlikör (30 ml)
4 Teile Half-and-half (60 ml)
Spritzer Grenadine
Bananenscheibe
frisch gemahlener Muskat

Die flüssigen Zutaten mit zerkleinertem
Eis im Shaker mischen und kräftig
schütteln. Ins gekühlte Cocktailglas
abseihen, mit der Bananenscheibe garnieren und mit Muskat bestreuen.

BANANA RUM FRAPPE

2 Teile weißer Rum (30 ml)
1 Teil Bananenlikör (15 ml)
1 Teil frischer Orangensaft (15 ml)
Bananenscheibe

Zutaten, außer Banane, im Elektromixer mit zerkleinertem Eis mischen
und weich rühren.

BANFF COCKTAIL

4 Teile kanadischer Whisky
(60 ml)
1 Teil Grand Marnier (15 ml)
1 Teil Kirschwasser (15 ml)
1 Spritzer Angosturabitter

Zutaten mit zerkleinertem Eis im
Shaker mischen und kräftig schütteln.
Ins gekühlte Cocktailglas abseihen.

BANSHEE

4 Teile Crème de Bananes
(60 ml)
2 Teile weißer Crème de Cacao (30 ml)
1 Teil Half-and-half (15 ml)

Zutaten mit zerkleinertem Eis im
Shaker mischen und kräftig schütteln.
Ins gekühlte Cocktailglas abseihen.

BARBADOS PLANTER'S PUNCH

6 Teile goldener Rum (90 ml)
2 Teile frischer Limettensaft (30 ml)
1/2 TL feiner Barzucker
Spritzer Orangenbitter
Sodawasser
Bananenscheibe
Orangenscheibe
Maraschinokirsche
frisch gemahlener Muskat

Zutaten, außer Früchte und Muskat, mit zerkleinertem Eis im Shaker mischen und kräftig schütteln. Ins gekühlte Collinsglas gießen. Mit Früchten und Muskat garnieren.

BARBARELLA

4 Teile Cointreau (60 ml)
2 Teile weißer Sambuca (30 ml)

Zutaten mit zerkleinertem Eis im Shaker mischen und kräftig schütteln. Ins gekühlte Whiskyglas abseihen.

BARBARY COAST

2 Teile weißer Rum (30 ml)
1 Teil Gin (15 ml)
1 Teil Scotch (15 ml)
1 Teil weißer Crème de Cacao (15 ml)
1 Teil Half-and-half (15 ml)

Zutaten mit zerkleinertem Eis im Shaker schütteln. Ins gekühlte Cocktailglas abseihen.

BARNUM

4 Teile Gin (60 ml)
1 Teil Aprikosenbrandy (15 ml)
3-5 Spritzer Angosturabitter
3-5 Spritzer Zitronensaft

Zutaten mit zerkleinertem Eis im Shaker mischen und kräftig schütteln. Ins gekühlte Cocktailglas abseihen.

BARTON SPECIAL

4 Teile Apfelbrandy oder Calvados (60 ml)
2 Teile Gin (30 ml)
2 Teile Scotch (30 ml)
Zitronenschale

Zutaten, außer Zitronenschale, mit zerkleinertem Eis im Shaker mischen und kräftig schütteln. Über Eiswürfel ins gekühlte Whiskyglas abseihen. Zitronenschale über dem Glas zur Spirale schneiden und hinzugeben.

BATIDA DE PIÑA

6 Teile weißer Rum (90 ml)
frisch zerdrückte Ananas, ca. 2/3 Tasse (wenn Sie Ananas aus der Dose nehmen müssen, dann greifen Sie zu in Natursaft eingelegten Früchten)
1/2 TL feiner Barzucker
1 Zweig frische Minze

Zutaten, außer Minze, im Elektromixer mit zerkleinertem Eis mixen. Auf hoher Stufe weich, jedoch nicht wäßrig rühren. Ins gekühlte große Whiskyglas abseihen. Mit Minze garnieren.

BAYARD FIZZ

4 Teile Gin (60 ml)
1 TL Maraschino-Kirschlikör
1 TL frischer Limettensaft
1 TL Himbeersirup
Sodawasser
frische Himbeeren

Zutaten, außer Sodawasser und Himbeeren, mit Eiswürfeln im Shaker mischen und kräftig schütteln. Über Eiswürfel ins gekühlte Longdrinkglas abseihen. Mit Sodawasser auffüllen und frische Himbeeren hinzugeben.

BEACHCOMBER

BEACHBUM

4 Teile weißer Rum (60 ml)
1 1/2 Teile Triple Sec (22,5 ml)
1 1/2 Teile frischer Limettensaft (22,5 ml)
1 Spritzer Grenadine

Gekühltes Cocktailglas mit Zuckerrand
versehen, indem Sie den Glasrand mit
einem Zitronenachtel befeuchten und in
Zucker stülpen. Zutaten im Shaker
mischen und kräftig schütteln. Ins Glas
abseihen.

BEACHCOMBER

10 Teile Guavennektar (150 ml)
2 Teile Himbeersirup (30 ml)
4 Teile frischer Limettensaft (60 ml)

Zutaten mit zerkleinertem Eis im
Shaker mischen und kräftig schütteln.
Ins gekühlte Collinsglas abseihen.

BEACHCOMBER'S GOLD

4 Teile weißer Rum (60 ml)
1 Teil trockener Vermouth (15 ml)
1 Teil süßer Vermouth (15 ml)

Zutaten mit zerkleinertem Eis im
Shaker mischen und kräftig schütteln.
Ins gekühlte und mit zerstoßenem Eis
gefüllte Cocktailglas abseihen.

BEADLESTONE

4 Teile Scotch (60 ml)
3 Teile trockener Vermouth (45 ml)

Zutaten zusammen mit Eiswürfeln im
Rührglas verrühren und ins gekühlte
Cocktailglas abseihen.

BEAUTY SPOT

4 Teile Gin (60 ml)
1 Teil trockener Vermouth (15 ml)
1 Teil süßer Vermouth (15 ml)
2 TL frischer Orangensaft
2 Spritzer Grenadine

Grenadine in gekühltes Cocktailglas
spritzen. Restliche Zutaten mit
zerkleinertem Eis im Shaker gründlich
mischen und kräftig schütteln. Ins Glas
abseihen.

BEER BUSTER

1 Flasche eiskaltes Bier
4 Teile eiskalter Wodka (60 ml)
Tabasco-Sauce nach Geschmack

Zutaten in einen angefrorenen Bierkrug
geben und langsam umrühren.

BEE'S KISS

4 Teile weißer Rum (60 ml)
1 TL Honig
1 TL Half-and-half

Zutaten mit zerkleinertem Eis im
Shaker mischen und sehr kräftig schüt-
teln. Über Eiswürfel ins gekühlte
Cocktailglas abseihen.

BEE'S KNEES

BEE'S KNEES

4 Teile goldener Rum (60 ml)
1 Teil frischer Orangensaft
(15 ml)
1 Teil frischer Limettensaft (15 ml)
1/2 TL feiner Barzucker
3-5 Spritzer weißer Curaçao
Orangenschale

Zutaten, außer Orangenschale, mit zerkleinertem Eis im Shaker mischen und
kräftig schütteln. Ins gekühlte
Cocktailglas abseihen und mit
Orangenschale garnieren.

BELLINI

Gekühlter Champagner (notfalls
Schaumwein)
4 Teile Pfirsichnektar (60 ml)
1 Teil frischer Zitronensaft (15 ml)

Fruchtsäfte ins gekühlte Sektglas geben
und sorgfältig verrühren. Champagner
am Rand herabgleiten lassen und langsam umrühren.

BELMONT

4 Teile Gin (60 ml)
1 Teil Himbeersirup (15 ml)
1 1/2 Teile Half-and-half (22,5 ml)

Zutaten mit zerkleinertem Eis im
Rührglas verrühren und ins gekühlte
Cocktailglas abseihen.

BELLINI

BELMONT STAKES

4 Teile Wodka (60 ml)
2 Teile goldener Rum (30 ml)
1 Teil Erdbeerlikör (15 ml)
1 Teil frischer Limettensaft (15 ml)
1 TL Grenadine
Zitronenachtel
Orangenscheibe

Flüssige Zutaten mit zerkleinertem Eis im Shaker mischen und kräftig schütteln. Ins gekühlte Cocktailglas abseihen und mit Früchten garnieren.

BENNETT

4 Teile Gin (60 ml)
1 Teil frischer Limettensaft (15 ml)
1/2 TL feiner Barzucker
3 Spritzer Angosturabitter

Zutaten mit zerkleinertem Eis im Shaker mischen und kräftig schütteln. Ins gekühlte Cocktailglas abseihen.

BELMONT STAKES

BENTLEY COCKTAIL

4 Teile Apfelbrandy oder Calvados
(60 ml)
2 Teile Dubonnet Rouge (30 ml)
Zitronenspirale

Alle flüssigen Zutaten im Rührglas mit
zerkleinertem Eis verrühren. Ins gekühlte Cocktailglas abseihen und mit
Zitronenspirale garnieren.

BERMUDA BOUQUET

4 Teile Gin (60 ml)
2 Teile Aprikosenbrandy (30 ml)
1 Teil frischer Zitronensaft (15 ml)
1 Teil frischer Orangensaft (15 ml)
1 TL feiner Barzucker
1 TL Grenadine
1 TL Cointreau
Orangenspirale

Zutaten, außer Orangenspirale, mit
Eiswürfeln im Shaker mischen und
kräftig schütteln. Ins gekühlte Longdrinkglas gießen. Wenn nötig, mehr
Eis hinzugeben. Mit Orangenspirale
garnieren.

47

BERMUDA HIGHBALL

3 Teile Gin (45 ml)
2 Teile Brandy (30 ml)
2 Teile trockener Vermouth (30 ml)
Sodawasser, Zitronenschale

Flüssige Zutaten über Eiswürfel ins
gekühlte Longdrinkglas gießen. Gut
umrühren. Mit Sodawasser auffüllen.
Zur Spirale geschnittene Zitronenschale
hinzugeben und erneut umrühren.

BERMUDA ROSE

4 Teile Gin (60 ml)
1 EL frischer Limettensaft
2 TL Aprikosenbrandy
2 TL Grenadine

Zutaten mit zerkleinertem Eis im
Shaker schütteln. Über Eiswürfel ins
gekühlte Whiskyglas abseihen.

BERTA'S SPECIAL

4 Teile Tequila (60 ml)
1 TL Honig
1 Eiweiß
5-7 Spritzer Orangenbitter
Saft einer Limette
Sodawasser
Limettenscheibe

Zutaten, außer Sodawasser und der
Limettenscheibe, im Shaker mischen
und sehr kräftig schütteln. Ins gekühlte,
mit Eiswürfeln gefüllte Collinsglas
gießen und mit Sodawasser auffüllen.
Mit Limettenscheibe garnieren.

BETSY ROSS

3 Teile Brandy (45 ml)
3 Teile Portwein (45 ml)
1/2 TL feiner Barzucker
1 Eigelb
3-5 Spritzer Triple Sec
3-5 Spritzer Angosturabitter
frisch gemahlener Muskat

Zutaten, außer Muskat, mit zerkleinertem Eis im Shaker mischen und sehr
kräftig schütteln. Ins gekühlte Cocktailglas abseihen. Mit Muskat bestreuen.

BETWEEN THE SHEETS

4 Teile Brandy oder Cognac (60 ml)
3 Teile weißer Rum (45 ml)
1 Teil weißer Curaçao (15 ml)
1 Teil frischer Zitronensaft (15 ml)

Zutaten mit zerkleinertem Eis im
Shaker mischen und kräftig schütteln.
Ins gekühlte Cocktailglas abseihen.

BEVERLY HILLS

4 Teile Triple Sec (60 ml)
2 Teile Cognac (30 ml)
1 Teil Kaffeelikör (15 ml)

Zutaten mit zerkleinertem Eis im
Shaker mischen und kräftig schütteln.
Ins gekühlte Cocktailglas abseihen.

BIFFY COCKTAIL

4 Teile Gin (60 ml)
2 Teile Schwedenpunsch (30 ml)
2 Teile frischer Zitronensaft (30 ml)

Zutaten im Shaker mischen und kräftig
schütteln. Ins gekühlte Whiskyglas
abseihen.

BIG APPLE

4 Teile Apfelbrandy (60 ml)
1 Teil Amaretto (15 ml)
6 Teile Apfelsaft (90 ml)
1 EL Apfelmus
gemahlener Zimt

Sämtliche Zutaten, außer Zimt, im
Elektromixer mit Eis mischen. Auf
mittlerer Stufe weich rühren.
Ins gekühlte Parfait-Glas gießen und
mit Zimt bestreuen.

BIJOU COCKTAIL

3 Teile Gin (45 ml)
2 Teile grüner Chartreuse (30 ml)
2 Teile süßer Vermouth (30 ml)
1 Spritzer Orangenbitter
Zitronenschale (nach Geschmack)
Maraschinokirsche (nach Geschmack)

Flüssige Zutaten im Rührglas mit zerkleinertem Eis verrühren. Ins gekühlte
Cocktailglas abseihen. Mit Zitronenschale und Kirsche garnieren.

BILLY TAILOR

4 Teile Gin (60 ml)
3 Teile frischer Limettensaft (45 ml)
1/2 TL feiner Barzucker
Sodawasser

Zutaten, außer Sodawasser, mit zerkleinertem Eis im Shaker mischen und kräftig schütteln. Über Eiswürfel ins gekühlte Collinsglas abseihen. Mit Sodawasser auffüllen und langsam umrühren.

BIRD OF PARADISE COOLER

4 Teile Gin (60 ml)
2 Teile frischer Zitronensaft (30 ml)
1 TL feiner Barzucker
1 TL Grenadine
1 Eiweiß
Sodawasser

Zutaten, außer Sodawasser, mit zerkleinertem Eis im Shaker mischen und sehr kräftig schütteln. Über Eiswürfel ins gekühlte Longdrinkglas abseihen. Mit Sodawasser auffüllen und langsam umrühren.

BLACK DOG

BISCAYNE COCKTAIL

4 Teile Gin (60 ml)
2 Teile weißer Rum (30 ml)
2 Teile Forbidden Fruit (30 ml)
2 Teile frischer Limettensaft (30 ml)
Limettenscheibe

Flüssige Zutaten mit Eis im Shaker
mischen und kräftig schütteln. Ins
Cocktailglas abseihen und mit
Limettenscheibe garnieren.

BISHOP

4 Teile frischer Orangensaft (60 ml)
4 Teile frischer Zitronensaft (60 ml)
1 TL feiner Barzucker
Cabernet Sauvignon oder ein anderer
schwerer Rotwein
Orangenscheibe
Zitronenscheibe

Fruchtsäfte im Rührglas mit Zucker
verrühren. Über Eiswürfel ins gekühlte
Longdrinkglas abseihen. Mit Rotwein
auffüllen. Erneut umrühren und mit
Fruchtscheiben garnieren.

BITE OF THE APPLE

10 Teile Apfelsaft (150 ml)
2 Teile frischer Limettensaft
(30 ml)
1 Teil Orgeatsirup (Mandelsirup) (15 ml)
1 EL ungesüßtes Apfelmus
gemahlener Zimt

Zutaten, außer Zimt, im Elektromixer
mit Eis gründlich mischen. Auf
mittlerer Stufe weich rühren. Ins gut
gekühlte Pilsglas gießen und mit Zimt
bestreuen.

BITTERSWEET
COCKTAIL

3 Teile trockener Vermouth (45 ml)
3 Teile süßer Vermouth (45 ml)
3 Spritzer Angosturabitter
3 Spritzer Orangenbitter
Orangenspirale

Zutaten, außer Orangenspirale, mit zerkleinertem Eis im Shaker mischen und
kräftig schütteln. Über Eiswürfel ins
gekühlte Whiskyglas abseihen. Mit
Orangenspirale garnieren.

50

BLACK AND TAN

**Gekühltes Ginger Ale
Gekühltes Ingwerbier
Zitronenachtel**

Getränke zu gleichen Anteilen ins
gekühlte Pilsglas gießen. Mit
Zitronenachtel garnieren.

BLACK DEVIL

**4 Teile weißer Rum (60 ml)
1 Teil trockener Vermouth (15 ml)
entkernte schwarze Olive**

Rum und Vermouth im Rührglas mit
zerkleinertem Eis verrühren. Ins
gekühlte Cocktailglas abseihen und
Olive hinzugeben.

BLACK DOG

**6 Teile Bourbon (90 ml)
2 Teile trockener Vermouth (30 ml)
1 Teil Brombeerbrandy (15 ml)**

Zutaten im Rührglas mit zerkleinertem
Eis mischen und kräftig verrühren.
Über Eiswürfel ins gekühlte Whisky-
glas abseihen.

BLACK HAWK

**4 Teile Blended Whisky (60 ml)
2 Teile Schlehen-Gin (30 ml)**

Zutaten im Rührglas mit zerkleinertem
Eis verrühren. Ins gekühlte Cocktailglas
abseihen.

BLACK JACK

**4 Teile Brandy (60 ml)
1 Teil Kirschwasser (15 ml)
3 Teile kalter schwarzer Kaffee (45 ml)
Zitronenspirale**

Flüssige Zutaten im Rührglas mit zerkleinertem Eis verrühren. Über Eiswürfel ins gekühlte Whiskyglas abseih-
hen. Mit Zitronenspirale garnieren.

BLACK MAGIC

**4 Teile Wodka (60 ml)
2 Teile Kaffeelikör (30 ml)
1-2 Spritzer frischer Zitronensaft**

Zutaten im Rührglas verrühren. Über
Eiswürfel ins gekühlte Whiskyglas
abseihen.

BLACK MARIA

**4 Teile Kaffeelikör (60 ml)
4 Teile weißer Rum (60 ml)
8 Teile kalter schwarzer Kaffee (120 ml)
1 TL feiner Barzucker**

Zutaten im großen Cognacschwenker
verrühren. Dazu zerkleinertes Eis.

BLACK RUSSIAN

**4 Teile Wodka (60 ml)
2 Teile Kaffeelikör (30 ml)**

Über Eiswürfel ins gekühlte
Whiskyglas gießen und umrühren.

BLACK STRIPE

**6 Teile brauner Rum (90 ml)
2 TL Melasse
8 Teile kochendes Wasser (120 ml)
Zitronenspirale
Zimtstange
frisch gemahlener Muskat**

Melasse mit wenig kochendem Wasser
in hoher Kaffeetasse auflösen.
Zimtstange, Zitronenspirale und restliches kochendes Wasser hinzugeben.
Rum darübergleiten lassen (floaten) und
anzünden. Einige Sekunden brennen
lassen. Umrühren, bis Flamme ver-
löscht ist. Mit Muskat bestreuen.

BLACK JACK

BLACKTHORN

4 Teile irischer Whiskey (60 ml)
3 Teile trockener Vermouth (45 ml)
3-5 Spritzer Pernod
3-5 Spritzer Angosturabitter

Zutaten im Rührglas mit zerkleinertem
Eis verrühren. Ins gekühlte Whiskyglas
gießen.

BLACK VELVET

250 ml gekühlter Champagner oder
Schaumwein
250 ml gekühltes Bier, Stout oder Dark Porter

Zutaten langsam und gleichzeitig ins
gekühlte Longdrinkglas gießen. Nicht
umrühren.

BLANCHE

2 Teile Anisette oder Pernod
(30 ml)
2 Teile Cointreau (30 ml)
1 Teil weißer Curaçao (15 ml)

Zutaten mit zerkleinertem Eis im
Shaker mischen und kräftig schütteln.
Ins gekühlte Cocktailglas abseihen.

BLENDED COMFORT

4 Teile Bourbon (60 ml)
2 Teile Southern Comfort (30 ml)
1 Teil trockener Vermouth (15 ml)
2 Teile frischer Zitronensaft (30 ml)
1/2 TL feiner Barzucker
frische Pfirsichscheiben

Zutaten, außer Pfirsichscheiben, im
Elektromixer mit zerkleinertem Eis
mischen. Über Eiswürfel ins gekühlte
Collinsglas gießen. Mit Pfirsichscheiben garnieren.

BLINKER

4 Teile Rye Whiskey (60 ml)
5 Teile Grapefruitsaft (75 ml)
1 TL Grenadine

Zutaten mit zerkleinertem Eis im
Shaker mischen und kräftig schütteln.
Ins gekühlte Cocktailglas abseihen.

BLIZZARD

6 Teile Bourbon (90 ml)
2 Teile Preiselbeersaft (30 ml)
1 EL frischer Zitronensaft
1 EL feiner Barzucker

Zutaten mit zerkleinertem Eis im
Shaker schütteln. Ins gekühlte
Longdrinkglas abseihen.

BLOOD AND SAND

2 Teile Scotch (30 ml)
1 Teil Kirschwasser (15 ml)
1 Teil süßer Vermouth (15 ml)
1 Teil frischer Orangensaft (15 ml)

Zutaten mit zerkleinertem Eis im
Shaker schütteln. Ins gekühlte
Cocktailglas abseihen.

BLOODHOUND

4 Teile Gin (60 ml)
2 Teile trockener Vermouth (30 ml)
2 Teile süßer Vermouth (30 ml)
3 frische Erdbeeren, halbiert und entstielt

Zutaten im Elektromixer mit zerkleinertem Eis mischen. Auf niedriger Stufe
weich, jedoch nicht wäßrig rühren. Ins
gekühlte Cocktailglas abseihen.

BLOODY BREW

4 Teile Wodka (60 ml)
6 Teile Bier (90 ml)
8 Teile Tomatensaft (120 ml)
Salz nach Geschmack
sauer eingelegter Dill

Zutaten, außer Dill, im gekühlten
Longdrinkglas mit Eis mixen. Mit Dill
garnieren.

BLOODY BULL

4 Teile Wodka (60 ml)
8 Teile Tomatensaft (120 ml)
8 Teile gekühlte Rindfleischbrühe (120 ml)
1 Teil Limettensaft (15 ml)
Tabasco-Sauce nach Geschmack
frisch gemahlener Pfeffer nach Geschmack
Limettenachtel

Zutaten, außer Pfeffer und Limetten-
achtel, mit zerkleinertem Eis im
Shaker mischen und kräftig schütteln.
Über Eiswürfel abseihen. Pfeffer ins
Getränk mahlen und mit Limettenachtel
garnieren.

BLOODY MARY

4 Teile Wodka (60 ml)
12 Teile Tomatensaft (180 ml)
1/2 TL frischer Zitronensaft
1/2 TL Worcestershire-Sauce
1/2 TL Meerrettich
Tabasco-Sauce nach Geschmack
frisch gemahlener Pfeffer nach Geschmack
Salz nach Geschmack
Limettenachtel

Zutaten, außer Limettenachtel, mit zerkleinertem Eis im Shaker mischen und
langsam schütteln. Ins gekühlte Longdrinkglas abseihen und mit Limettenachtel garnieren. Gewürze je nach Geschmack hinzugeben.

BLUE ANGEL

2 Teile Brandy (30 ml)
1 Teil blauer Curaçao (15 ml)
1 Teil Vanillelikör (15 ml)
1 Teil Half-and-half (15 ml)
1 Spritzer Zitronensaft

Zutaten mit zerkleinertem Eis im
Shaker mischen und kräftig schütteln.
Ins gekühlte Cocktailglas abseihen.

BLUE BLAZER FOR TWO

10 Teile Scotch oder Blended
Whisky (150 ml)
10 Teile kochendes Wasser (150 ml)
2 TL feiner Barzucker
2 Zitronenschalen

Zwei hohe Kaffeetassen anwärmen.
Eine Tasse mit Scotch und die andere
mit kochendem Wasser füllen. Whisky
anzünden. Während er lodert, Flüssig-
keiten vorsichtig zwischen beiden
Tassen hin und her schütten, bis sie
vermischt sind. Flammen löschen
und Getränk in zwei Tassen servieren.

In jedes Getränk Zucker nach Geschmack, aber höchstens einen Teelöffel geben. Mit Zitronenscheiben garnieren. Mit Übung gerät diese Präsentation
sehr dramatisch, da man die Illusion
von flüssigem Feuer erweckt.

BLUE DEVIL

4 Teile Gin (60 ml)
1 Teil frischer Limettensaft (15 ml)
1 EL Maraschinolikör
1 TL blauer Curaçao

Zutaten mit zerkleinertem Eis im
Shaker mischen und kräftig schütteln.
Ins gekühlte Cocktailglas abseihen.

BLOODY MARY

BLUE HAWAIIAN

BLUE GRASS COCKTAIL

4 Teile Bourbon (60 ml)
2 Teile Ananassaft (30 ml)
2 Teile frischer Zitronensaft (30 ml)
1 TL Maraschinolikör

Zutaten mit zerstoßenem Eis im Shaker mischen und kräftig schütteln. Ins gekühlte Cocktailglas abseihen.

BLUE HAWAIIAN

4 Teile weißer Rum (60 ml)
4 Teile blauer Curaçao (60 ml)
4 Teile Kokoscreme (60 ml)
8 Teile Ananassaft (120 ml)
Ananasstück
Maraschinokirsche

Flüssige Zutaten im Elektromixer mit zerkleinertem Eis mischen und auf hoher Stufe ungefähr zehn Sekunden rühren. Ins gekühlte Longdrinkglas gießen und mit Kirsche und Ananasstück garnieren.

BLUE LADY

5 Teile blauer Curaçao (75 ml)
2 Teile weißer Crème de Cacao (30 ml)
2 Teile Half-and-half (30 ml)

Zutaten mit zerkleinertem Eis im Shaker mischen und kräftig schütteln. Ins gekühlte Cocktailglas abseihen.

BLUE LAGOON

4 Teile Wodka (60 ml)
2 Teile blauer Curaçao (30 ml)
4 Teile Ananassaft (60 ml)
3-5 Spritzer Triple Sec
Ananasstück

Zutaten, außer Ananasstück, mit zerkleinertem Eis im Shaker mischen und kräftig schütteln. Ins gekühlte Cocktailglas abseihen und mit Ananasstück garnieren.

BLUE MARGARITA

4 Teile weißer Tequila (60 ml)
2 Teile blauer Curaçao (30 ml)
1 EL Triple Sec
3 Teile frischer Limettensaft (45 ml)
2 TL grobkörniges Salz
Limettenachtel

Salz auf Untertasse streuen. Limettenachtel über den Rand eines Cocktailglases reiben und dieses anschließend ins Salz stülpen. Limettenachtel aufbewahren. Flüssige Zutaten mit Eis mischen. Ins Cocktailglas abseihen und mit Limettenachtel garnieren.

BLUE MONDAY

4 Teile Wodka (60 ml)
2 Teile Cointreau (30 ml)
1 Teil blauer Curaçao (15 ml)

Zutaten im Rührglas mit zerkleinertem Eis verrühren. Ins gekühlte Cocktailglas abseihen.

BLUE LAGOON

BLUE MARGARITA

BLUE MOON

4 Teile Gin (60 ml)
1 Teil blauer Curaçao (15 ml)
Zitronenspirale

Flüssige Zutaten im Rührglas mit Eis verrühren. Ins gekühlte Cocktailglas abseihen und mit Zitronenspirale garnieren.

BLUE MOUNTAIN

4 Teile brauner Rum (60 ml)
2 Teile Wodka (30 ml)
2 Teile Kaffeelikör (30 ml)
8 Teile frischer Orangensaft (120 ml)

Zutaten mit zerkleinertem Eis im Shaker mischen und kräftig schütteln. Ins gekühlte Whiskyglas abseihen.

BLUE SHARK

4 Teile Wodka (60 ml)
4 Teile weißer Tequila (60 ml)
einige Spritzer blauer Curaçao

Sämtliche Zutaten mit zerkleinertem
Eis im Shaker mischen und kräftig
schütteln. Ins gekühlte Whiskyglas
abseihen.

BLUEBERRY SHAKE

1/2 Tasse frische Heidelbeeren
1 EL Zucker
1 Tasse Milch

Zutaten im Elektromixer mit zerkleinertem Eis mischen und cremig rühren. Ins
gekühlte Collinsglas füllen und mit frischen Heidelbeeren garnieren. (Anm.:
Statt Heidelbeeren eignen sich für dieses Rezept auch frische Erdbeeren.)

BOBBY BURNS

4 Teile Scotch (60 ml)
2 Teile süßer Vermouth (30 ml)
1 TL Bénédictine
Zitronenspirale

Flüssige Zutaten im Rührglas mit zer-
kleinertem Eis verrühren. Ins gekühlte
Cocktailglas abseihen und mit
Zitronenspirale garnieren.

BOB DANBY

6 Teile Dubonnet Rouge (90 ml)
3 Teile Brandy (45 ml)

Zutaten im Rührglas mit Eiswürfeln
verrühren. Ins gekühlte Cocktailglas
abseihen.

BOCCIE BALL

4 Teile Amaretto (60 ml)
frischer Orangensaft
Orangenscheibe

Amaretto und Orangensaft ins gekühlte
Longdrinkglas mit Eiswürfeln gießen.
Mit Orangenscheibe garnieren.

BOILERMAKER

250 ml Bier
3 Teile Whisky Ihrer Wahl
(45 ml)

Whisky ins Schnapsglas füllen und
anschließend zum Bier in den Krug
gießen.

BOLERO

4 Teile weißer Rum (60 ml)
1 Teil Calvados oder Apfelbrandy
(15 ml)
1 Teil süßer Vermouth (15 ml)
Spritzer Angosturabitter

Zutaten im Rührglas mit zerkleinertem
Eis mischen und gründlich verrühren.
Anschließend über Eiswürfel ins gut
gekühlte Whiskyglas abseihen.

BOMBAY COCKTAIL

4 Teile Brandy (60 ml)
1 Teil trockener Vermouth (15 ml)
1 Teil süßer Vermouth (15 ml)
1/2 TL Triple Sec
Spritzer Pernod

Zutaten im Rührglas mit zerkleinertem
Eis verrühren. Ins gekühlte Cocktailglas
abseihen.

BOMBAY PUNCH

1 Liter Brandy
1 Liter trockener Sherry
8 Teile Triple Sec (120 ml)
8 Teile Maraschino Kirschlikör (120 ml)
4 Teile Kirschwasser (60 ml)
4 Flaschen (à 750 ml) kühler Champagner
oder Schaumwein
1/2 Tasse feiner Barzucker
Saft von 12 Zitronen
Saft von 6 Limetten
2 Liter Sodawasser
frisches Obst (je nach Jahreszeit)

Fruchtsäfte und Zucker in große Bowle
geben und verrühren, bis der Zucker
aufgelöst ist. Restliche flüssige Zutaten
hinzugeben und erneut sorgfältig
rühren. Großen Block Eis zusetzen und
mit frischen Obstscheiben garnieren.
Für 25 Personen.

BOILERMAKER

BONGO COLA

4 Teile goldener Rum (60 ml)
2 Teile Kaffeelikör (30 ml)
4 Teile Ananassaft (60 ml)
1 Spritzer Kirschwasser
1 Spritzer frischer Zitronensaft
Cola
Maraschinokirsche

Zutaten, außer Cola und Kirsche, mit
zerkleinertem Eis im Shaker mischen
und kräftig schütteln. Über Eiswürfel
ins gekühlte Collinsglas gießen. Mit
Cola auffüllen. Langsam umrühren und
mit Kirsche garnieren.

BONNIE PRINCE

4 Teile Gin (60 ml)
1 Teil Weißwein (15 ml)
1/2 Teil Drambuie (7,5 ml)
Orangenschale

Zutaten, außer Orangenschale, im
Shaker mischen und kräftig schütteln.
Ins gekühlte Cocktailglas abseihen und
mit Orangenscheibe garnieren.

BOOMERANG

4 Teile Gin (60 ml)
1 Teil trockener Vermouth (15 ml)
1 Spritzer Angosturabitter
1 Spritzer Maraschinolikör
Zitronenspirale

Flüssige Zutaten im Rührglas mit
Eiswürfeln verrühren. Ins gekühlte
Cocktailglas abseihen und Zitronen-
spirale hinzugeben.

BORINQUEN

4 Teile weißer Rum (60 ml)
2 Teile frischer Limettensaft (30 ml)
2 Teile frischer Orangensaft (30 ml)
1 EL Passionsfruchtsirup
1 TL hochprozentiger Rum

Zutaten im Elektromixer mit zerkleinertem Eis auf niedriger Stufe ungefähr
zehn Sekunden mischen. Ins gekühlte
Whiskyglas gießen.

BOSSA NOVA

4 Teile brauner Rum (60 ml)
3 Teile Galliano (45 ml)
2 Teile Aprikosenbrandy (30 ml)
8 Teile Passionsfruchtsaft (120 ml)

Zutaten mit Eiswürfeln im
Elektromixer auf niedriger Stufe ungefähr fünfzehn Sekunden mischen. Ins
gekühlte Longdrinkglas gießen.

BOSOM CARESSER

4 Teile Brandy (60 ml)
2 Teile Madeira (30 ml)
2 Teile Triple Sec (30 ml)
1 TL Grenadine
1 Eigelb

Zutaten sehr kräftig im Shaker
schütteln. Ins gekühlte Rotweinglas
abseihen.

BOSTON COCKTAIL

3 Teile Gin (45 ml)
2 Teile Aprikosenbrandy (30 ml)
1 TL frischer Zitronensaft
1 TL Grenadine

Zutaten mit zerkleinertem Eis im
Shaker mischen und kräftig schütteln.
Ins gekühlte Cocktailglas abseihen.

BOSTON COOLER

4 Teile weißer Rum (60 ml)
1 Teil frischer Zitronensaft (15 ml)
1/2 TL feiner Barzucker
Sodawasser
Zitronenspirale

Rum, Zitronensaft und Zucker mit Eis
im Shaker mischen und schütteln. Über
Eiswürfel ins Glas abseihen. Umrühren.
Mit Sodawasser auffüllen und
Zitronenspirale hinzugeben.

BOSTON SIDECAR

3 Teile weißer Rum (45 ml)
1 Teil Brandy (15 ml)
1 Teil Triple Sec (15 ml)
1 Teil frischer Zitronensaft (15 ml)

Zutaten mit Eiswürfeln im Shaker
mischen und kräftig schütteln. Ins
gekühlte Cocktailglas abseihen.

BOSTON SOUR

4 Teile Bourbon (60 ml)
2 Teile frischer Zitronensaft (30 ml)
1 TL feiner Barzucker
1 Eiweiß
Zitronenscheibe
Maraschinokirsche

Zutaten, außer Früchte, mit zerkleinertem Eis im Shaker mischen und sehr
kräftig schütteln. Ins gekühlte Sour-
Glas abseihen und mit Zitronenscheibe
und Kirsche garnieren.

BOURBON À LA CRÈME

4 Teile Bourbon (60 ml)
1 Teil brauner Crème de Cacao (15 ml)
3 Vanilleschoten

Zutaten mit zerkleinertem Eis im
Shaker mischen. Mindestens eine
Stunde im Kühlschrank kalt stellen.
Anschließend kräftig schütteln und ins
gekühlte Cocktailglas abseihen.

BOURBON AND BRANCH

6 Teile Bourbon (90 ml)
4 Teile Wasser aus der Flasche (60 ml)

Bourbon und Wasser über Eiswürfel
ins Longdrinkglas gießen. Glas nicht
vorkühlen. Dieses Getränk kann
straight up mit Raumtemperatur
serviert werden.

BOURBON COBBLER

4 Teile Bourbon (60 ml)
2 Teile Southern Comfort (30 ml)
1 TL Pfirsichbrandy
2 TL frischer Zitronensaft
1/2 TL feiner Barzucker
Sodawasser
Pfirsichscheibe

Zutaten, außer Sodawasser und
Pfirsichscheibe, mit zerkleinertem Eis
im Shaker mischen und kräftig schütteln. Über Eiswürfel ins gekühlte
Longdrinkglas abseihen und mit
Sodawasser auffüllen. Umrühren und
mit Pfirsichscheibe garnieren.

BOURBON COLLINS

4 Teile Bourbon (60 ml)
1 Teil frischer Limettensaft (15 ml)
1/2 TL feiner Barzucker
Sodawasser
Zitronenspirale

Zutaten, außer Sodawasser und
Zitronenspirale, im Shaker mischen und
kräftig schütteln. Über Eiswürfel ins
gekühlte Collinsglas abseihen. Mit
Sodawasser auffüllen und mit
Zitronenspirale garnieren.

BOURBON COBBLER

BOURBON COOLER

6 Teile Bourbon (90 ml)
1 Teil Grenadine (15 ml)
1/2 TL feiner Barzucker
3-5 Spritzer Pfefferminzschnaps
3-5 Spritzer Orangenbitter
Sodawasser
Ananasstück

Zutaten, außer Sodawasser und
Ananasstück, mit zerkleinertem Eis im
Shaker mischen und kräftig schütteln.
Ins gekühlte Collinsglas gießen und mit
Sodawasser auffüllen. Umrühren und
mit Ananasstück garnieren.

BOURBON DAISY

4 Teile Bourbon (60 ml)
2 Teile frischer Zitronensaft (30 ml)
2 TL Grenadine
2 TL Southern Comfort
Sodawasser
Orangenscheibe

Bourbon, Zitronensaft und Grenadine
mit zerkleinertem Eis im Shaker
mischen und kräftig schütteln. Ins
gekühlte Longdrinkglas gießen und mit
Sodawasser auffüllen. Southern
Comfort darübergleiten lassen (floaten)
und mit Orangenscheibe garnieren.

BOURBON MILK PUNCH

4 Teile Bourbon (60 ml)
6 Teile Milch (90 ml)
1 TL Honig
1 Spritzer Vanilleextrakt
frisch gemahlener Muskat

Sämtiche Zutaten, außer Muskat, mit
zerkleinertem Eis im Shaker mischen
und kräftig schütteln. Ins gekühlte
Whiskyglas abseihen und mit Muskat
bestreuen.

BOURBON SATIN

3 Teile Bourbon (45 ml)
2 Teile weißer Crème de Cacao (30 ml)
2 Teile Half-and-half (30 ml)

Zutaten mit zerkleinertem Eis im
Shaker mischen und kräftig schütteln.
Ins gekühlte Cocktailglas abseihen.

BOURBON SIDECAR

4 Teile Bourbon (60 ml)
2 Teile Triple Sec (30 ml)
1 Teil frischer Zitronensaft (15 ml)

Zutaten mit zerkleinertem Eis im
Shaker mischen und kräftig schütteln.
Ins gekühlte Cocktailglas abseihen.

BOURBON SLOE GIN FIZZ

4 Teile Bourbon (60 ml)
2 Teile Schlehen-Gin (30 ml)
1 TL frischer Zitronensaft
1 TL Zuckersirup
Sodawasser
Zitronenscheibe und Maraschinokirsche

Zutaten, außer Sodawasser und Früchte,
ins gekühlte Collinsglas gießen. Mit
wenig zerkleinertem Eis umrühren.
Drei Eiswürfel hinzugeben, mit
Sodawasser auffüllen und mit Früchten
garnieren.

BOURBON SOUR

4 Teile Bourbon (60 ml)
2 Teile frischer Zitronensaft (30 ml)
1/2 TL feiner Barzucker
Orangenscheibe

Zutaten, außer Orangenscheibe, mit
zerkleinertem Eis im Shaker mischen
und kräftig schütteln. Ins gekühlte
Sour-Glas abseihen und mit
Orangenscheibe garnieren.

BRANDIED APRICOT

4 Teile Brandy (60 ml)
1 Teil Aprikosenbrandy (15 ml)
1 Teil frischer Zitronensaft (15 ml)
frische Aprikosenscheibe

Zutaten, außer Aprikosenscheibe, mit
zerkleinertem Eis im Shaker mischen
und kräftig schütteln. Ins gekühlte
Cocktailglas abseihen und mit
Aprikosenscheibe garnieren.

BRANDIED MADEIRA

3 Teile Brandy (45 ml)
3 Teile Madeira (45 ml)
1 Teil trockener Vermouth (15 ml)
Zitronenspirale

Flüssige Zutaten im Rührglas verrühren. Ins Cocktailglas gießen und mit
Zitronenspirale garnieren.

BRANDIED PORT

2 Teile Brandy (30 ml)
2 Teile Tawny-Portwein (30 ml)
1 Teil Maraschinolikör (15 ml)
2 Teile frischer Zitronensaft (30 ml)
Orangenscheibe

Zutaten, außer Orangenscheibe, mit
zerkleinertem Eis im Shaker mischen
und kräftig schütteln. Ins gekühlte
Cocktailglas abseihen und mit
Orangenscheibe garnieren.

BRANDY ALEXANDER

3 Teile Brandy (45 ml)
3 Teile brauner Crème de Cacao (45 ml)
3 Teile Half-and-half (45 ml)

Zutaten mit zerkleinertem Eis im
Shaker schütteln. Ins gekühlte
Cocktailglas abseihen.

BRANDY BUCK

4 Teile Brandy (60 ml)
1 Teil weißer Crème de Menthe
(15 ml)
1 Teil frischer Zitronensaft (15 ml)
Sodawasser
kernlose Trauben

Zutaten, außer Sodawasser und
Trauben, mit zerkleinertem Eis im
Shaker mischen und kräftig schütteln.
Ins gekühlte Longdrinkglas gießen. Mit
Sodawasser auffüllen und umrühren.
Mit Trauben garnieren.

BRANDY CASSIS

4 Teile Brandy (60 ml)
1 Teil Crème de Cassis (15 ml)
1 Teil frischer Zitronensaft (15 ml)
Zitronenspirale

Zutaten, außer Zitronenspirale, im
Rührglas mit zerkleinertem Eis mischen
und gut verrühren. Ins gekühlte
Cocktailglas abseihen und mit
Zitronenspirale garnieren.

BRANDY COBBLER

4 Teile Brandy (60 ml)
1 TL feiner Barzucker
6 Teile Sodawasser (90 ml)
Maraschinokirsche
Zitronenscheibe

Zucker im gekühlten Whiskyglas im
Sodawasser auflösen. Zerkleinertes
Eis, Brandy hinzugeben und gut umrühren. Mit Kirsche und Zitronenscheibe garnieren.

BRANDY COCKTAIL

4 Teile Brandy (60 ml)
1/2 TL feiner Barzucker
2 Spritzer Angosturabitter
Zitronenspirale

Flüssige Zutaten im Rührglas mischen
und verrühren, bis der Zucker aufgelöst
ist. Zu zerkleinertem Eis in den Shaker
gießen und kräftig schütteln. Ins gekühlte Cocktailglas abseihen und mit
Zitronenspirale garnieren.

BRANDY CRUSTA

4 Teile Brandy (60 ml)
1 1/2 Teile Cointreau (22,5 ml)
2 TL Maraschinolikör
1 Teil frischer Zitronensaft (15 ml)
1 EL feiner Barzucker
Zitronenachtel

Gekühltes Cocktailglas mit Zuckerrand
versehen, indem Sie den Glasrand mit
einem Zitronenachtel befeuchten und in
Zucker stülpen. Flüssige Zutaten mit
zerkleinertem Eis im Shaker mischen
und kräftig schütteln. Ins Glas mit
Zuckerrand abseihen.

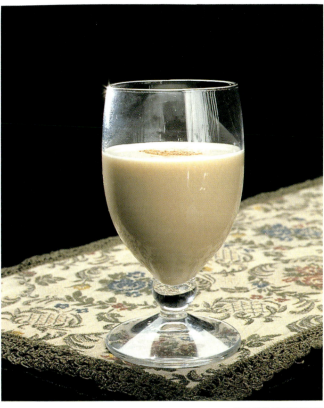

BRANDY ALEXANDER

BRANDY DAISY

4 Teile Brandy (60 ml)
1 Teil frischer Zitronensaft (15 ml)
1 TL Grenadine
1/2 TL feiner Barzucker
Maraschinokirsche

Zutaten, außer Kirsche, mit zerkleinertem Eis im Shaker mischen und kräftig schütteln. Ins gekühlte Whiskyglas abseihen und mit Kirsche garnieren.

BRANDY FIX

6 Teile Brandy (90 ml)
2 Teile frischer Zitronensaft (30 ml)
1/2 TL feiner Barzucker
1 Schuß Mineralwasser

Zitronensaft, Zucker und Mineralwasser im gekühlten Longdrinkglas verrühren. Glas mit zerkleinertem Eis füllen und Brandy hinzugießen. Umrühren.

BRANDY FIZZ

4 Teile Brandy (60 ml)
1/2 TL feiner Barzucker
1 Teil frischer Zitronensaft (15 ml)
Sodawasser

Zutaten, außer Sodawasser, mit zerkleinertem Eis im Shaker mischen und kräftig schütteln. Über Eiswürfel ins gekühlte Longdrinkglas abseihen und mit Sodawasser auffüllen.

BRANDY FLIP

4 Teile Brandy (60 ml)
1 EL Half-and-half
1/2 TL feiner Barzucker
1 Ei
frisch gemahlener Muskat

Zutaten, außer Muskat, mit zerkleinertem Eis im Shaker mischen und sehr kräftig schütteln. Ins gekühlte Sour-Glas abseihen und mit Muskat bestreuen.

63

BRANDY GUMP

6 Teile Brandy (90 ml)
1 Teil frischer Zitronensaft (15 ml)
1/2 TL Grenadine

Zutaten mit zerkleinertem Eis im
Shaker mischen und kräftig schütteln.
Ins gekühlte Cocktailglas abseihen.

BRANDY MANHATTAN

4 Teile Brandy (60 ml)
1 Teil süßer Vermouth (15 ml)
1 Spritzer Angosturabitter
Maraschinokirsche

Zutaten, außer Kirsche, im Rührglas
mit zerkleinertem Eis mischen.
Umrühren und ins gekühlte Cocktailglas abseihen. Mit Kirsche garnieren.

BRANDY MELBA

4 Teile Brandy (60 ml)
1 Teil Pfirsichbrandy (15 ml)
1 Teil Himbeerlikör (15 ml)
1 Teil frischer Zitronensaft (15 ml)
3-5 Spritzer Orangenbitter
Pfirsichscheibe

Zutaten, außer Pfirsichscheibe, mit zerkleinertem Eis im Shaker mischen und
kräftig schütteln. Ins gekühlte
Cocktailglas abseihen und mit
Pfirsichscheibe garnieren.

BRANDY MILK PUNCH

4 Teile Brandy (60 ml)
12 Teile Milch (180 ml)
1 TL feiner Barzucker
frisch gemahlener Muskat

Zutaten, außer Muskat, mit zerkleinertem Eis im Shaker mischen und kräftig
schütteln. Ins gekühlte Whiskyglas
abseihen und mit Muskat bestreuen.

BRANDY OLD FASHIONED

6 Teile Brandy (90 ml)
3-5 Spritzer Angosturabitter
Zuckerwürfel
1 Spritzer Wasser
Zitronenspirale

Zuckerwürfel mit Angosturabitter und
Wasser tränken und im Whiskyglas vermengen. Brandy und Eiswürfel hinzugeben, umrühren und mit
Zitronenspirale garnieren.

BRANDY SANGAREE

5 Teile Brandy (75 ml)
1/2 TL feiner Barzucker
1 Spritzer Wasser
frisch gemahlener Muskat

Im großen Whiskyglas Zucker im
Wasser auflösen. Eiswürfel und Brandy
hinzugeben und gut umrühren. Mit
Muskat bestreuen.

BRANDY SOUR

5 Teile Brandy (75 ml)
2 Teile frischer Zitronensaft (30 ml)
1/2 TL feiner Barzucker
Orangenscheibe
Maraschinokirsche

Zutaten, außer Früchte, mit zerkleinertem Eis im Shaker mischen und kräftig
schütteln. Ins gekühlte Sour-Glas abseihen. Mit Kirsche und Orangenscheibe
garnieren.

BRANDY SWIZZLE

4 Teile Brandy (60 ml)
3 Teile frischer Limettensaft (45 ml)
1 TL feiner Barzucker
1 Spritzer Angosturabitter
Soda

Zutaten, außer Soda, mit zerkleinertem
Eis im Shaker mischen und kräftig
schütteln. Ins mit zerkleinertem Eis
gefüllte Collinsglas abseihen. Soda hinzugeben. Langsam umrühren und mit
Holzquirl servieren.

BRANDY VERMOUTH COCKTAIL

6 Teile Brandy (90 ml)
1 Teil süßer Vermouth (15 ml)
1 Spritzer Angosturabitter

Zutaten mit zerkleinertem Eis im Shaker schütteln. Ins gekühlte Cocktailglas abseihen.

BRAVE BULL

4 Teile Tequila silver (60 ml)
2 Teile Kaffeelikör (30 ml)
Zitronenspirale

Flüssige Zutaten ins gekühlte Whiskyglas mit Eiswürfeln gießen. Umrühren und mit Zitronenspirale garnieren.

BRAZIL COCKTAIL

4 Teile trockener Sherry (60 ml)
3 Teile trockener Vermouth (45 ml)
1 Spritzer Pernod
1 Spritzer Angosturabitter
Zitronenspirale

Flüssige Zutaten im Rührglas mit Eiswürfeln mischen und gut umrühren. Ins gekühlte Cocktailglas abseihen und mit Zitronenspirale garnieren.

BRAZILIAN CHOCOLATE

Bitterschokolade, ca. 30 g
1/4 Tasse Zucker
1 Messerspitze Salz
16 Teile kochendes Wasser (240 ml)
16 Teile heißes Half-and-half (240 ml)
24 Teile starker, heißer Kaffee (360 ml)
Vanilleextrakt
zerriebener Zimt

Schokolade, Zucker und Salz in der Mikrowelle oder im Wasserbad schmelzen. Ins kochende Wasser rühren und kochen lassen, bis die Mischung heiß und kompakt ist. Heißes Half-and-half und Kaffee hinzugeben. Gut umrühren, Vanille und Zimt zusetzen. In vorgewärmten Kaffeetassen servieren. Für vier Personen.

BRIGHTON PUNCH

4 Teile B & B (60 ml)
3 Teile Bourbon (45 ml)
2 Teile frischer Orangensaft (30 ml)
2 Teile frischer Zitronensaft (30 ml)
Soda
Orangenscheibe

Zutaten, außer Soda und Orangenscheibe, mit zerkleinertem Eis im Shaker mischen und kräftig schütteln. Über Eiswürfel ins gekühlte Longdrinkglas abseihen. Mit Soda auffüllen und umrühren. Mit Orangenscheibe garnieren.

BRITTANY

4 Teile Gin (60 ml)
1 Teil Amer Picon (15 ml)
1 Teil frischer Zitronensaft (15 ml)
1 Teil frischer Orangensaft (15 ml)
1/2 TL feiner Barzucker
Orangenspirale

Zutaten, außer Orangenspirale, mit zerkleinertem Eis im Shaker mischen und kräftig schütteln. Ins gekühlte Cocktailglas abseihen und mit Orangenspirale garnieren.

BRONX CHEER

4 Teile Aprikosenbrandy (60 ml)
Himbeersoda
Orangenschale
frische Himbeeren

Brandy ins gekühlte und gut mit Eiswürfeln gefüllte Collinsglas gießen. Mit Himbeersoda auffüllen. Umrühren. Mit Orangenschale und einigen frischen Himbeeren garnieren.

BRONX COCKTAIL

4 Teile Gin (60 ml)
1 Teil trockener Vermouth (15 ml)
1 Teil süßer Vermouth (15 ml)
2 Teile frischer Orangensaft (30 ml)

Zutaten im Rührglas mit zerkleinertem Eis mischen. Umrühren und ins gekühlte Cocktailglas abseihen.

BRONX CHEER

BRONX SILVER COCKTAIL

4 Teile Gin (60 ml)
1 Teil trockener Vermouth (15 ml)
1 Eiweiß
2 Teile frischer Orangensaft (30 ml)

Zutaten mit zerkleinertem Eis im Shaker mischen und sehr kräftig schütteln. Ins gekühlte Cocktailglas abseihen.

BRONX TERRACE COCKTAIL

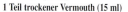

4 Teile Gin (60 ml)
1 Teil trockener Vermouth (15 ml)
2 Teile frischer Limettensaft (30 ml)
Maraschinokirsche

Flüssige Zutaten mit zerkleinertem Eis im Shaker mischen und kräftig schütteln. Ins gekühlte Cocktailglas abseihen und mit Kirsche garnieren.

66

BROWN COCKTAIL

3 Teile Gin (45 ml)
2 Teile weißer Rum (30 ml)
1 Teil trockener Vermouth (15 ml)

Zutaten im Rührglas mit zerkleinertem
Eis verrühren. Ins gekühlte Cocktailglas
abseihen.

BUDDHA PUNCH

32 Teile Gewürztraminer
oder Riesling (480 ml)
16 Teile weißer Rum (240 ml)
16 Teile frischer Orangensaft
(240 ml)
8 Teile frischer Zitronensaft
(120 ml)
8 Teile Triple Sec (120 ml)
1 Teil Kirschbrandy (15 ml)
1 Teil Zuckersirup (15 ml)
einige Spritzer Orangenbitter
1 Flasche Champagner oder Schaumwein
(750 ml)
Limettenscheiben

Vorgekühlte Zutaten, außer Champagner
und Limetten, in gekühlte Bowle
geben. Erst unmittelbar vor dem
Servieren Champagner und einen Block
Eis hinzugeben. Langsam umrühren,
Limettenscheiben auf dem Getränk trei-
ben lassen. Für 20 Personen.

BUDDY'S BLOODY MARY

4 Teile Wodka (60 ml)
12 Teile Gemüsesaft (180 ml)
frischer Limettensaft
einige Spritzer Worcestershire-Sauce
einige Spritzer Tabasco
1 TL weißer Meerrettich
frisch gemahlener Pfeffer nach
Geschmack
Selleriesalz nach Geschmack
Limettenachtel

Wodka, Gemüsesaft, Limettensaft,
Worcestershire-Sauce, Tabasco und
Meerrettich im Shaker mischen und
kräftig schütteln. Ins gekühlte
Longdrinkglas über Eiswürfel gießen.
Pfeffer darüber mahlen und mit
Selleriesalz bestreuen und langsam
umrühren. Limettenachtel über dem
Glas ausdrücken und hinzugeben.

BULLDOG

4 Teile Kirschbrandy (60 ml)
2 Teile weißer Rum (30 ml)
2 Teile frischer Limettensaft (30 ml)

Zutaten mit zerkleinertem Eis im
Shaker mischen und kräftig schütteln.
Ins gekühlte Cocktailglas abseihen.

BULLFROG

4 Teile Wodka (60 ml)
1 TL Triple Sec
Limettenlimonade
Limettenscheibe

Wodka, Triple Sec, Eiswürfel im Longdrinkglas umrühren. Mit Limettenlimonade auffüllen. Erneut umrühren
und mit Limettenscheibe garnieren.

BULLSHOT

4 Teile Wodka (60 ml)
8 Teile kalte Rindfleischbrühe (120 ml)
frischer Zitronensaft
einige Spritzer Worcestershire-Sauce
Tabasco nach Geschmack
Selleriesalz nach Geschmack
frisch gemahlener Pfeffer nach Geschmack

Zutaten im gekühlten Longdrinkglas
mit Eiswürfeln mixen.

BUNNY BONANZA

4 Teile Tequila (60 ml)
2 Teile Apfelbrandy (30 ml)
1 Teil frischer Zitronensaft (15 ml)
3/4 TL Ahornsirup
3 Spritzer Triple Sec
Zitronenscheibe

Zutaten, außer Zitronenscheibe, mit
zerkleinertem Eis im Shaker mischen
und kräftig schütteln. Ins gekühlte
Whiskyglas abseihen und mit
Zitronenscheibe garnieren.

BURGUNDY PUNCH

2 Flaschen (750 ml) roter Burgunder
oder Cabernet Sauvignon
16 Teile Kirschwasser (240 ml)
16 Teile Portwein (240 ml)
32 Teile frischer Orangensaft
(480 ml)
8 Teile frischer Zitronensaft (120 ml)
2 Teile Zuckersirup (30 ml)
Orangenscheiben

Sämtliche Zutaten gut vorkühlen.
Zusammen mit einem Block Eis in eine
gekühlte Bowle geben. Gut umrühren
und mit Orangenscheiben garnieren.
Die Menge reicht für 20 Personen.

BUSHRANGER

4 Teile weißer Rum (60 ml)
3 Teile Dubonnet Rouge
(45 ml)
1 Spritzer Angosturabitter
Zitronenschale

Zutaten, außer Zitronenschale, mit zerkleinertem Eis im Shaker mischen und
kräftig schütteln. Ins gekühlte
Cocktailglas abseihen und mit
Zitronenschale garnieren.

BUTTON HOOK

2 Teile Brandy (30 ml)
2 Teile Aprikosenbrandy (30 ml)
2 Teile Crème de Menthe, weiß (30 ml)
2 Teile Pernod (30 ml)

Zutaten mit zerkleinertem Eis im
Shaker mischen und kräftig schütteln.
Ins gekühlte Cocktailglas abseihen.

BUTTAFUOCO

4 Teile Tequila weiß (60 ml)
1 Teil Galliano (15 ml)
1 Teil Kirschlikör (15 ml)
1 Teil frischer Zitronensaft (15 ml)
Club Soda
Maraschinokirsche

Zutaten, außer Club Soda und Kirsche,
mit zerkleinertem Eis im Shaker
mischen und kräftig schütteln. Über
Eiswürfel ins Longdrinkglas abseihen
und mit Club Soda auffüllen. Langsam
umrühren. Kirsche aufsetzen.

BULL'S MILK

5 Teile Brandy (75 ml)
2 Teile brauner Rum (30 ml)
10 Teile Milch (150 ml)
1/2 TL feiner Barzucker
frisch gemahlener Muskat

Zutaten, außer Muskat, im Rührglas
mit zerkleinertem Eis mischen.
Gut umrühren. Ins gekühlte
Longdrinkglas gießen und
mit Muskat bestreuen.

BYRRH CASSIS

4 Teile Byrrh (60 ml)
2 Teile Crème de Cassis (30 ml)
Soda

Byrrh und Crème de Cassis im gekühlten, bauchigen Weinglas mixen.
Eiswürfel hinzugeben und mit
gekühltem Soda auffüllen.

C

CABARET

4 Teile Gin (60 ml)
3 Teile Dubonnet Rouge
(45 ml) ·
3-5 Spritzer Angosturabitter
3-5 Spritzer Pernod
Maraschinokirsche

Zutaten, außer der Kirsche, im Shaker mischen und kräftig schütteln. Danach ins gekühlte Cocktailglas abseihen und mit der Kirsche garnieren.

CABLEGRAM

4 Teile Blended Whisky
(60 ml)
1 Teil frischer Zitronensaft (15 ml)
1/2 TL feiner Barzucker
Ginger Ale

Zutaten, außer Ginger Ale, im Rührglas mit zerkleinertem Eis verrühren. Über Eiswürfel ins gekühlte Longdrinkglas abseihen. Mit Ginger Ale auffüllen und erneut umrühren.

CADIZ

3 Teile trockener Sherry (45 ml)
2 Teile Brombeerbrandy (30 ml)
1 Teil Triple Sec (15 ml)
1 Teil Half-and-half (15 ml)

Sämtliche Zutaten mit zerkleinertem Eis im Shaker mischen und kräftig schütteln. Ins gekühlte Whiskyglas abseihen.

CAFÉ AU LAIT

heißer Kaffee
heiße Milch
Zucker (nach Geschmack)

Kaffee und Milch zu gleichen Anteilen in vorgewärmte Tasse geben, nach Geschmack süßen.

CAFÉ BRULOT

16 Teile Cognac (240 ml)
4 Teile Curaçao weiß (60 ml)
64 Teile heißer schwarzer Kaffee
(960 ml)
2 Zimtstangen
12 Gewürznelken
in dünne Streifen geschnittene Schalen
von 2 Zitronen und 2 Orangen
4 Zuckerwürfel

Zimt, Gewürznelken, Obstschalen und Zucker in großer Bowle vermengen. Mit Cognac und Curaçao übergießen und anzünden. Bei vorsichtigem Umrühren langsam heißen Kaffee hinzugeben, bis Flammen verloschen sind. In vorgewärmten Tassen servieren. Für sechs bis acht Personen.

CAFÉ DE PARIS COCKTAIL

4 Teile Gin (60 ml)
1 TL Pernod
1 TL Half-and-half
1 Eiweiß

Zutaten mit zerkleinertem Eis im Shaker mischen und sehr kräftig schütteln. Ins gekühlte Cocktailglas abseihen.

CAFÉ DIABLO

4 Teile Cognac (60 ml)
2 Teile Cointreau (30 ml)
2 Teile Curaçao weiß (30 ml)
32 Teile heißer schwarzer Kaffee (480 ml)
2 Zimtstangen
8 Gewürznelken
6 Kaffeebohnen

Zutaten, außer Kaffee, in Pfanne über niedriger, direkter Hitze erwärmen. Anzünden. Kaffee hinzugeben und umrühren, bis die Flammen verloschen sind. In vorgewärmten Tassen servieren. Für vier Personen.

CAFÉ ROMANO

2 Teile Sambuca weiß (30 ml)
2 Teile Kaffeelikör (30 ml)
2 Teile Half-and-half (30 ml)

Zutaten mit zerkleinertem Eis im
Shaker mischen und kräftig schütteln.
Ins gekühlte Cocktailglas abseihen.

CAFÉ ROYALE

4 Teile Cognac oder Weinbrand
(60 ml)
1 Zuckerwürfel
1 Tasse heißer schwarzer Kaffee (250 ml)
Half-and-half nach Geschmack

Heißen Kaffee in hohe Kaffeetasse
gießen. Teelöffel auf die Tasse legen,
Zuckerwürfel darauf plazieren und mit
Cognac tränken. Zucker anzünden,
sobald der Kaffee den Löffel ange-
wärmt hat. Flamme ausbrennen lassen
und Zucker-Cognac-Mischung in den
Kaffee geben. Half-and-half darübergleiten lassen (floaten).

CAIPIRINHA

4 Teile Cachaça (brasilianischer
Zuckerrohrschnaps; 60 ml)
1 Teil frischer Limettensaft (15 ml)
1 EL brauner Zucker
zerriebene Limettenschale

Zutaten mit zerkleinertem Eis im
Shaker mischen und kräftig schütteln.
Über Eiswürfel ins gekühlte
Whiskyglas abseihen.

CAJUN MARTINI

6 Teile Pfefferwodka (90 ml)
Spritzer trockener Vermouth
großes Stück sauer eingelegter
Jalapeño-Pfeffer

Wodka und Vermouth sorgfältig mit
zerkleinertem Eis im Rührglas verrühren. Ins Cocktailglas abseihen und
Jalapeño-Pfeffer hinzugeben.

CAFÉ ROYALE

CAIPIRINHA

CALIFORNIA LEMONADE

4 Teile Blended Whisky (60 ml)
2 Teile frischer Zitronensaft (30 ml)
2 Teile frischer Limettensaft (30 ml)
1 TL feiner Barzucker
Soda
Orangenscheibe

Whisky, Fruchtsäfte und Zucker mit
zerkleinertem Eis im Shaker mischen
und kräftig schütteln. Ins gekühlte, bis
fast zum Rand mit Eiswürfeln gefüllte
Longdrinkglas abseihen. Mit Soda auffüllen. Langsam umrühren und mit
Orangenscheibe garnieren.

CALIFORNIA SMOOTHIE

in dünne Scheiben geschnittene Banane
1/2 Tasse frische Erdbeeren
1/2 Tasse entkernte und zerhackte Datteln
3 Teile Honig (45 ml)
16 Teile frischer Orangensaft (240 ml)
zerkleinertes Eis

Früchte und Honig im Mixgerät mixen
und weich rühren. Orangensaft und
zerkleinertes Eis hinzugeben und erneut
weich rühren. Ins gekühlte Collinsglas
gießen.

CALM VOYAGE

3 Teile weißer Rum (45 ml)
2 Teile Strega (30 ml)
1 EL Passionsfruchtsirup
1 EL frischer Zitronensaft
ein halbes Eiweiß

Zutaten im Mixgerät mit zerkleinertem
Eis mixen. Bei niedriger Stufe weich
rühren und ins gekühlte Sektglas
gießen.

71

CALYPSO

4 Teile goldener Rum (60 ml)
2 Teile Ananassaft (30 ml)
1 Teil frischer Zitronensaft (15 ml)
1 TL Falernum
1 Spritzer Angosturabitter
frisch gemahlener Muskat

Zutaten, außer Muskat, mit zerkleinertem Eis im Shaker mischen und kräftig schütteln. Ins gekühlte Cocktailglas abseihen und mit Muskat bestreuen.

CAMPARI SODA

4 Teile Campari (60 ml)
Soda
Limettenachtel

Glas mit Eiswürfeln füllen und Campari hineingießen. Mit Soda (San Pellegrino) auffüllen und langsam umrühren. Limettenachtel über dem Getränk ausdrücken und hineinfallen lassen.

CANADIAN AND CAMPARI

3 Teile kanadischer Whisky
(45 ml)
2 Teile Campari (30 ml)
1 Teil trockener Vermouth (15 ml)
Zitronenspirale

Zutaten, außer Zitronenspirale, im Rührglas mit zerkleinertem Eis verrühren. Ins gekühlte Cocktailglas abseihen und mit Zitronenspirale garnieren.

CANADIAN APPLE

4 Teile kanadischer Whisky
(60 ml)
1 Teil Apfelbrandy (15 ml)
1 TL Zuckersirup
1 1/2 TL frischer Zitronensaft
gemahlener Zimt
Zitronenscheibe

Zutaten, außer Zitronenscheibe, mit zerkleinertem Eis im Shaker mischen und kräftig schütteln. Ins gekühlte Whiskyglas abseihen und mit Zitronenscheibe garnieren.

CANADIAN BLACKBERRY COCKTAIL

4 Teile kanadischer Whisky (60 ml)
1 Teil Brombeerbrandy (15 ml)
1 Teil frischer Orangensaft (15 ml)
1 TL frischer Zitronensaft
1/2 TL feiner Barzucker

Sämtliche Zutaten mit zerkleinertem Eis im Shaker mischen und kräftig schütteln. Ins gekühlte Whiskyglas abseihen.

CANADIAN CHERRY

4 Teile kanadischer Whisky
(60 ml)
2 Teile Kirschbrandy (30 ml)
2 TL frischer Zitronensaft
2 TL frischer Orangensaft
feiner Barzucker

Gekühltes Cocktailglas mit Kragen aus Zucker versehen, indem Sie die Hälfte des Kirschbrandys in eine Untertasse gießen, genügend Zucker in eine andere geben und den Glasrand zunächst in die Flüssigkeit und dann in den Zucker stülpen. Zutaten mit zerkleinertem Eis im Shaker schütteln und ins Glas abseihen.

CANADIAN COCKTAIL

4 Teile kanadischer Whisky (60 ml)
2 TL Triple Sec
Spritzer Angosturabitter
1/2 TL feiner Barzucker

Zutaten mit zerkleinertem Eis im Shaker mischen und kräftig schütteln. Ins gekühlte Whiskyglas abseihen.

CANADIAN DAISY

CANADIAN DAISY

4 Teile kanadischer Whisky (60 ml)
1 Teil frischer Zitronensaft (15 ml)
1 TL Himbeersirup
1 TL Brandy
Soda
frische Himbeeren

Whisky, Zitronensaft und Himbeersirup mit Eiswürfeln im Shaker mischen
und kräftig schütteln. Ins gekühlte
Longdrinkglas gießen und mit Soda
auffüllen. Brandy darübergleiten lassen
(floaten) und mit frischen Himbeeren
garnieren.

CANADIAN OLD
FASHIONED

4 Teile kanadischer Whisky (60 ml)
1 TL Triple Sec
1 Spritzer frischer Zitronensaft
1 Spritzer Angosturabitter
Zitronenspirale
Orangenspirale

Zutaten, außer Spiralen, mit zerkleinertem Eis im Shaker mischen und kräftig
schütteln. Ins gekühlte Whiskyglas
gießen und mit Spiralen garnieren.

73

CANTALOUPE CUP

CANADIAN
PINEAPPLE

4 Teile kanadischer Whisky (60 ml)
1 EL Ananassaft
2 TL Maraschinolikör
2 TL frischer Zitronensaft
Ananasstück

Zutaten, außer Ananasstück, mit zerkleinertem Eis im Shaker mischen und
kräftig schütteln. Ins gekühlte
Cocktailglas abseihen und mit
Ananasstück garnieren.

CANTALOUPE CUP

4 Teile weißer Rum (60 ml)
1 Teil frischer Limettensaft (15 ml)
1 Teil frischer Orangensaft (15 ml)
1/3 Tasse reife Honigmelone,
gewürfelt
1/2 TL feiner Barzucker

Zutaten, außer Honigmelone, im
Mixgerät mit zerkleinertem Eis mixen
und weich rühren. Ins gekühlte
Whiskyglas gießen und mit
Honigmelone garnieren.

CASINO

5 Teile Gin (75 ml)
1 Teil frischer Zitronensaft (15 ml)
1 TL Maraschinolikör
2 Spritzer Orangenbitter

Zutaten mit zerkleinertem Eis im
Shaker mischen und kräftig schütteln.
Ins gekühlte Cocktailglas abseihen.

CHAMBORLADA

4 Teile weißer Rum (60 ml)
2 Teile brauner Rum (30 ml)
6 Teile Ananassaft (90 ml)
4 Teile Kokoscreme (60 ml)
4 Teile Chambord (60 ml)

Zutaten, außer Chambord, im Mixgerät
mit zerkleinertem Eis mixen. Weich
rühren. Chambord in bauchiges
Weinglas gießen und Piña-Colada-
Mischung vorsichtig als separate
Schicht darübergleiten lassen. Wenig
Chambord auf die Piña-Colada-
Mischung gießen.

CHAMPAGNE COCKTAIL

1 Zuckerwürfel
einige Spritzer Angosturabitter
gekühlter Champagner
Zitronenspirale

Zuckerwürfel in Sektglas geben und
mit Angosturabitter bespritzen. Gekühlten Champagner hinzugeben und umrühren. Mit Zitronenspirale garnieren.

CHAMPAGNE COOLER

3 Teile Brandy (45 ml)
2 Teile Triple Sec (30 ml)
Champagner oder Schaumwein
frische Minze

Brandy und Triple Sec ins gekühlte
Rotweinglas gießen, mit Champagner
auffüllen und umrühren. Mit frischer
Minze garnieren.

CHAMPAGNE COCKTAIL

CHAMPAGNE CUP

1 Teil Cognac (15 ml)
1 Teil Curaçao weiß (15 ml)
Champagner oder Schaumwein
Orangenscheibe
ein Zweig frische Minze

Cognac und Curaçao ins gekühlte
Weinglas gießen, Eiswürfel hinzugeben
und mit Champagner auffüllen. Mit
Orangenscheibe und Minze garnieren.

CHAMPAGNE PUNCH

16 Teile Cognac (240 ml)
16 Teile Kirschlikör (240 ml)
16 Teile Triple Sec (240 ml)
8 Teile Zuckersirup (120 ml)
8 Teile frischer Zitronensaft (120 ml)
2 Flaschen Champagner oder
Schaumwein (je 750 ml)

Zutaten, außer Champagner, vorkühlen
und mit einem Block Eis in große
Bowle geben. Gut umrühren.
Champagner unmittelbar vor dem
Servieren hinzugeben und nochmals
langsam umrühren. Für 15 bis 20
Personen.

CHAMPAGNE SORBET PUNCH

2 Flaschen Champagner oder
Schaumwein (je 750 ml)
1 Flasche weißer Dessertwein (750 ml)
1 Liter Zitronensorbet

Champagner und Wein zu einem Block
Eis in Bowle gießen. Langsam um-
rühren. Eis und schöpfkellenweise das
Sorbet hinzugeben. Für 20 bis 25
Personen.

CHAMPS ELYSÉES

4 Teile Cognac (60 ml)
1 Teil Chartreuse, gelb (15 ml)
1 Teil frischer Zitronensaft (15 ml)
1/2 TL feiner Barzucker
Spritzer Angosturabitter

Zutaten mit zerkleinertem Eis im
Shaker mischen und kräftig schütteln.
Ins gekühlte Cocktailglas abseihen.

CHANGUIRONGO

4 Teile Tequila silver (60 ml)
Ginger Ale
Zitronenachtel

Tequila und Soda ins gekühlte, mit Eiswürfeln gefüllte Collinsglas gießen. Umrühren, mit Zitronenachtel garnieren.

CHANTICLEER

4 Teile Gin (60 ml)
2 Teile frischer Zitronensaft (30 ml)
1 EL Himbeersirup
1 Eiweiß

Zutaten mit zerkleinertem Eis im
Shaker mischen und sehr kräftig
schütteln. Ins gekühlte Whiskyglas
abseihen.

CHAPALA

4 Teile Tequila gold (60 ml)
1 Teil Triple Sec (15 ml)
4 Teile frischer Orangensaft (60 ml)
2 Teile frischer Limettensaft (30 ml)
1 Teil Grenadine (15 ml)

Zutaten im Shaker mischen und kräftig
schütteln. Ins gekühlte, zur Hälfte mit
zerkleinertem Eis gefüllte
Longdrinkglas gießen und umrühren.

CHAPEL HILL

4 Teile Bourbon (60 ml)
1 Teil Curaçao weiß (15 ml)
1 Teil frischer Zitronensaft (15 ml)
Orangenscheibe

Zutaten, außer Orangenscheibe, mit
zerkleinertem Eis im Shaker mischen
und kräftig schütteln. Ins gekühlte
Cocktailglas abseihen und mit
Orangenscheibe garnieren.

CHARLES COCKTAIL

4 Teile Brandy (60 ml)
1 Teil süßer Vermouth (15 ml)
2-3 Spritzer Angosturabitter

Zutaten im Rührglas mit zerkleinertem
Eis verrühren. Ins gekühlte Cocktailglas
abseihen.

CHARLIE CHAPLIN

4 Teile Schlehen-Gin (60 ml)
4 Teile Aprikosenbrandy (60 ml)
3 Teile frischer Zitronensaft (45 ml)

Zutaten mit zerkleinertem Eis im
Shaker mischen und kräftig schütteln.
Über Eiswürfel ins gekühlte
Whiskyglas abseihen.

CHARMER

3 Teile Scotch (45 ml)
1 Teil Curaçao blau (15 ml)
Spritzer trockener Vermouth
Spritzer Orangenbitter

Zutaten mit zerkleinertem Eis im
Shaker mixen. Ins gekühlte
Cocktailglas abseihen.

CHATHAM COCKTAIL

4 Teile Gin (60 ml)
1 Teil Ingwerbrandy (15 ml)
1 Teil frischer Zitronensaft (15 ml)
1/2 TL feiner Barzucker
kleines Stück kandierter Ingwer

Zutaten, außer Ingwer, mit zerkleinertem Eis im Shaker mischen und kräftig
schütteln. Ins gekühlte Cocktailglas
abseihen und mit Ingwer garnieren.

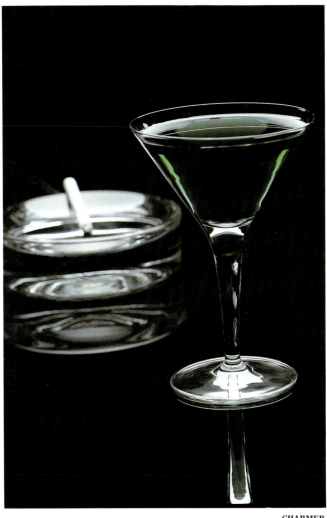

CHARMER

CHEERY CHERRY

**8 Teile ungesüßter Kirschmost
(120 ml)
2 Teile frischer Limettensaft (30 ml)
Soda
Zitronenscheibe**

Kirschmost und Soda über Eis ins
gekühlte Longdrinkglas gießen. Umrühren und mit Zitronenscheibe garnieren.

CHELSEA SIDECAR

**4 Teile Gin (60 ml)
1 Teil Triple Sec (15 ml)
1 Teil frischer Zitronensaft (15 ml)**

Zutaten mit zerkleinertem Eis im
Shaker mischen und kräftig schütteln.
Ins gekühlte Cocktailglas abseihen.

CHATAM

CHERRY BLOSSOM

4 Teile Brandy (60 ml)
2 Teile Kirschwasser (30 ml)
1 Teil Triple Sec (15 ml)
1 Teil frischer Zitronensaft (15 ml)
1 EL Grenadine
1/2 TL feiner Barzucker

Zutaten mit zerkleinertem Eis im
Shaker mischen und kräftig schütteln.
Ins gekühlte Cocktailglas abseihen.

CHERRY COBBLER

4 Teile Gin (60 ml)
1 Teil Cherry Heering (15 ml)
1 Teil Crème de Cassis (15 ml)
1 Teil frischer Zitronensaft (15 ml)
1 EL Zuckersirup
Maraschinokirsche
Zitronenscheibe

Zutaten, außer Zitronenscheibe, mit
zerkleinertem Eis im Shaker mischen
und kräftig schütteln. Ins gekühlte
Whiskyglas abseihen und mit Kirsche
und Zitronenscheibe garnieren.

CHERRY COOLER

4 Teile Kirschwasser (60 ml)
Cola
Zitronenscheibe

Kirschwasser und Cola über Eis ins gekühlte Longdrinkglas gießen. Umrühren
und mit Zitronenscheibe garnieren.

CHERRY DAIQUIRI

4 Teile weißer Rum (60 ml)
1 Teil Kirschlikör (15 ml)
1 Teil frischer Limettensaft (15 ml)
1/4 TL Kirschwasser
Limettenspirale

Zutaten, außer Limettenspirale, mit zerkleinertem Eis im Shaker mischen. Ins
gekühlte Cocktailglas abseihen und mit
Limettenspirale garnieren.

CHERRY FIZZ

4 Teile Kirschwasser (60 ml)
1 Teil frischer Zitronensaft (15 ml)
1/2 TL feiner Barzucker
Soda
Maraschinokirsche

Zutaten, außer Soda und Kirsche, mit
zerkleinertem Eis im Shaker mischen
und kräftig schütteln. Über Eiswürfel
ins gekühlte Collinsglas abseihen. Mit
Soda auffüllen und langsam umrühren.
Mit Kirsche garnieren.

CHERRY RASPBERRY SHAKE

8 Teile ungesüßter Kirschmost (120 ml)
8 Teile Himbeersorbet (120 ml)
1 TL frischer Zitronensaft

Sämtliche Zutaten im elektischen
Mixgerät mit zerkleinertem Eis mixen.
Cremig rühren und ins gekühlte
Collinsglas gießen.

CHERRY RUM

4 Teile weißer Rum (60 ml)
2 Teile Kirschbrandy (30 ml)
1 Teil Half-and-half (15 ml)

Zutaten mit zerkleinertem Eis im
Shaker mischen und kräftig schütteln.
Ins gekühlte Cocktailglas abseihen.

CHI-CHI

CHI-CHI

4 Teile weißer Rum (60 ml)
1 Teil Brombeerbrandy (15 ml)
Ananassaft

Rum und Ananassaft ins gekühlte, bis
fast zum Rand mit Eiswürfeln gefüllte
Longdrinkglas gießen und umrühren.
Brandy darübergleiten lassen (floaten).

CHICAGO

4 Teile Brandy (60 ml)
Spritzer Triple Sec
Spritzer Angosturabitter
Champagner oder Schaumwein
Zitronenachtel
feiner Barzucker

Gekühltes bauchiges Weinglas mit
Kragen aus Zucker versehen, indem Sie
den Glasrand mit einem Zitronenachtel
befeuchten und in Zucker stülpen.
Brandy, Triple Sec und Angosturabitter
im Rührglas mit zerkleinertem Eis verrühren und ins Weinglas gießen. Mit
Champagner auffüllen.

CHOCOLATE COCKTAIL

CHICAGO FIZZ

3 Teile goldener Rum (45 ml)
2 Teile Portwein (30 ml)
1 Teil frischer Zitronensaft (15 ml)
1/2 TL feiner Barzucker
1 Eiweiß
Soda

Zutaten, außer Soda, mit zerkleinertem
Eis im Shaker mischen und sehr kräftig
schütteln. Über Eiswürfel ins gekühlte
Collinsglas abseihen und mit Soda auffüllen. Langsam umrühren.

CHICKEN SHOT

4 Teile gekühlte Hühnerbrühe
(60 ml)
4 Teile gekühlte Rindfleischbrühe (60 ml)
1 Teil frischer Zitronensaft (15 ml)
Tabasco nach Geschmack
Worcestershire-Sauce nach Geschmack
frisch gemahlener Pfeffer nach Geschmack
Selleriesalz nach Geschmack

Zutaten im Rührglas sorgfältig mit zerkleinertem Eis verrühren und ins
gekühlte Whiskyglas gießen.

CHINESE COCKTAIL

4 Teile brauner Rum (60 ml)
1 EL Grenadine
3-5 Spritzer Curaçao, weiß
3-5 Spritzer Maraschinolikör
1 Spritzer Angosturabitter

Zutaten mit zerkleinertem Eis im
Shaker mischen und kräftig schütteln.
Ins gekühlte Cocktailglas abseihen.

CHIQUITA

4 Teile Wodka (60 ml)
1 Teil Bananenlikör
(15 ml)
1 Teil frischer Limettensaft (15 ml)
1/4 Bananenscheiben
1 TL Orgeatsirup (Mandelsirup)

Sämtliche Zutaten im Rührglas
sorgfältig mit zerkleinertem Eis
verrühren und ins gekühlte Weinglas
gießen.

CHOCOLATE
COCKTAIL

6 Teile Portwein (90 ml)
1 Teil Chartreuse, gelb (15 ml)
1 Eigelb
1 EL geraspelte Halbbitter-Schokolade

Portwein, Chartreuse und Eigelb im
Mixgerät mixen und weich rühren. Ins
gekühlte Cocktailglas gießen und mit
Schokolade bestreuen.

CHOCOLATE RUM

4 Teile weißer Rum (60 ml)
2 Teile Crème de Cacao, dunkel (30 ml)
2 Teile Crème de Menthe, weiß (30 ml)
1 Teil hochprozentiger Rum (15 ml)
2 Teile Half-and-half (30 ml)

Sämtliche Zutaten mit zerkleinertem
Eis im Shaker schütteln. Über
Eiswürfel ins gekühlte Whiskyglas
abseihen.

CHOCOLATÍER CAKE

2 Teile Crème de Cacao (30 ml)
2 Teile Brandy (30 ml)
2 Teile Sahne mit höherem Fettgehalt
(30 ml)

Zutaten vorkühlen und mit Barlöffel in
der genannten Reihenfolge vorsichtig
ins gekühlte Pony-Glas geben.

COCOLATIER CAKE

CHRYSANTHEMUM COCKTAIL

4 Teile trockener Vermouth (60 ml)
3 Teile Bénédictine (45 ml)
1/4 TL Pernod
Orangenspirale

Vermouth und Bénédictine im Rührglas mit zerkleinertem Eis mischen und verrühren. Ins gekühlte Cocktailglas abseihen. Pernod hinzugeben und umrühren. Orangenspirale ins Getränk werfen.

CIDER CUP

8 Teile Brandy (120 ml)
4 Teile Cointreau (60 ml)
32 Teile Apfelcidre (480 ml)
16 Teile Soda (240 ml)
4 TL feiner Barzucker
Apfelscheiben
einige Zweige frische Minze

Zutaten, außer Apfelscheiben und Minze, in großer Karaffe mit Eiswürfeln verrühren. Mit Apfelscheiben und Minze garnieren. In Rotweingläsern.

CLAM DIGGER

16 Teile Muschel-Tomaten-Saft (240 ml)
2 Teile frischer Limettensaft (30 ml)
3-5 Spritzer Tabasco
3-5 Spritzer Worcestershire-Sauce
frisch gemahlener Pfeffer nach Geschmack
Selleriesalz nach Geschmack
1/4 TL weißer Meerrettich
Stangensellerie, Zitronenachtel

Zutaten mit zerkleinertem Eis im Shaker mischen und kräftig schütteln. Über Eiswürfel ins gekühlte Collinsglas abseihen und mit Zitronenachtel und Stangensellerie garnieren.

CLARET COBBLER

8 Teile gekühlter Rotwein oder Cabernet Sauvignon (120 ml)
1 TL frischer Zitronensaft
1 TL feiner Barzucker
4 Teile gekühltes Soda (60 ml)

Zucker im gekühlten Weinglas im Zitronensaft und Wasser auflösen. Rotwein und zerkleinertes Eis dazu; umrühren.

CLARET CUP

32 Teile Rotwein oder Cabernet Sauvignon (480 ml)
4 Teile Brandy (60 ml)
2 Teile Cointreau (30 ml)
3 TL feiner Barzucker
16 Teile Soda (240 ml)
Orangenscheiben
einige Zweige frische Minze

Sämtliche Zutaten, außer Orangenscheiben und Minze, in großer Karaffe mit Eiswürfeln gründlich verrühren. Mit Früchten und Minze garnieren. In Rotweingläsern servieren. Für drei bis vier Personen.

CLARET PUNCH

3 Flaschen Rotwein oder Cabernet Sauvignon (750 ml)
32 Teile Brandy (480 ml)
16 Teile Cointreau (240 ml)
frischer Zitronensaft
feiner Barzucker nach Geschmack
in Scheiben geschnittene Früchte

Zutaten, außer Früchte, in große Bowle geben und umrühren. Einen Block Eis hinzugeben. Mit Obst garnieren. Für 15 bis 20 Personen.

CLARIDGE COCKTAIL

4 Teile Gin (60 ml)
1 Teil trockener Vermouth (15 ml)
1 Teil Aprikosenbrandy (15 ml)
1 Teil Triple Sec (15 ml)

Zutaten mit zerkleinertem Eis im Shaker mischen und kräftig schütteln. Ins gekühlte Cocktailglas abseihen.

CLASSIC COCKTAIL

4 Teile Brandy (60 ml)
1 Teil Curaçao, weiß (15 ml)
1 Teil Maraschinolikör (15 ml)
1 Teil frischer Zitronensaft (15 ml)
Zitronenspirale
Zitronenachtel
Läuterzucker

Gekühltes Cocktailglas mit Kragen aus Zucker versehen, indem Sie den Glasrand mit einem Zitronenachtel befeuchten und in Zucker stülpen. Restliche

Zutaten, außer Zitronenspirale, mit zerkleinertem Eis im Shaker mischen und kräftig schütteln. Ins Cocktailglas mit Zuckerkragen abseihen.

CLOISTER

4 Teile Gin (60 ml)
1 Teil Chartreuse, gelb (15 ml)
1 Teil frischer Grapefruitsaft (15 ml)
1 TL frischer Zitronensaft
1/2 TL feiner Barzucker

Zutaten mit zerkleinertem Eis im Shaker mischen und kräftig schütteln. Ins gekühlte Cocktailglas abseihen.

CLOVER CLUB COCKTAIL

4 Teile Gin (60 ml)
2 Teile frischer Zitronensaft (30 ml)
2 TL Grenadine
1 Eiweiß

Zutaten mit zerkleinertem Eis im Shaker mischen und sehr kräftig schütteln. Ins gekühlte Cocktailglas abseihen.

COCK N' BULL SHOT

4 Teile Wodka (60 ml)
4 Teile Hühnerbrühe (60 ml)
4 Teile Rindfleischbrühe (60 ml)
1 Teil frischer Zitronensaft (15 ml)
Tabasco nach Geschmack
Worcestershire-Sauce nach Geschmack
frisch gemahlener Pfeffer nach Geschmack
Selleriesalz nach Geschmack

Zutaten mit zerkleinertem Eis im Rührglas mischen und gut verrühren. Ins gekühlte Whiskyglas gießen.

COCO CHANEL

3 Teile Gin (45 ml)
3 Teile Kaffeelikör (45 ml)
3 Teile Half-and-half (45 ml)

Zutaten mit zerkleinertem Eis im Shaker mischen und kräftig schütteln. Ins gekühlte Cocktailglas abseihen.

COCO COLA

4 Teile Kokosmilch (60 ml)
2 Teile frischer Limettensaft (30 ml)
Cola
Zitronenachtel

Kokosmilch und Limettensaft im Shaker mischen und kräftig schütteln. Über Eis ins gekühlte Longdrinkglas gießen. Mit Cola auffüllen und mit Zitronenachtel garnieren.

COCO LOCO

1 frische Kokosnuß
1 Tasse zerstoßenes Eis
4 Teile Tequila silver (60 ml)
2 Teile Gin (30 ml)
2 Teile weißer Rum (30 ml)
4 Teile Ananassaft (60 ml)
1 TL Zuckersirup
1/2 Limette

Frische Kokosnuß aufschlagen, so daß nichts vom Inhalt verlorengeht. Zerstoßenes Eis und flüssige Zutaten zur Kokosmilch geben. Halbe Limette über dem Getränk ausdrücken und hineinfallen lassen. Gut verrühren.

COCONUT COOLER

4 Teile Kokosmilch (60 ml)
4 Teile frischer Limettensaft (60 ml)
Soda
frischer Zweig Minze

Kokosmilch und Limettensaft im Shaker mischen und kräftig schütteln. Über Eiswürfel ins gekühlte Collinsglas gießen. Mit Soda auffüllen und langsam umrühren. Mit Minze garnieren.

COFFEE COCKTAIL

6 Teile rubinroter Portwein (90 ml)
2 Teile Brandy (30 ml)
2-3 Spritzer Curaçao, weiß
1 Eigelb
1/2 TL Grieszucker
frisch gemahlener Muskat

Zutaten, außer Muskat, im Mixgerät mit zerkleinertem Eis mixen. Weich rühren. Ins gekühlte Sour-Glas gießen und mit Muskat bestreuen.

COFFEE EGG NOG

4 Teile Blended Whisky (60 ml)
2 Teile Kaffeelikör (30 ml)
12 Teile Milch (180 ml)
2 Teile Half-and-half (30 ml)
1 TL Zuckersirup
1/2 TL Pulverkaffee
1 Ei
frisch gemahlener Muskat

Zutaten, außer Muskat, im Mixgerät mit zerkleinertem Eis mixen. Weich rühren und ins gekühlte Collinsglas gießen. Mit Muskat bestreuen.

COFFEE FLIP

4 Teile Cognac (60 ml)
2 Teile rubinroter Portwein (30 ml)
10 Teile kalter Kaffee (150 ml)
1/2 TL feiner Barzucker
1 Ei
frisch gemahlener Muskat

Zutaten, außer Muskat, im Mixgerät mit zerkleinertem Eis mixen. Weich rühren und ins gekühlte Rotweinglas gießen. Mit Muskat bestreuen.

COFFEE GRASSHOPPER

3 Teile Kaffeelikör (45 ml)
2 Teile Crème de Menthe, weiß (30 ml)
2 Teile Half-and-half (30 ml)

Zutaten mit zerkleinertem Eis im Shaker mischen und kräftig schütteln. Über Eiswürfel ins gekühlte Whiskyglas abseihen.

COGNAC COUPLING

4 Teile Cognac (60 ml)
2 Teile Tawny-Portwein (30 ml)
1 Teil Pernod (15 ml)
2-3 Spritzer Peychaud's Bitter
1 TL frischer Zitronensaft

Zutaten mit zerkleinertem Eis im Shaker schütteln. Über Eis ins gekühlte Whiskyglas abseihen.

COLD AND CLAMMY BLOODY MARY

4 Teile eiskalter Wodka (60 ml)
12 Teile Muschel-Tomaten-Saft (180 ml)
1/2 TL frischer Limettensaft
1/2 TL Worcestershire-Sauce
einige Spritzer Tabasco
frisch gemahlener Pfeffer nach Geschmack
Salz nach Geschmack
frische Zwiebelscheibe

Zutaten, außer Zwiebelscheibe, mit zerkleinertem Eis im Shaker mischen und kräftig schütteln. Über Eiswürfel ins gekühlte Longdrinkglas abseihen. Mit Zwiebelscheibe garnieren und Gewürze nach Geschmack hinzugeben.

COLD DECK

4 Teile Brandy (60 ml)
1 Teil süßer Vermouth (15 ml)
1 Teil Crème de Menthe, weiß (15 ml)

Zutaten mit zerkleinertem Eis im Shaker mischen und kräftig schütteln. Ins gekühlte Cocktailglas abseihen.

COLONIAL COCKTAIL

4 Teile Gin (60 ml)
1 TL Maraschinolikör
1 Teil Grapefruitsaft (15 ml)
1 Cocktail-Olive

Zutaten, außer Olive, mit zerkleinertem Eis im Shaker schütteln. Ins gekühlte Cocktailglas abseihen und mit Olive garnieren.

COLONY CLUB

4 Teile Gin (60 ml)
1 TL Pernod
3-5 Spritzer Orangenbitter

Zutaten mit zerkleinertem Eis im Shaker mischen und kräftig schütteln. Ins gekühlte Cocktailglas abseihen.

COLUMBIA

4 Teile Brandy (60 ml)
1 Teil süßer Vermouth (15 ml)
1 EL frischer Zitronensaft
1 TL Grenadine
1 Spritzer Angosturabitter

Zutaten mit zerkleinertem Eis im Shaker mischen und kräftig schütteln. Ins gekühlte Cocktailglas abseihen.

COMBO

4 Teile trockener Vermouth (60 ml)
1 TL Brandy
1/2 TL Cointreau
1/2 TL feiner Barzucker
1 Spritzer Angosturabitter

Sämtliche Zutaten mit zerkleinertem Eis im Shaker schütteln. Über Eiswürfel ins gekühlte Whiskyglas abseihen.

COMMODORE COCKTAIL

4 Teile Bourbon (60 ml)
2 Teile Crème de Cacao, weiß (30 ml)
1 Teil frischer Zitronensaft (15 ml)

Zutaten mit zerkleinertem Eis im Shaker mischen und kräftig schütteln. Ins gekühlte Cocktailglas abseihen.

COMMONWEALTH COCKTAIL

4 Teile kanadischer Whisky (60 ml)
1 Teil Grand Marnier (15 ml)
1 TL frischer Zitronensaft
Orangenspirale

Zutaten, außer Orangenspirale, im Rührglas mit zerkleinertem Eis mischen und gut verrühren. Ins gekühlte Cocktailglas gießen und mit Orangenspirale garnieren.

CONEY ISLAND BABY

4 Teile Pfefferminzschnaps (60 ml)
2 Teile Crème de Cacao, dunkel (30 ml)
Selterswasser

Schnaps und Crème de Cacao mit zerkleinertem Eis im Shaker mischen und kräftig schütteln. Über Eiswürfel ins gekühlte Longdrinkglas abseihen. Mit Selterswasser auffüllen und langsam umrühren.

CONFETTI

8 Teile Kirschmost (120 ml)
2 Teile Orgeatsirup (Mandelsirup; 30 ml)
ca. 50 g frischer Apfel, kleingehackt
ca. 50 g frische Birne, kleingehackt
ca. 50 g frischer Pfirsich, kleingehackt

Zutaten im Mixgerät mit zerkleinertem Eis mixen. Weich rühren und ins gekühlte Longdrinkglas gießen. (Anm.: Wenn Sie Dosenfrüchte verwenden müssen, dann nehmen Sie im eigenen Saft und ohne Zusatz von Zucker konservierte Produkte!)

CONTINENTAL COCKTAIL

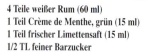

4 Teile weißer Rum (60 ml)
1 Teil Crème de Menthe, grün (15 ml)
1 Teil frischer Limettensaft (15 ml)
1/2 TL feiner Barzucker

Zutaten mit zerkleinertem Eis im Shaker mischen und kräftig schütteln. Ins gekühlte Cocktailglas abseihen.

COOL COLLINS

4 Teile frischer Zitronensaft (60 ml)
1 TL feiner Barzucker
7 frische Minzeblätter
Soda
Zitronenscheibe
einige Zweige frische Minze

Zitronensaft und Zucker ins gekühlte Collinsglas gießen. Minzeblätter hinzugeben und mit Barlöffel zerdrücken. Mit Eiswürfeln und Soda auffüllen. Langsam umrühren, mit Zitronenscheibe und Minzezweigen garnieren.

COOL COLONEL

4 Teile Bourbon (60 ml)
2 Teile Southern Comfort (30 ml)
8 Teile starker, eisgekühlter Tee (120 ml)
1 Teil frischer Zitronensaft (15 ml)
1/2 TL feiner Barzucker
Soda
Zitronenspirale

Zutaten, außer Soda und Zitronenspirale, im Rührglas mit zerkleinertem Eis mischen und gut verrühren. Ins gekühlte Collinsglas gießen, mit Soda auffüllen und langsam umrühren. Mit Zitronenspirale garnieren.

COOPERSTOWN COCKTAIL

4 Teile Gin (60 ml)
1 Teil trockener Vermouth (15 ml)
1 Teil süßer Vermouth (15 ml)
frischer Zweig Minze

Zutaten, außer Minze, mit zerkleinertem Eis im Shaker mischen und kräftig schütteln. Ins gekühlte Cocktailglas abseihen und mit Minze garnieren.

CORKSCREW

4 Teile weißer Rum (60 ml)
1 Teil trockener Vermouth (15 ml)
1 Teil Pfirsichlikör (15 ml)
Limettenscheibe

Zutaten, außer Limettenscheibe, mit zerkleinertem Eis im Shaker mischen und kräftig schütteln. Ins gekühlte Cocktailglas abseihen und mit Limettenscheibe garnieren.

CORNELL COCKTAIL

4 Teile Gin (60 ml)
1 Teil Maraschinolikör
(15 ml)
1/2 Eiweiß

Zutaten mit zerkleinertem Eis im Shaker
mischen und sehr kräftig schütteln. Ins
gekühlte Cocktailglas abseihen.

CORONADO

4 Teile Gin (60 ml)
1 Teil Curaçao, weiß (15 ml)
4 Teile Ananassaft (60 ml)
3-5 Spritzer Kirschwasser
Maraschinokirsche

Zutaten, außer Kirsche, mit zerkleinertem Eis im Shaker mischen und kräftig
schütteln. Ins gekühlte Whiskyglas
abseihen und mit Kirsche garnieren.

CORPSE REVIVER

4 Teile Apfelbrandy (60 ml)
2 Teile Brandy (30 ml)
1 Teil süßer Vermouth (15 ml)

Zutaten mit zerkleinertem Eis im
Shaker mischen und kräftig schütteln.
Ins gekühlte Cocktailglas abseihen.

COSMOPOLITAN

4 Teile Wodka (60 ml)
2 Teile Triple Sec (30 ml)
2 Teile Preiselbeersaft (30 ml)
1 Teil frischer Limettensaft (15 ml)

Zutaten mit zerkleinertem Eis im
Shaker mischen und kräftig schütteln.
Ins gekühlte Cocktailglas gießen.

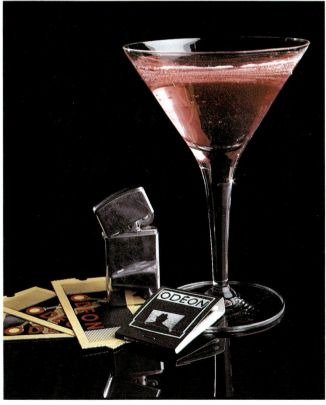

COSMOPOLITAN

89

COSSACK

4 Teile Wodka (60 ml)
2 Teile Cognac (30 ml)
2 Teile frischer Limettensaft (30 ml)
1/2 TL feiner Barzucker

Zutaten mit zerkleinertem Eis im
Shaker mischen und kräftig schütteln.
Ins gekühlte Cocktailglas abseihen.

COSTA DEL SOL

4 Teile Gin (60 ml)
2 Teile Aprikosenbrandy (30 ml)
2 Teile Cointreau (30 ml)

Sämtliche Zutaten mit zerkleinertem
Eis im Shaker gründlich mischen und
kräftig schütteln. Ins gekühlte Whiskyglas gießen.

COUNT STROGANOFF

4 Teile Wodka (60 ml)
2 Teile Crème de Cacao, weiß (30 ml)
1 Teil frischer Zitronensaft (15 ml)

Zutaten mit zerkleinertem Eis im
Shaker mischen und kräftig schütteln.
Ins gekühlte Cocktailglas abseihen.

COUNTRY CLUB
COOLER

8 Teile Lillet Blanc (120 ml)
1 TL Grenadine
Soda
Orangenspirale

Lillet und Grenadine ins gekühlte
Collinsglas gießen und verrühren.
Eiswürfel hinzugeben und mit Soda
auffüllen. Langsam umrühren und mit
Orangenspirale garnieren.

COWBOY COCKTAIL

6 Teile Rye Whiskey (90 ml)
2 EL Half-and-half

Zutaten mit zerkleinertem Eis im
Shaker mischen und kräftig schütteln.
Ins gekühlte Cocktailglas abseihen.

COWGIRL'S PRAYER

4 Teile Tequila gold (60 ml)
frische, hausgemachte Limonade
2 Teile frischer Limettensaft (30 ml)
Zitronenscheibe
Limettenscheibe

Tequila und Limettensaft über Eiswürfel ins gekühlte Collinsglas gießen. Mit
Limonade auffüllen, umrühren. Mit Zi-
tronen- und Limettenscheibe garnieren.

CRANBERRY CREAM COCKTAIL

5 Teile Preiselbeersaft (75 ml)
4 Teile Apfelsaft (60 ml)
1 Teil Kokoscreme (15 ml)
2 Teile frischer Limettensaft (30 ml)
2 Spritzer Grenadine

Sämtliche Zutaten im Mixgerät mit
zerkleinertem Eis mixen und gründlich
weich rühren. Ins gekühlte Weinglas
gießen.

CREAMSICLE

4 Teile Vanillelikör (60 ml)
8 Teile frischer Orangensaft (120 ml)
4 Teile Half-and-half (60 ml)
Orangenscheibe

Zutaten, außer Orangenscheibe, mit
zerkleinertem Eis im Shaker mischen
und kräftig schütteln. Über Eiswürfel
ins gekühlte Longdrinkglas abseihen.
Mit Orangenscheibe garnieren.

CREAMY ORANGE

2 Teile Cream Sherry (30 ml)
2 Teile frischer Orangensaft (30 ml)
1 Teil Brandy (15 ml)
1 Teil Half-and-half (15 ml)

Zutaten mit zerkleinertem Eis im
Shaker mischen und kräftig schütteln.
Ins gekühlte Cocktailglas abseihen.

CREAMSICLE

CREAMY SCREWDRIVER

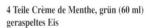

4 Teile Wodka (60 ml)
1 Eigelb
1/2 TL feiner Barzucker
12 Teile frischer Orangensaft (180 ml)

Zutaten im Mixgerät mit zerkleinertem Eis mixen und weich rühren. Über Eiswürfel ins gekühlte Collinsglas gießen.

CRÈME DE MENTHE FRAPPE

4 Teile Crème de Menthe, grün (60 ml)
geraspeltes Eis

Whiskyglas mit geraspeltem Eis füllen, Crème de Menthe hinzugeben und mit kurzem Strohhalm servieren.

CUBA LIBRE

CREOLE

4 Teile weißer Rum (60 ml)
1 TL frischer Zitronensaft
Tabasco nach Geschmack
frisch gemahlener Pfeffer nach Geschmack
Salz nach Geschmack
Rindfleischbrühe

Rum, Zitronensaft und Tabasco mit zerkleinertem Eis im Shaker mischen und
kräftig schütteln. Über Eiswürfel ins
gekühlte Whiskyglas abseihen. Mit
Rindfleischbrühe auffüllen und
umrühren. Mit Salz und Pfeffer würzen.

CREOLE LADY

4 Teile Bourbon (60 ml)
3 Teile Madeira (45 ml)
1 TL Grenadine
rote Maraschinokirsche
grüne Maraschinokirsche

Flüssige Zutaten im Rührglas mit Eis
verrühren. Ins gekühlte Cocktailglas
abseihen und mit Kirschen garnieren.

CRIMSON

4 Teile Gin (60 ml)
1 Teil rubinroter Portwein (15 ml)
2 TL frischer Limettensaft
1 TL Grenadine

Zutaten, außer Portwein, mit zerkleinertem Eis im Shaker schütteln. Ins gekühlte Cocktailglas abseihen und Portwein darübergleiten lassen (floaten).

CUBA LIBRE

4 Teile weißer Rum (60 ml)
Cola
Zitronenachtel

Rum, Cola, Eis ins Glas geben. Umrühren und mit Zitronenachtel garnieren.

CURAÇAO COOLER

CUBAN COCKTAIL

4 Teile Brandy (60 ml)
2 Teile Aprikosenbrandy (30 ml)
1 TL weißer Rum
2 Teile frischer Limettensaft (30 ml)

Zutaten mit zerkleinertem Eis im Shaker mischen und kräftig schütteln. Ins gekühlte Cocktailglas abseihen.

CUBAN SPECIAL

4 Teile weißer Rum (60 ml)
1 TL Triple Sec
2 Teile frischer Limettensaft (30 ml)
1 EL Ananassaft
Ananasstück

Zutaten, außer Ananasstück, mit Eis im Shaker mischen und kräftig schütteln. Ins gekühlte Cocktailglas abseihen und mit Ananasstück garnieren.

CUBANO

4 Teile weißer Rum (60 ml)
2 Teile frischer Limettensaft (30 ml)
1/2 TL feiner Barzucker

Zutaten mit zerkleinertem Eis im Shaker mischen und kräftig schütteln. Ins gekühlte Cocktailglas abseihen.

CULROSS

4 Teile weißer Rum (60 ml)
1 Teil Aprikosenbrandy (15 ml)
1 Teil Lillet Blanc (15 ml)
1 TL frischer Zitronensaft

Zutaten mit zerkleinertem Eis im Shaker mischen und kräftig schütteln. Ins gekühlte Cocktailglas abseihen.

CURAÇAO COOLER

4 Teile brauner Rum (60 ml)
3 Teile Curaçao weiß (45 ml)
2 Teile frischer Limettensaft (30 ml)
Soda
Orangenscheibe

Zutaten, außer Soda und Orangenscheibe, mit zerkleinertem Eis im Shaker mischen und kräftig schütteln. Ins gekühlte Longdrinkglas gießen und mit Soda auffüllen. Langsam umrühren und mit Orangenscheibe garnieren.

D

DAIQUIRI

4 Teile weißer Rum (60 ml)
1,5 Teile frischer Limettensaft (22,5 ml)
1/2 TL Zuckersirup

Zutaten mit zerkleinertem Eis im
Shaker mischen und kräftig schütteln.
Ins gekühlte Cocktailglas abseihen.

DAMN THE WEATHER

4 Teile Gin (60 ml)
1 EL süßer Vermouth
2 TL Triple Sec
1 Teil frischer Orangensaft (15 ml)

Zutaten mit zerkleinertem Eis im
Shaker mischen und kräftig schütteln.
Ins gekühlte Cocktailglas abseihen.

DANIEL'S COCKTAIL

4 Teile frischer Orangensaft
(60 ml)
3 Teile frischer Limettensaft (45 ml)
2 TL Grenadine

Zutaten mit zerkleinertem Eis im
Shaker mischen und kräftig schütteln.
Ins gekühlte Cocktailglas abseihen.

DANISH GIN FIZZ

4 Teile Gin (60 ml)
1 Teil Cherry Heering (15 ml)
1 TL Kirschwasser
1 Teil frischer Limettensaft (15 ml)
1/2 TL feiner Barzucker
Soda
Limettenscheibe
Maraschinokirsche

Zutaten, außer Soda und Früchte, mit
zerkleinertem Eis im Shaker mischen
und kräftig schütteln. Über Eiswürfel
ins gekühlte Longdrinkglas abseihen.
Mit Soda auffüllen und langsam
umrühren. Mit Limettenscheibe und
Kirsche garnieren.

DARB

3 Teile Gin (45 ml)
2 Teile trockener Vermouth (30 ml)
2 Teile Aprikosenbrandy (30 ml)
1 Teil frischer Zitronensaft (15 ml)

Zutaten mit zerkleinertem Eis im
Shaker mischen und kräftig schütteln.
Ins gekühlte Cocktailglas abseihen.

DAYDREAM

3 Teile Passionsfruchtsirup
(45 ml)
frischer Orangensaft
frisch gemahlener Muskat

Passionsfruchtsirup über Eiswürfel ins
gekühlte Collinsglas gießen. Mit
Orangensaft auffüllen und umrühren.
Mit Muskat bestreuen.

DEAUVILLE

3 Teile Brandy (45 ml)
2 Teile Apfelbrandy (30 ml)
1 Teil Cointreau (15 ml)
1 Teil frischer Zitronensaft (15 ml)

Zutaten mit zerkleinertem Eis im
Shaker mischen und kräftig schütteln.
Ins gekühlte Cocktailglas abseihen.

DEEP SEA

4 Teile Gin (60 ml)
2 Teile trockener Vermouth (30 ml)
1/2 TL Pernod
Spritzer Orangenbitter

Zutaten im Rührglas mit zerkleinertem
Eis verrühren. Ins gekühlte Cocktailglas
abseihen.

DELMONICO COCKTAIL

3 Teile Gin (45 ml)
2 Teile Brandy (30 ml)
1 Teil trockener Vermouth (15 ml)
1 Teil süßer Vermouth (15 ml)
2 Spritzer Angosturabitter
Zitronenspirale

Flüssige Zutaten im Rührglas mit
Eiswürfeln mischen und gut verrühren.
Ins Cocktailglas abseihen und mit
Zitronenspirale garnieren.

DELTA

4 Teile Blended Whisky (60 ml)
1 Teil Southern Comfort (15 ml)
1 Teil frischer Limettensaft (15 ml)
1/2 TL feiner Barzucker
Orangenscheibe
frische Pfirsichscheibe

Zutaten, außer Früchte, mit zerkleinertem Eis im Shaker mischen und kräftig
schütteln. Ins gekühlte Whiskyglas
gießen und mit Früchten garnieren.

DEMPSEY

4 Teile Gin (60 ml)
2 Teile Apfelbrandy (30 ml)
1 TL Pernod
1 TL Grenadine

Zutaten mit zerkleinertem Eis im
Rührglas mischen und gut umrühren.
Ins gekühlte Cocktailglas abseihen.

DEPTH BOMB

4 Teile Brandy (60 ml)
2 Teile Apfelbrandy (30 ml)
frischer Zitronensaft
1/2 TL Grenadine

Zutaten mit zerkleinertem Eis im
Shaker mischen und kräftig schütteln.
Über Eiswürfel ins gekühlte
Whiskyglas abseihen.

DEPTH CHARGE

4 Teile Schnaps nach eigener Wahl (60 ml)
500 ml Bier

Erst Schnaps und dann Bier in mit
Eisrand überzogenen Bierkrug gießen.

DERBY DAIQUIRI

4 Teile weißer Rum (60 ml)
2 Teile frischer Orangensaft
(30 ml)
1 Teil frischer Limettensaft (15 ml)
1 TL feiner Barzucker

Sämtliche Zutaten im Mixgerät mit
zerkleinertem Eis mixen. Bei niedriger
Stufe gut weichrühren. Ins gekühlte
Sektglas gießen.

DERBY FIZZ

4 Teile Scotch (60 ml)
1 TL Triple Sec
1 Teil frischer Zitronensaft (15 ml)
1/2 TL feiner Barzucker
1 Ei
Soda

Zutaten, außer Soda, mit zerkleinertem
Eis im Shaker mischen und sehr kräftig
schütteln. Über Eiswürfel ins gekühlte
Collinsglas gießen. Mit Soda auffüllen
und langsam umrühren.

DERBY SPECIAL

4 Teile weißer Rum (60 ml)
1 Teil Cointreau (15 ml)
2 Teile frischer Orangensaft (30 ml)
1 Teil frischer Limettensaft (15 ml)

Zutaten im Mixgerät mit zerkleinertem
Eis mixen. Weich und dickflüssig
rühren. Ins gekühlte Cocktailglas
abseihen.

DEVIL'S COCKTAIL

4 Teile rubinroter Portwein (60 ml)
2 Teile trockener Vermouth (30 ml)
1/2 TL Zitronensaft

Zutaten im Rührglas mit zerkleinertem
Eis verrühren. Ins gekühlte Cocktailglas
abseihen.

DEVIL'S TAIL

4 Teile weißer Rum (60 ml)
2 Teile Wodka (30 ml)
2 TL Aprikosenbrandy
1 Teil frischer Limettensaft (15 ml)
2 TL Grenadine
Limettenspirale

Zutaten, außer Limettenspirale, im Mixgerät mit zerkleinertem Eis mixen. Bei niedriger Stufe weich rühren. Ins gekühlte Sektglas gießen und mit Limettenspirale garnieren.

DIABLO

4 Teile weißer Portwein (60 ml)
2 Teile trockener Vermouth (30 ml)
frischer Zitronensaft
Limettenspirale

Zutaten, außer Limettenspirale, mit zerkleinertem Eis im Shaker mischen und kräftig schütteln. Ins gekühlte Cocktailglas abseihen und mit Limettenspirale garnieren.

DIAMOND FIZZ

4 Teile Gin (60 ml)
1 Teil frischer Zitronensaft (15 ml)
1 TL feiner Barzucker
Champagner oder Schaumwein

Zutaten, außer Champagner, mit zerkleinertem Eis im Shaker schütteln. Über Eiswürfel ins gekühlte Longdrinkglas abseihen und mit Champagner auffüllen. Langsam umrühren.

DIAMOND HEAD

4 Teile Gin (60 ml)
1 Teil Aprikosenbrandy (15 ml)
2 Teile frischer Zitronensaft (30 ml)
1/2 TL feiner Barzucker
1/2 Eiweiß

Zutaten mit zerkleinertem Eis im Shaker mischen und sehr kräftig schütteln. Ins gekühlte Cocktailglas abseihen.

DIANA

4 Teile Crème de Menthe, weiß (60 ml)
1 Teil Cognac (15 ml)

Crème de Menthe in hoch mit zerstoßenem Eis gefüllten Cognacschwenker gießen. Cognac darübergleiten lassen (floaten).

DINAH

4 Teile Blended Whisky (60 ml)
1 Teil frischer Zitronensaft (15 ml)
1/2 TL feiner Barzucker
1 frischer Zweig Minze

Zutaten, außer Minze, mit zerkleinertem Eis im Shaker schütteln. Ins gekühlte Cocktailglas abseihen und mit Minze garnieren.

DIPLOMAT

4 Teile trockener Vermouth (60 ml)
1 Teil süßer Vermouth (15 ml)
1/2 TL Maraschinolikör
3 Spritzer Angosturabitter
Zitronenscheibe
Maraschinokirsche

Flüssige Zutaten im Rührglas mit zerkleinertem Eis mischen und gut verrühren. Ins gekühlte Cocktailglas abseihen und mit Früchten garnieren.

DIXIE

4 Teile Gin (60 ml)
2 Teile Pernod (30 ml)
1 Teil trockener Vermouth (15 ml)
4 Teile frischer Orangensaft (60 ml)
1/4 TL Grenadine

Zutaten mit zerkleinertem Eis im Shaker schütteln. Ins gekühlte Whiskyglas abseihen.

DIXIE WHISKY COCKTAIL

4 Teile Bourbon (60 ml)
1/2 TL Cointreau
1/2 TL Crème de Menthe
1/2 TL feiner Barzucker
1 Spritzer Angosturabitter

Zutaten mit zerkleinertem Eis im Shaker schütteln. Ins gekühlte Cocktailglas abseihen.

DOUBLE STANDARD SOUR

3 Teile Blended Whisky (45 ml)
3 Teile Gin (45 ml)
2 Teile frischer Zitronensaft (30 ml)
1/2 TL feiner Barzucker
1 TL Grenadine
Maraschinokirsche
Orangenscheibe

Zutaten, außer Früchte, mit zerkleinertem Eis im Shaker mischen und kräftig schütteln. Ins gekühlte Sour-Glas abseihen und mit Früchten garnieren.

DREAM COCKTAIL

4 Teile Brandy (60 ml)
2 Teile Triple Sec (30 ml)
1/2 TL Pernod

Zutaten mit zerkleinertem Eis im Shaker mischen und kräftig schütteln. Ins gekühlte Cocktailglas abseihen.

DRY MANHATTAN

6 Teile Rye Whiskey (90 ml)
2 Teile trockener Vermouth (30 ml)
1 Spritzer Angosturabitter
Maraschinokirsche

Zutaten, außer Kirsche, im Rührglas mit Eiswürfeln mischen und gut verrühren. Ins gekühlte Cocktailglas abseihen und mit Kirsche garnieren.

DUBARRY COCKTAIL

4 Teile Gin (60 ml)
1 Teil trockener Vermouth (15 ml)
1/2 TL Pernod
1 Spritzer Orangenbitter
Orangenscheibe

Zutaten, außer Orangenscheibe, im Rührglas mit zerkleinertem Eis verrühren. Ins gekühlte Cocktailglas abseihen und mit Orangenscheibe garnieren.

DUBONNET COCKTAIL

4 Teile Gin (60 ml)
3 Teile Dubonnet Rouge (45 ml)
1 Spritzer Angosturabitter
Zitronenspirale

Flüssige Zutaten im Rührglas mit zerkleinertem Eis verrühren. Ins gekühlte Cocktailglas abseihen und mit Zitronenspirale garnieren.

DUBONNET FIZZ

4 Teile Dubonnet Rouge (60 ml)
2 Teile Cherry Heering (30 ml)
2 Teile frischer Orangensaft (30 ml)
1 Teil frischer Zitronensaft (15 ml)
Soda
Zitronenscheibe

Zutaten, außer Soda und Zitronenscheibe, mit zerkleinertem Eis im Shaker mischen und kräftig schütteln. Über Eiswürfel ins gekühlte Longdrinkglas abseihen. Mit Soda auffüllen und langsam umrühren. Mit Zitronenscheibe garnieren.

DUCHESS

4 Teile Pernod (60 ml)
1 Teil trockener Vermouth (15 ml)
1 Teil süßer Vermouth (15 ml)

Zutaten mit zerkleinertem Eis im Shaker schütteln. Ins gekühlte Cocktailglas abseihen.

97

E

EARTHQUAKE

4 Teile Blended Whisky (60 ml)
2 Teile Gin (30 ml)
2 Teile Pernod (30 ml)

Sämtliche Zutaten mit zerkleinertem
Eis im Shaker mischen und kräftig
schütteln. Ins gut gekühlte Cocktailglas abseihen.

EAST INDIA

4 Teile Brandy (60 ml)
1 1/2 Teile Triple Sec (22,5 ml)
1 1/2 Teile Ananassaft (22,5 ml)
2 Spritzer Angosturabitter

Zutaten im Rührglas mit zerkleinertem
Eis mixen und gut verrühren. Ins
gekühlte Cocktailglas abseihen.

ECLIPSE

4 Teile Schlehen-Gin (60 ml)
2 Teile Gin (30 ml)
Grenadine
Maraschinokirsche
Orangenspirale

Kirsche ins gekühlte Cocktailglas
geben und mit Grenadine bedecken.
Gins mit zerkleinertem Eis im Shaker
schütteln. Vorsichtig ins Cocktailglas
abseihen, so daß sich die Gins nicht mit
der Grenadine vermischen. Mit
Orangenspirale garnieren.

EGG CREAM

2 Teile Schokoladensirup (30 ml)
7 Teile kalte Milch (105 ml)
Selterswasser

Schokoladensirup ins Glas füllen,
Milch hinzugeben und umrühren.
Selterswasser unter sehr kräftigem
Rühren hinzugeben, so daß sich eine
schäumende Krone bildet.

EGG NOG

1 Flasche Brandy (750 ml)
1 1/2 Liter Milch
500 ml Schlagsahne mit höherem Fettgehalt
feiner Barzucker (1 Tasse, ca. 250 ml)
ein Dutzend Eier
frisch gemahlener Muskat

Eier aufschlagen, Eiweiß und Eigelb
trennen. Eiweiß zur Seite stellen.
Eigelb in großer Bowle mit Zucker
verquirlen. Milch und Schlagsahne
unterrühren, Brandy hinzugeben und
mindestens eine Stunde im Kühlschrank kühlen. Eiweiß vor dem Servieren steif schlagen und zum Egg Nog
geben. Mit frisch gemahlenem Muskat
bestreuen. Für 25 Personen.

EGG NOG
(alkoholfrei)

16 Teile Milch (240 ml)
1 Ei
1 EL Zucker
1/4 TL Mandelextrakt
1/4 TL Vanilleextrakt
Schlagsahne
frisch gemahlener Muskat

Ei gründlich verquirlen und mit kalter
Milch, Zucker und Extrakten kräftig im
Shaker schütteln. In gekühlte Tassen
füllen, Schlagsahnehaube aufsetzen und
mit Muskat bestreuen.

EGG SOUR

4 Teile Brandy (60 ml)
1 Teil frischer Zitronensaft (15 ml)
1/2 TL Cointreau
1/2 TL feiner Barzucker
1 Ei

Zutaten mit zerkleinertem Eis kräftig
schütteln und ins gekühlte Sour-Glas
gießen.

EGG NOG

ELK'S OWN

4 Teile Rye Whiskey (60 ml)
2 Teile rubinroter Portwein (30 ml)
1 Teil frischer Zitronensaft (15 ml)
1 Eiweiß
1 TL feiner Barzucker
Ananasstück

Zutaten, außer Ananasstück, mit zerkleinertem Eis im Shaker mischen und
kräftig schütteln. Ins gekühlte
Cocktailglas abseihen.

EL PRESIDENTE

4 Teile weißer Rum (60 ml)
2 Teile frischer Limettensaft (30 ml)
1 TL Grenadine
1 TL Ananassaft

Zutaten mit zerkleinertem Eis im
Shaker schütteln. Ins gekühlte
Cocktailglas abseihen.

EMERALD ISLE COCKTAIL

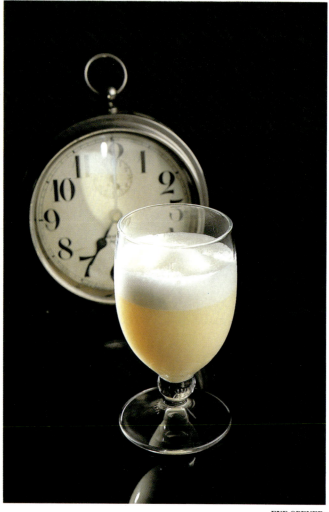

5 Teile Gin (75 ml)
2 TL Crème de Menthe, grün
3 Spritzer Angosturabitter
grüne Maraschinokirsche

Flüssige Zutaten im Rührglas mit zerkleinertem Eis verrühren. Ins gekühlte Cocktailglas abseihen und mit Kirsche garnieren.

EMERSON

4 Teile Gin (60 ml)
2 Teile süßer Vermouth (30 ml)
1 Teil frischer Limettensaft (15 ml)
1 TL Maraschinolikör

Zutaten mit zerkleinertem Eis im Shaker mischen und kräftig schütteln. Ins gekühlte Cocktailglas abseihen.

EYE OPENER

EVERYBODY'S IRISH

4 Teile irischer Whiskey (60 ml)
1 Teil Chartreuse, grün (15 ml)
1 Teil Crème de Menthe, grün (15 ml)

Zutaten im Rührglas mit zerkleinertem Eis verrühren. Ins gekühlte Cocktailglas abseihen.

EXIT 13-E

8 Teile Loganbeerensaft (Kreuzung aus Himbeere und Brombeere; 120 ml)
8 Teile Ananassaft (120 ml)
1 Teil frischer Limettensaft (15 ml)

Zutaten im Rührglas mit zerkleinertem Eis mischen und gut verrühren. Über Eiswürfel ins gekühlte Collinsglas abseihen.

EYE OF THE HURRICANE

4 Teile Passionsfruchtsirup (60 ml)
2 Teile frischer Limettensaft (30 ml)
Bitter Lemon Soda
Limettenscheibe

Sirup und Limettensaft mit zerkleinertem Eis mischen. Über Eiswürfel ins gekühlte Longdrinkglas abseihen, mit Bitter Lemon Soda auffüllen. Langsam umrühren, mit Limettenscheibe garnieren.

EYE-OPENER

4 Teile weißer Rum (60 ml)
1 TL Pernod
1 TL Cointreau
1 TL Crème de Cacao, weiß
1/2 TL feiner Barzucker
1 Eigelb

Zutaten mit zerkleinertem Eis im Shaker kräftig schütteln. Ins gekühlte Sour-Glas abseihen.

F

FAIR AND WARMER

4 Teile weißer Rum (60 ml)
1 Teil süßer Vermouth (15 ml)
3 Spritzer Curaçao weiß
Zitronenspirale

Zutaten, außer Zitrone, mit zerkleinertem Eis im Shaker schütteln. Ins gekühlte Cocktailglas abseihen und mit Zitronenspirale garnieren.

FAIRY BELLE COCKTAIL

4 Teile Gin (60 ml)
2 Teile Aprikosenbrandy (30 ml)
1 TL Grenadine
1 Eiweiß

Sämtliche Zutaten mit zerkleinertem Eis im Shaker gründlich mischen und sehr kräftig schütteln. Ins gekühlte Cocktailglas abseihen.

FALLEN ANGEL

4 Teile Gin (60 ml)
1 TL Crème de Menthe, weiß
2 Teile frischer Limettensaft (30 ml)
1 Spritzer Angosturabitter
Maraschinokirsche

Zutaten, außer Kirsche, mit zerkleinertem Eis im Shaker mischen und kräftig schütteln. Ins gekühlte Cocktailglas abseihen und mit Kirsche garnieren.

FANCY BRANDY

4 Teile Brandy (60 ml)
1/2 TL Cointreau
1/2 TL feiner Barzucker
3 Spritzer Angosturabitter
Zitronenspirale

Zutaten, außer Zitronespirale, mit zerkleinertem Eis im Shaker mischen und kräftig schütteln. Ins gekühlte Cocktailglas abseihen und mit Zitronenspirale garnieren.

FANCY WHISKY

4 Teile Whisky (60 ml)
1/2 TL Cointreau
1/2 TL feiner Barzucker
3 Spritzer Angosturabitter
Zitronenspirale

Zutaten, außer Zitronenspirale, mit zerkleinertem Eis im Shaker mischen und kräftig schütteln. Ins gekühlte Cocktailglas abseihen und Zitronenspirale hinzugeben.

FANTASIO

4 Teile Brandy (60 ml)
2 Teile trockener Vermouth (30 ml)
2 TL Maraschinolikör
2 TL Crème de Menthe, weiß

Zutaten im Rührglas mit zerkleinertem Eis mischen und gut verrühren. Ins gekühlte Cocktailglas abseihen.

FARE THE WELL

4 Teile Gin (60 ml)
1 Teil trockener Vermouth (15 ml)
1 Spritzer süßer Vermouth
1 Spritzer Cointreau

Zutaten mit zerkleinertem Eis mischen und kräftig schütteln. Ins gekühlte Cocktailglas abseihen.

FARMER'S COCKTAIL

4 Teile Gin (60 ml)
1 Teil trockener Vermouth (15 ml)
1 Teil süßer Vermouth (15 ml)
3 Spritzer Angosturabitter

Sämtliche Zutaten mit Eis im Shaker mischen und in Glas abseihen.

FAUX KIR

2 Teile Himbeersirup (30 ml)
heller Traubensaft
Zitronenspirale

Sirup über Eiswürfel ins gekühlte Weinglas gießen. Mit hellem Traubensaft auffüllen und gut umrühren. Mit Zitronenspirale garnieren.

FAUX KIR ROYALE

3 Teile Himbeersirup (45 ml)
Sparkling Cider
(Cidre mit Kohlensäure)

Sirup im Rührglas mit zerkleinertem
Eis verrühren. Ins gekühlte Weinglas
gießen und mit kaltem Cidre auffüllen.
Langsam umrühren.

FAVORITE

3 Teile Gin (45 ml)
2 Teile Aprikosenbrandy (30 ml)
2 Teile trockener Vermouth (30 ml)
1/2 TL Zitronensaft

Zutaten mit zerkleinertem Eis im
Shaker mischen und kräftig schütteln.
Ins gekühlte Cocktailglas abseihen.

FERDINAND THE
BULL

8 Teile Tomatensaft (120 ml)
4 Teile gekühlte Rindfleischbrühe (60 ml)
2 Teile Limettensaft (30 ml)
Tabasco nach Geschmack
Worcestershire-Sauce nach Geschmack
frisch gemahlener Pfeffer nach Geschmack
Zitronenachtel

Zutaten, außer Pfeffer und Zitronenachtel, mit zerkleinertem Eis im Shaker
mischen. Über Eiswürfel ins gekühlte
Collinsglas abseihen. Pfeffer über dem
Getränk mahlen. Mit Zitronenachtel
garnieren.

FERN GULLY

4 Teile brauner Rum (60 ml)
3 Teile weißer Rum (45 ml)
1 Teil Amaretto (15 ml)
1 Teil Kokoscreme (15 ml)
2 Teile frischer Orangensaft (30 ml)
2 Teile frischer Limettensaft (30 ml)

Zutaten im Mixgerät mit zerkleinertem
Eis mixen. Bei niedriger Stufe weich
rühren. Ins gekühlte Rotweinglas
gießen.

FERRARI

4 Teile trockener Vermouth (60 ml)
2 Teile Amaretto (30 ml)
1 Spritzer Orangenbitter
Zitronenspirale

Zutaten, außer Zitronenspirale, mit
zerkleinertem Eis im Shaker mischen
und kräftig schütteln. Über Eiswürfel
ins gekühlte Whiskyglas abseihen.
Mit Zitronenspirale garnieren.

FIFTH AVENUE

3 Teile Crème de Cacao, dunkel
(45 ml)
3 Teile Aprikosenbrandy (45 ml)
1 1/2 Teile Half-and-half (22,5 ml)

Zutaten in der genannten Reihenfolge
ins Pousse-Cafè-Glas schichten.

FIFTY-FIFTY

4 Teile Gin (60 ml)
4 Teile trockener Vermouth (60 ml)
spanische Olive

Zutaten im Rührglas mit zerkleinertem
Eis verrühren. Ins gekühlte Cocktailglas
abseihen und mit Olive garnieren.

FINE AND DANDY

4 Teile Gin (60 ml)
2 Teile Triple Sec (30 ml)
2 Teile frischer Zitronensaft (30 ml)
Spritzer Orangenbitter

Zutaten mit zerkleinertem Eis im
Shaker mischen und kräftig schütteln.
Ins gekühlte Cocktailglas abseihen.

FIREMAN'S SOUR

4 Teile weißer Rum (60 ml)
3 Teile frischer Limettensaft (45 ml)
1/2 TL feiner Barzucker
1 EL Grenadine
Zitronenscheibe
Maraschinokirsche

Zutaten, außer Früchte, mit zerkleinertem Eis im Shaker mischen und kräftig
schütteln. Ins gekühlte Sour-Glas abseihen. Mit Kirsche und Zitrone garnieren.

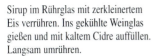

FISH HOUSE PUNCH

2 Liter brauner Rum
1 Liter Cognac
8 Teile Pfirsichbrandy (120 ml)
1 Liter frischer Zitronensaft
2 Liter Tafelwasser (ohne Kohlensäure)
1,5 Tassen feiner Barzucker
frische Pfirsichscheiben

Zucker in gekühlter Bowle im Wasser und Zitronensaft auflösen. Restliche Zutaten unterrühren. Großen Eisblock zusetzen und mit Pfirsichscheiben garnieren. Für 40 Personen.

FINO MARTINI

6 Teile Gin oder Wodka (90 ml)
1 TL Fino Sherry
Zitronenspirale

Gin (oder Wodka) und Sherry im Rührglas mit Eiswürfeln verrühren. Ins gekühlte Cocktailglas abseihen und mit Zitronenspirale garnieren.

FJORD

4 Teile Brandy (60 ml)
2 Teile Aquavit (30 ml)
4 Teile frischer Orangensaft (60 ml)
2 Teile frischer Limettensaft (30 ml)
2 TL Grenadine

Zutaten mit zerkleinertem Eis im Shaker mischen und kräftig schütteln. Ins gekühlte Cocktailglas abseihen.

FLAMINGO

4 Teile Gin (60 ml)
1 Teil Aprikosenbrandy (15 ml)
1 Teil frischer Limettensaft (15 ml)
1 TL Grenadine

Zutaten mit Eis im Shaker mischen und kräftig schütteln. Ins gekühlte Cocktailglas abseihen.

FLORADORA

4 Teile Gin (60 ml)
4 Teile frischer Limettensaft (60 ml)
1 EL Grenadine
1/2 TL feiner Barzucker
Soda

Sämtliche Zutaten, außer Soda, mit zerkleinertem Eis im Shaker gründlich mischen und kräftig schütteln. Über Eiswürfel ins gut gekühlte Longdrinkglas abseihen. Mit ausreichend Soda auffüllen und langsam umrühren.

FLORIDA

4 Teile Gin (60 ml)
1 Teil Kirschwasser (15 ml)
1 Teil Cointreau (15 ml)
1 EL frischer Zitronensaft
frischer Orangensaft

Zutaten, außer Orangensaft, mit zerkleinertem Eis im Shaker mischen. Über Eiswürfel ins gekühlte Longdrinkglas abseihen. Mit Orangensaft auffüllen und erneut umrühren.

FLYING DUTCHMAN

4 Teile Gin (60 ml)
1 TL Pernod

Zutaten mit Eiswürfeln im gekühlten Whiskyglas verrühren.

FLYING GRASSHOPPER

4 Teile Wodka (60 ml)
1 Teil Crème de Menthe, grün (15 ml)
1 Teil Crème de Menthe, weiß (15 ml)

Zutaten im Mixgerät mit zerkleinertem Eis mixen und bei niedriger Stufe cremig rühren. Ins gekühlte Whiskyglas gießen.

FLYING SCOTSMAN

4 Teile Scotch (60 ml)
2 Teile süßer Vermouth (30 ml)
1/2 TL feiner Barzucker
3-5 Spritzer Angosturabitter

Zutaten im Mixgerät mit zerkleinertem Eis mixen und bei niedriger Stufe cremig rühren. Ins gekühlte Whiskyglas gießen.

FOG CUTTER

4 Teile weißer Rum (60 ml)
2 Teile Brandy (30 ml)
2 Teile Gin (30 ml)
1 TL süßer Sherry
3 Teile frischer Zitronensaft (45 ml)
2 Teile frischer Orangensaft (30 ml)
1 TL Orgeatsirup (Mandelsirup)

Zutaten, außer Sherry, mit zerkleinertem Eis im Shaker mischen und kräftig schütteln. Über Eiswürfel ins gekühlte Collinsglas abseihen. Sherry darübergleiten lassen (floaten).

FORESTER

4 Teile Bourbon (60 ml)
1 Teil Kirschlikör (15 ml)
1 TL frischer Zitronensaft
Maraschinokirsche

Zutaten, außer Kirsche, mit zerkleinertem Eis im Shaker mischen und kräftig schütteln. Ins gekühlte Whiskyglas gießen und mit Kirsche garnieren.

FORT LAUDERDALE

4 Teile weißer Rum (60 ml)
1 Teil süßer Vermouth (15 ml)
2 Teile frischer Limettensaft (30 ml)
2 Teile frischer Orangensaft (30 ml)
Orangenscheibe

Zutaten, außer Orangenscheibe, mit zerkleinertem Eis im Shaker mischen und kräftig schütteln. Ins gekühlte Whiskyglas gießen und mit Orangenscheibe garnieren.

FOX RIVER COCKTAIL

4 Teile Rye Whiskey (60 ml)
1 Teil Crème de Cacao, dunkel (15 ml)
3-5 Spritzer Angosturabitter
Zitronenspirale

Zutaten, außer Zitrone, im Rührglas mit zerkleinertem Eis mixen und verrühren. Ins gekühlte Cocktailglas abseihen und mit Zitronenspirale garnieren.

FOGHORN

4 Teile Gin (60 ml)
gekühltes Ingwerbier
Zitronenscheibe

Gekühltes Pilsglas bis nahe zum Rand mit Ingwerbier füllen. Gin hinzugießen und langsam umrühren. Mit Zitronenscheibe garnieren.

FRAISE FIZZ

4 Teile Gin (60 ml)
2 Teile Erdbeerlikör (30 ml)
1 Teil frischer Zitronensaft (15 ml)
1/2 TL feiner Barzucker
Soda
Zitronenspirale
1 frische Erdbeere

Gin, Likör, Zitronensaft und Zucker mit zerkleinertem Eis im Shaker mischen und kräftig schütteln. Über Eiswürfel ins gekühlte Longdrinkglas abseihen. Mit Soda auffüllen und langsam umrühren. Mit Zitronenspirale und Erdbeere garnieren.

FRANKENJACK

4 Teile Gin (60 ml)
2 Teile trockener Vermouth (30 ml)
2 Teile Aprikosenbrandy (30 ml)
2 Teile Triple Sec (30 ml)
Maraschinokirsche

Zutaten, außer Kirsche, mit zerkleinertem Eis im Shaker mischen und kräftig schütteln. Ins gekühlte Whiskyglas abseihen. Mit Kirsche garnieren.

FREE SILVER

4 Teile Gin (60 ml)
2 Teile brauner Rum (30 ml)
2 Teile frischer Zitronensaft (30 ml)
1/2 TL feiner Barzucker
1 EL Milch
Soda

Zutaten, außer Soda, mit zerkleinertem Eis im Shaker mischen und kräftig schütteln. Über Eiswürfel ins gekühlte Collinsglas abseihen. Mit Soda auffüllen und langsam umrühren.

FRENCH CONNECTION

4 Teile Cognac (60 ml)
2 Teile Amaretto (30 ml)

Sämtliche Zutaten über Eiswürfel
ins gekühlte Whiskyglas gießen und
gut umrühren.

FRENCH KISS

4 Teile Bourbon (60 ml)
2 Teile Aprikosenlikör (30 ml)
1 TL frischer Zitronensaft
2 TL Grenadine

Zutaten mit zerkleinertem Eis im
Shaker mischen und kräftig schütteln.
Ins gekühlte Cocktailglas abseihen.

FRENCH '75

4 Teile Cognac (60 ml)
1 EL Zuckersirup
2 Teile frischer Zitronensaft (30 ml)
Champagner
Zitronenspirale

Zutaten, außer Champagner und Zitronenspirale, mit zerkleinertem Eis im
Shaker mischen und kräftig schütteln.
Ins gekühlte Longdrinkglas gießen. Mit
eisgekühltem Champagner auffüllen
und mit Zitronenspirale garnieren.

FRIAR TUCK

4 Teile Frangelico (60 ml)
4 Teile frischer Zitronensaft (60 ml)
1 TL Grenadine
Orangenscheibe

Zutaten im Mixgerät mit zerkleinertem
Eis mixen. Weich rühren und ins
gekühlte Whiskyglas gießen. Mit
Orangenscheibe garnieren.

FROTH BLOWER

4 Teile Gin (60 ml)
1 TL Grenadine
1 Eiweiß

Sämtliche Zutaten im Mixgerät mit
zerkleinertem Eis mixen. Weich
rühren und ins gekühlte Whiskyglas
gießen.

FROUPE

4 Teile Brandy (60 ml)
3 Teile süßer Vermouth (45 ml)
1 TL Bénédictine

Zutaten im Rührglas mit Eiswürfeln
mischen und gut verrühren.
Ins gekühlte Whiskyglas abseihen.

FROSTBITE

4 Teile Tequila weiß (60 ml)
1 Teil Crème de Cacao, weiß (15 ml)
2 Teile Curaçao blau (30 ml)
4 Teile Half-and-half (60 ml)

Zutaten mit zerkleinertem Eis im
Shaker mischen und kräftig schütteln.
Ins gekühlte Sour-Glas gießen.

FROZEN APPLE

4 Teile Apfelbrandy (60 ml)
1 Teil frischer Limettensaft (15 ml)
1 TL feiner Barzucker
ein halbes Eiweiß
1 Apfelscheibe

Zutaten, außer Apfelscheibe, im
Mixgerät mit einer Tasse zerstoßenem
Eis mixen. Bei niedriger Stufe cremig
rühren und ins gekühlte Whiskyglas
gießen.

FROZEN BERKELEY

4 Teile weißer Rum (60 ml)
1 Teil Brandy (15 ml)
1 EL Passionsfruchtsirup
1 EL frischer Limettensaft

Zutaten im Mixgerät mit einer halben
Tasse zerstoßenem Eis mixen. Bei niedriger Stufe cremig rühren und ins
gekühlte Sektglas gießen.

FROZEN DAIQUIRI

FROZEN BRANDY AND RUM

4 Teile Brandy (60 ml)
3 Teile weißer Rum (45 ml)
1 EL frischer Zitronensaft
1 Eigelb
1 TL feiner Barzucker

Zutaten im Mixgerät mit einer Tasse
zerstoßenem Eis mixen. Bei niedriger
Stufe cremig rühren und ins gekühlte
Whiskyglas gießen.

FROZEN DAIQUIRI

4 Teile weißer Rum (60 ml)
2 Teile frischer Limettensaft (30 ml)
1 TL feiner Barzucker
Limettenscheibe

Zutaten, außer Limettenscheibe, im
Mixgerät mit einer halben Tasse
zerstoßenem Eis mixen. Bei niedriger
Stufe cremig rühren und ins gekühlte
Sektglas gießen. Mit Limettenscheibe
garnieren.

FROZEN MARGARITA

FROZEN MARGARITA

4 Teile Tequila weiß (60 ml)
1 Teil Triple Sec (15 ml)
2 Teile frischer Limettensaft (30 ml)
Limettenscheibe

Zutaten, außer Limettenscheibe, im
Mixgerät mit einer halben Tasse
zerstoßenem Eis mixen. Bei niedriger
Stufe cremig rühren und ins gekühlte
Cocktailglas gießen. Mit Limetten-
scheibe garnieren.

FROZEN MATADOR

4 Teile Tequila gold (60 ml)
4 Teile Ananassaft (60 ml)
1 Teil frischer Limettensaft (15 ml)
Limettenscheibe

Zutaten, außer Limettenscheibe, im
Mixgerät mit einer halben Tasse
zerstoßenem Eis mixen. Cremig rühren
und ins gekühlte Whiskyglas gießen.
Mit Limettenscheibe garnieren.

FROZEN MINT DAIQUIRI

4 Teile weißer Rum (60 ml)
1 Teil frischer Limettensaft (15 ml)
6 frische Minzeblätter
1 TL feiner Barzucker

Zutaten im Mixgerät mit einer halben Tasse zerstoßenem Eis mixen. Cremig rühren und ins gekühlte Whiskyglas gießen.

FROZEN MINT JULEP

4 Teile Bourbon (60 ml)
2 Teile frischer Zitronensaft (30 ml)
2 Teile Zuckersirup (30 ml)
6 frische Minzeblätter
ein Zweig frische Minze

Zutaten, außer Minzezweig, im Glas vermengen. Mit einer halben Tasse zerstoßenem Eis ins Mixgerät gießen und bei niedriger Stufe cremig rühren. Ins gekühlte Longdrinkglas gießen und mit Minze garnieren.

FROZEN PEACH DAIQUIRI

4 Teile weißer Rum (60 ml)
2 Teile frischer Limettensaft (30 ml)
1 TL Zuckersirup
4 Teile frische, kleingehackte Pfirsichstücke (60 ml entsprechend)
frische Pfirsichscheibe

Zutaten, außer Pfirsichscheibe, im Mixgerät mit einer halben Tasse zerstoßenem Eis mixen. Cremig rühren und ins Cocktailglas gießen. Mit Pfirsichscheibe garnieren.

FROZEN PINEAPPLE DAIQUIRI

4 Teile weißer Rum (60 ml)
2 Teile frischer Limettensaft (30 ml)
1/2 TL Ananassirup
4 Teile frische, kleingehackte Ananasstücke (60 ml entsprechend)
Ananasstück

Zutaten, außer Ananasstück, im Mixgerät mit einer halben Tasse zerstoßenem Eis mixen. Cremig rühren und ins Cocktailglas gießen. Mit Ananasstück garnieren.

FUZZY NAVEL

FRUIT JUICE SPRITZER

6 Teile Fruchtsaft nach eigener Wahl (90 ml)
Soda
Zitronenspirale

Fruchtsaft über Eiswürfel ins gekühlte Weinglas gießen. Mit Soda auffüllen und mit Zitronenspirale garnieren.

FUZZY NAVEL

4 Teile Wodka (60 ml)
2 Teile Pfirsichschnaps (30 ml)
16 Teile frischer Orangensaft (240 ml)
Orangenscheibe

Zutaten, außer Orangenscheibe, mit zerkleinertem Eis im Shaker mischen und kräftig schütteln. Ins gekühlte Collinsglas gießen und mit Orangenscheibe garnieren.

G

GAUGUIN

4 Teile weißer Rum (60 ml)
1 Teil frischer Zitronensaft (15 ml)
1 Teil frischer Limettensaft (15 ml)
1 Teil Passionsfruchtsirup (15 ml)
Maraschinokirsche

Zutaten, außer Kirsche, im Mixgerät
mit zerkleinertem Eis mixen. Bei niedriger Stufe cremig rühren. Ins gekühlte
Whiskyglas gießen und mit Kirsche
garnieren.

GAZETTE

4 Teile Brandy (60 ml)
1 Teil süßer Vermouth (15 ml)
1 TL frischer Zitronensaft
1/2 TL feiner Barzucker

Zutaten mit zerkleinertem Eis im
Shaker mischen und kräftig schütteln.
Ins gekühlte Cocktailglas abseihen.

GAZPACHO COCKTAIL

12 Teile Tomatensaft (180 ml)
2 Teile frischer Zitronensaft (30 ml)
2 kleingehackte Gurkenscheiben
1 in Scheiben geschnittene Schalotte, nur
weiße Teile
eine zerdrückte Knoblauchzehe
1/8 TL Oregano
3-5 Spritzer Tabasco
frisch gemahlener Pfeffer nach Geschmack
Salz nach Geschmack
Gurkenscheiben
Avocadoscheibe

Zutaten, außer Gurken- und
Avocadoscheibe, im Mixgerät mit zerkleinertem Eis mixen und cremig
rühren. Ins gekühlte Collinsglas gießen
und mit Gurke und Avocado garnieren.

GENERAL HARRISON'S EGG NOG

1 Ei
1 TL feiner Barzucker
trockener Rotwein
(alternativ: starker Cidre)
frisch gemahlener Muskat

Ei und Zucker mit zerkleinertem Eis im
Shaker mischen und sehr kräftig schütteln. Ins gekühlte Longdrinkglas abseihen und mit Rotwein auffüllen.
Umrühren und mit Muskat bestreuen.

GENOA

4 Teile Gin (60 ml)
3 Teile Grappa (45 ml)
1 Teil Sambuca weiß (15 ml)
2 TL trockener Vermouth
grüne Cocktail-Olive

Flüssige Zutaten im Rührglas mit zerkleinertem Eis verrühren. Ins gekühlte
Cocktailglas abseihen und mit Olive
garnieren.

GENOA VODKA

4 Teile Wodka (60 ml)
2 Teile Campari (30 ml)
6 Teile frischer Orangensaft (90 ml)

Zutaten mit zerkleinertem Eis im
Shaker mischen und kräftig schütteln.
Ins gekühlte Whiskyglas gießen.

GENTLE BEN

4 Teile Tequila weiß (60 ml)
2 Teile Wodka (30 ml)
2 Teile Gin (30 ml)
8 Teile frischer Orangensaft (120 ml)
1 TL Schlehen-Gin
Orangenscheibe

Zutaten, außer Schlehen-Gin und
Orangenscheibe, mit zerkleinertem Eis
im Shaker mischen. Ins gekühlte
Longdrinkglas gießen. Schlehen-Gin
darübergleiten lassen (floaten) und mit
Orangenscheibe garnieren.

GENTLE BULL

4 Teile Tequila weiß (60 ml)
2 Teile Kaffeelikör (30 ml)
3 Teile Half-and-half (45 ml)

Zutaten mit zerkleinertem Eis im
Shaker mischen und kräftig schütteln.
Ins gekühlte Cocktailglas abseihen.

GEORGIA PEACH

4 Teile Wodka (60 ml)
2 Teile Pfirsichbrandy (30 ml)
1 TL frischer Zitronensaft
1 TL Pfirsich, konserviert
4 Teile frischer Pfirsich, geschält und
kleingehackt (60 ml)

Zutaten im Mixgerät mit zerkleinertem
Eis mixen. Cremig rühren und ins
gekühlte Longdrinkglas gießen.

GEORGIA PEACH FIZZ

4 Teile Brandy (60 ml)
2 Teile Pfirsichbrandy (30 ml)
2 Teile frischer Zitronensaft (30 ml)
1 EL Crème de Bananes
1 TL Zuckersirup
Soda
frische Pfirsichscheibe

Zutaten, außer Soda und Pfirsichscheibe, im Rührglas mit zerkleinertem
Eis mischen und gut verrühren. Ins
gekühlte Collinsglas gießen. Mit Soda
auffüllen und langsam umrühren. Mit
Pfirsichscheibe garnieren.

111

GIBSON

6 Teile Gin oder Wodka (90 ml)
3-5 Spritzer trockener Vermouth (nach Geschmack)
Cocktail-Zwiebeln

Gin oder Wodka ins Rührglas mit Eiswürfeln gießen und gut verrühren. Ins gekühlte Cocktailglas gießen und mit zwei bis drei Cocktail-Zwiebeln garnieren.

GILROY

4 Teile Gin (60 ml)
2 Teile Kirschbrandy (30 ml)
1 Teil trockener Vermouth (15 ml)
1 Teil frischer Zitronensaft (15 ml)
3-5 Spritzer Orangenbitter

Zutaten mit zerkleinertem Eis im Shaker mischen und kräftig schütteln. Ins gekühlte Whiskyglas gießen.

GIMLET

GIN AND GINGER

4 Teile Gin (60 ml)
Ginger Ale
Zitronenspirale

Gin und Ginger Ale ins gekühlte, mit
Eiswürfeln gefüllte Longdrinkglas gießen. Zitrone über dem Glas zur Spirale
schneiden und hineinfallen lassen.

GIN AND IT

6 Teile Gin (90 ml)
2 Teile süßer Vermouth (30 ml)

Zutaten ohne Eis im Rührglas verrühren
und ins Cocktailglas gießen.

GIN AND SIN

4 Teile Gin (60 ml)
4 Teile frischer Zitronensaft (60 ml)
4 Teile frischer Orangensaft (60 ml)
2 Spritzer Grenadine

Zutaten mit zerkleinertem Eis im
Shaker mischen und ins gekühlte
Cocktailglas abseihen.

GIMLET

6 Teile Gin (90 ml)
2 Teile Limettensaft (30 ml)

Zutaten mit zerkleinertem Eis im
Shaker mischen und kräftig schütteln.
Ins gekühlte Cocktailglas abseihen.

GIN ALOHA

4 Teile Gin (60 ml)
3 Teile Triple Sec (45 ml)
1 Teil ungesüßter Ananassaft
(15 ml)
1 Spritzer Orangenbitter

Zutaten mit zerkleinertem Eis im
Shaker mischen und kräftig schütteln.
Ins gekühlte Cocktailglas abseihen.

GIN AND BITTERS
(PINK GIN)

1 TL Angosturabitter
Gin

Angosturabitter ins Cocktailglas geben
und dieses so lange schwenken, bis die
Flüssigkeit rundum am Glasrand ver-
teilt ist. Mit Gin auffüllen und mit
Raumtemperatur servieren.

GIN AND TONIC

4 Teile Gin (60 ml)
Tonic Water
Zitronenachtel

Gin und Tonic Water ins gekühlte
Collinsglas gießen, Eiswürfel hinzugeben und umrühren. Zitronenachtel über
dem Getränk ausdrücken.

GIN BUCK

4 Teile Gin (60 ml)
2 Teile frischer Zitronensaft (30 ml)
Ginger Ale

Sämtliche Zutaten über Eiswürfel
ins gekühlte Whiskyglas gießen.
Gut umrühren.

GIN CASSIS

4 Teile Gin (60 ml)
1 Teil Crème de Cassis (15 ml)
1 Teil frischer Zitronensaft (15 ml)

Zutaten mit zerkleinertem Eis im
Shaker mischen und kräftig schütteln.
Ins gekühlte Whiskyglas gießen.

GIN COBBLER

4 Teile Gin (60 ml)
1 TL Zuckersirup
Soda
Orangenscheibe

Gin und Zuckersirup mit zerkleinertem Eis im gekühlten Longdrinkglas verrühren. Mit Soda auffüllen und mit Orangenscheibe garnieren.

GIN COOLER

4 Teile Gin (60 ml)
1/2 TL feiner Barzucker
Soda
Zitronenschale

Gin und Zucker im gekühlten Collinsglas mixen. Eiswürfel hinzugeben und mit Soda auffüllen. Langsam umrühren und mit Zitronenschale garnieren.

GIN DAISY

6 Teile Gin (90 ml)
2 Teile frischer Zitronensaft (30 ml)
1 EL Grenadine
1 TL Zuckersirup
Soda
Orangenscheibe

Zutaten, außer Soda und Orangenscheibe, mit zerkleinertem Eis im Shaker mischen und kräftig schütteln. Ins gekühlte Longdrinkglas gießen. Mit Soda auffüllen, langsam umrühren und mit Orangenscheibe garnieren.

GIN FIX

6 Teile Gin (90 ml)
2 Teile frischer Zitronensaft (30 ml)
1 TL Wasser
1 TL feiner Barzucker
Zitronenscheibe

Zucker im gekühlten Longdrinkglas im Zitronensaft und Wasser auflösen. Gin hinzugeben und umrühren. Glas mit Eiswürfeln füllen. Mit Zitronenscheibe garnieren.

GIN FIZZ

4 Teile Gin (60 ml)
2 Teile frischer Zitronensaft (30 ml)
1 TL feiner Barzucker
Soda

Zutaten, außer Soda, mit zerkleinertem Eis im Shaker mischen und kräftig schütteln. Über Eiswürfel ins gekühlte Longdrinkglas abseihen. Mit Soda auffüllen und langsam umrühren.

GIN MILK PUNCH

4 Teile Gin (60 ml)
12 Teile Milch (180 ml)
1/2 TL feiner Barzucker
frisch gemahlener Muskat

Zutaten, außer Muskat, mit zerkleinertem Eis im Shaker mischen und kräftig schütteln. Ins gekühlte Longdrinkglas gießen. Mit Muskat bestreuen.

GIN RICKEY

4 Teile Gin (60 ml)
2 Teile frischer Limettensaft (30 ml)
Soda

Gin und Limettensaft über Eiswürfel ins gekühlte Longdrinkglas gießen. Mit Soda auffüllen und langsam umrühren.

GIN SANGAREE

4 Teile Gin (60 ml)
1 EL rubinroter Portwein
1 TL Wasser
1/2 TL feiner Barzucker
Soda

Zucker im gekühlten Longdrinkglas im Wasser auflösen. Gin hinzugießen und umrühren. Eiswürfel hinzugeben und mit Soda auffüllen. Langsam umrühren und Portwein darübergleiten lassen.

GIN SIDECAR

4 Teile Gin (60 ml)
2 Teile Triple Sec (30 ml)
2 Teile frischer Zitronensaft (30 ml)

Zutaten mit zerkleinertem Eis im Shaker mischen und kräftig schütteln. Ins gekühlte Whiskyglas gießen.

GIN RICKEY

GIN SLING

4 Teile Gin (60 ml)
1 Teil frischer Zitronensaft (15 ml)
1 TL Wasser
1 TL feiner Barzucker
Orangenspirale

Zucker im Rührglas im Wasser und
Zitronensaft auflösen. Gin hinzugießen
und umrühren. Über Eiswürfel ins
gekühlte Whiskyglas gießen und mit
Orangenspirale garnieren.

GIN SMASH

6 Teile Gin (90 ml)
2 Teile Soda (30 ml)
1 TL feiner Barzucker
4 frische Zweige Minze
Zitronenspirale

Minzezweige mit Zucker und Soda im
gekühlten Whiskyglas vermengen. Glas
mit Eiswürfeln füllen und Gin hinzugeben. Gut umrühren und mit Zitronenspirale garnieren.

115

GIN SOUR

4 Teile Gin (60 ml)
2 Teile frischer Zitronensaft (30 ml)
1/2 TL feiner Barzucker
Orangenscheibe
Maraschinokirsche

Zutaten, außer Früchte, mit zerkleinertem Eis im Shaker mischen und kräftig schütteln. Ins gekühlte Sour-Glas abseihen und mit Orangenscheibe und Kirsche garnieren.

GIN SWIZZLE

4 Teile Gin (60 ml)
3 Teile frischer Limettensaft (45 ml)
2 Spritzer Angosturabitter
1 TL feiner Barzucker
Soda

Zutaten, außer Soda, mit zerkleinertem Eis im Shaker mischen. Über Eiswürfel ins gekühlte Collinsglas abseihen. Mit Soda auffüllen und langsam umrühren. Mit Holzquirl servieren.

GINGER BEER

4 Teile Ingwerbrandy (60 ml)
dunkles Bier

Mit Eisrand überzogenen Bierkrug mit dunklem Bier füllen und Ingwerbrandy hinzugeben. Nicht umrühren.

GINGERSNAP

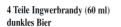

6 Teile Wodka (90 ml)
2 Teile Ingwerwein (30 ml)
Soda
ein Stück kandierter Ingwer

Wodka und Ingwerwein im gekühlten Longdrinkglas mischen. Eiswürfel hinzugeben und mit Soda auffüllen. Langsam umrühren und kandierten Ingwer hinzugeben.

GINZA MARY

4 Teile Wodka (60 ml)
3 Teile Sake (45 ml)
4 Teile Tomatensaft (60 ml)
1 Teil frischer Zitronensaft (15 ml)
3-5 Spritzer Tabasco
2 Spritzer Sojasauce
frisch gemahlener Pfeffer nach Geschmack

Zutaten im Rührglas mit zerkleinertem Eis mischen und gut verrühren. Ins gekühlte Whiskyglas gießen.

GLAD EYES

4 Teile Pernod (60 ml)
2 Teile Pfefferminzschnaps (30 ml)

Zutaten im Rührglas mit zerkleinertem Eis mischen und gut verrühren. Ins gekühlte Cocktailglas gießen.

GLASGOW

4 Teile Scotch (60 ml)
1 TL trockener Vermouth
1 EL frischer Zitronensaft
1 TL Mandelextrakt

Sämtliche Zutaten mit zerkleinertem Eis im Shaker mischen und kräftig schütteln. Ins gekühlte Whiskyglas abseihen.

GLOGG

2 Flaschen trockener Rotwein
 (je 750 ml)
1 Flasche Brandy (750 ml)
500 ml Aquavit
25 Gewürznelken
20 zerstoßene Kardamomsamen
4 Zimtstangen
eine Handvoll getrocknete Orangenschalen
2 Tassen geschälte Mandeln
2 Tassen Rosinen
1 Pfund Würfelzucker

Zutaten, außer Zucker und Aquavit, im großen Kessel zum Kochen bringen und Hitze nach dem Aufkochen sofort herabdrehen. 15 bis 20 Minuten mit gelegentlichem Umrühren ziehen lassen. Zuckerwürfel im feuerfesten Sieb über dem Kessel plazieren, mit Aquavit durchtränken, anzünden und ins Getränk schmelzen lassen. Erneut umrühren. In vorgewärmten Tassen heiß servieren. Für 10 Personen.

GLOOM LIFTER

4 Teile Blended Whisky (60 ml)
2 Teile Brandy (30 ml)
1 EL Himbeerlikör
1 Teil frischer Zitronensaft (15 ml)
1/2 TL feiner Barzucker
ein halbes Eiweiß

Zutaten mit zerkleinertem Eis im
Shaker mischen und sehr kräftig schüt-
teln. Über Eiswürfel ins gekühlte
Longdrinkglas abseihen.

GLÜHWEIN

12 Teile trockener Rotwein (180 ml)
Zitronenschale
Orangenschale
1 Zimtstange, zerrieben
5 Gewürznelken
Prise frisch gemahlener Muskat
1 TL Honig

Zutaten in einen Kochtopf geben und
umrühren, bis der Honig aufgelöst ist.
Erhitzen, jedoch nicht zum Kochen
bringen.

GODCHILD

3 Teile Amaretto (45 ml)
2 Teile Wodka (30 ml)
2 Teile Half-and-half (30 ml)

Zutaten im Mixgerät mit zerkleinertem
Eis mixen und cremig rühren. Im vor-
gekühlten Sektglas servieren.

GODFATHER

4 Teile Scotch (60 ml)
2 Teile Amaretto (30 ml)

Zutaten ins gekühlte, mit Eiswürfeln
gefüllte Whiskyglas gießen. Gut
umrühren.

GODMOTHER

4 Teile Wodka (60 ml)
2 Teile Amaretto (30 ml)

Zutaten ins gekühlte, mit Eiswürfeln
gefüllte Whiskyglas gießen. Gut
umrühren.

GOLDEN CADILLAC

4 Teile Galliano (60 ml)
2 Teile Crème de Cacao, weiß (30 ml)
2 Teile Half-and-half (30 ml)

Sämtliche Zutaten im Mixgerät mit
zerkleinertem Eis gründlich mixen.
Cremig rühren und ins gut gekühlte
Cocktailglas gießen.

GOLDEN DAWN

4 Teile Gin (60 ml)
2 Teile Aprikosenlikör (30 ml)
2 Teile frischer Limettensaft (30 ml)
4 Teile frischer Orangensaft (60 ml)
1 Spritzer Grenadine

Zutaten mit zerkleinertem Eis im
Shaker mischen und kräftig schütteln.
Ins gekühlte Cocktailglas abseihen.

GOLDEN DAZE

4 Teile Gin (60 ml)
2 Teile Pfirsichbrandy (30 ml)
2 Teile frischer Orangensaft (30 ml)

Zutaten mit zerkleinertem Eis im
Shaker mischen und kräftig schütteln.
Ins gekühlte Cocktailglas abseihen.

GOLDEN DRAGON

4 Teile Brandy (60 ml)
4 Teile Chartreuse gelb (60 ml)
Zitronenspirale

Alle flüssigen Zutaten im Rührglas
mit zerkleinertem Eis gründlich
verrühren und ins gut gekühlte
Cocktailglas abseihen. Mit Zitronenspirale garnieren.

GOLDEN DREAM

4 Teile Galliano (60 ml)
2 Teile Cointreau (30 ml)
2 Teile frischer Orangensaft (30 ml)
1 TL Half-and-half

Zutaten mit zerkleinertem Eis im
Shaker mischen und kräftig schütteln.
Ins gekühlte Cocktailglas abseihen.

GOLDEN FIZZ

5 Teile Gin (75 ml)
2 Teile frischer Limettensaft (30 ml)
1/2 TL feiner Barzucker
1 Eigelb
Soda
Zitronenscheibe

Sämtliche Zutaten, außer Soda und Zitrone, mit zerkleinertem Eis im Shaker gründlich mischen und sehr kräftig schütteln. Ins gekühlte Collinsglas gießen. Mit Soda auffüllen und langsam umrühren. Mit der Zitronenscheibe garnieren.

GOLDEN FROG

2 Teile Wodka (30 ml)
2 Teile Galliano (30 ml)
2 Teile Strega (30 ml)
2 Teile frischer Zitronensaft (30 ml)

Sämtliche Zutaten im Mixgerät mit zerkleinertem Eis mixen und cremig rühren. Ins gekühlte Cocktailglas abseihen.

GOLDEN GATE

4 Teile weißer Rum (60 ml)
2 Teile Gin (30 ml)
2 Teile Crème de Cacao, weiß (30 ml)
4 Teile frischer Zitronensaft (60 ml)
1 TL hochprozentiger Rum
1 TL Orgeatsirup (Mandelsirup)
Orangenscheibe

Zutaten, außer Orangenscheibe, mit zerkleinertem Eis im Shaker mischen und kräftig schütteln. Ins gekühlte Whiskyglas gießen und mit Orangenscheibe garnieren.

GOLDEN GLOW

4 Teile Bourbon (60 ml)
2 Teile brauner Rum (30 ml)
4 Teile frischer Orangensaft (60 ml)
1 EL frischer Zitronensaft
1/2 TL Zuckersirup
1 Spritzer Grenadine

Zutaten, außer Grenadine, mit zerkleinertem Eis im Shaker mischen und kräftig schütteln. Ins gekühlte Cocktailglas abseihen und Grenadine darübergleiten lassen (floaten).

GOLDEN HORNET

4 Teile Gin (60 ml)
1 Teil Scotch (15 ml)
1 Teil Amontillado Sherry (15 ml)
Zitronenspirale

Gin und Sherry mit Eiswürfeln verrühren. Ins Whiskyglas gießen. Scotch darübergleiten lassen und mit Zitronenspirale garnieren.

GOLDEN ROOSTER

4 Teile Gin (60 ml)
1 Teil trockener Vermouth (15 ml)
1 Teil Cointreau (15 ml)
1 Teil Aprikosenbrandy (15 ml)
Maraschinokirsche

Zutaten, außer Kirsche, mit zerkleinertem Eis im Shaker mischen und kräftig schütteln. Ins gekühlte Whiskyglas gießen. Mit Kirsche garnieren.

GOLDEN SLIPPER

4 Teile Aprikosenbrandy (60 ml)
2 Teile Chartreuse gelb (30 ml)
1 Eigelb

Zutaten im Mixgerät mit zerkleinertem Eis mixen. Cremig rühren und ins gekühlte Whiskyglas gießen.

GOLF COCKTAIL

6 Teile Gin (90 ml)
2 Teile trockener Vermouth (30 ml)
3 Spritzer Angosturabitter

Zutaten im Rührglas mit zerkleinertem Eis verrühren und ins gekühlte Cocktailglas abseihen.

GOOD AND PLENTY

2 Teile Wodka (30 ml)
2 Teile Kaffeelikör (30 ml)
Spritzer Pernod
halbe Kugel Vanilleeis

Zutaten im Mixgerät mixen. Einige Sekunden bei niedriger Stufe rühren. Ins gekühlte Rotweinglas gießen.

GRADEAL SPECIAL

4 Teile Gin (60 ml)
2 Teile weißer Rum (30 ml)
2 Teile Aprikosenbrandy (30 ml)

Zutaten mit zerkleinertem Eis im
Shaker mischen und kräftig schütteln.
Ins gekühlte Cocktailglas abseihen.

GRENADA

3 Teile Brandy (45 ml)
2 Teile trockener Sherry (30 ml)
1 Teil Curaçao weiß (15 ml)
Tonic Water, Orangenscheibe

Zutaten, außer Tonic Water und
Orangenscheibe, mit zerkleinertem Eis
im Shaker mischen und kräftig schütteln. Ins gekühlte Longdrinkglas gießen
und mit Tonic Water auffüllen.
Langsam umrühren. Mit
Orangenscheibe garnieren.

GRAND APPLE

4 Teile Calvados (60 ml)
2 Teile Cognac (30 ml)
2 Teile Grand Marnier (30 ml)

Zutaten im Rührglas mit zerkleinertem
Eis mixen und gut verrühren. Über
Eiswürfel ins gekühlte Whiskyglas
abseihen.

GRAND OCCASION

4 Teile weißer Rum (60 ml)
1 Teil Grand Marnier (15 ml)
1 Teil Crème de Cacao, weiß (15 ml)
1 Teil Zitronensaft (15 ml)

Zutaten mit zerkleinertem Eis im
Shaker mischen und kräftig schütteln.
Ins gekühlte Cocktailglas abseihen.

GRAND PASSION

4 Teile Gin (60 ml)
2 Teile trockener Vermouth (30 ml)
2 Teile Passionsfruchtsirup (30 ml)
1 Teil frischer Zitronensaft (15 ml)
Orangenspirale

Flüssige Zutaten mit zerkleinertem Eis
im Shaker mischen und kräftig schütteln. Ins gekühlte Cocktailglas abseihen
und mit Orangenspirale garnieren.

GRAND ROYAL FIZZ

4 Teile Gin (60 ml)
1 TL Maraschinolikör
3 Teile frischer Orangensaft (45 ml)
2 Teile frischer Zitronensaft (30 ml)
1/2 TL feiner Barzucker
2 TL Half-and-half
Soda

Zutaten, außer Soda, mit
zerkleinertem Eis im Shaker mischen
und kräftig schütteln. Über Eiswürfel
ins gekühlte Longdrinkglas abseihen.
Mit Soda auffüllen und langsam
umrühren.

GRANVILLE

4 Teile Gin (60 ml)
1 TL Grand Marnier
1 TL Calvados
1 TL frischer Zitronensaft

Zutaten mit zerkleinertem Eis im
Shaker mischen und kräftig schütteln.
Ins gekühlte Cocktailglas abseihen.

GRAPEFRUIT COCKTAIL

4 Teile Gin (60 ml)
4 Teile Grapefruitsaft (60 ml)
2 TL Maraschinolikör
Maraschinokirsche

Flüssige Zutaten mit zerkleinertem Eis
im Shaker mischen und kräftig schütteln. Ins gekühlte Cocktailglas abseihen
und mit Kirsche garnieren.

GRAPESHOT

4 Teile Tequila gold (60 ml)
1 Teil Curaçao weiß (15 ml)
3 Teile heller Traubensaft (45 ml)

Zutaten mit zerkleinertem Eis im
Shaker mischen und kräftig schütteln.
Ins gekühlte Cocktailglas abseihen.

GRAPEVINE

4 Teile Gin (60 ml)
4 Teile roter Traubensaft (60 ml)
2 Teile frischer Zitronensaft (30 ml)
1/2 TL Zuckersirup
1 Spritzer Grenadine

Zutaten über Eiswürfel ins gekühlte
Whiskyglas gießen und gut umrühren.

GRASSHOPPER

4 Teile Crème de Menthe,
grün (60 ml)
4 Teile Crème de Cacao, weiß (60 ml)
4 Teile Half-and-half (60 ml)

Zutaten mit zerkleinertem Eis im
Shaker mischen und kräftig schütteln.
Ins gekühlte Cocktailglas abseihen.

GRASSHOPPER

GREAT DANE

4 Teile Gin (60 ml)
2 Teile Cherry Heering (30 ml)
1 Teil trockener Vermouth (15 ml)
1 TL Kirschwasser
Zitronenspirale

Zutaten, außer Zitronenspirale, mit zerkleinertem Eis im Shaker mischen und kräftig schütteln. Ins gekühlte Cocktailglas abseihen und mit Zitronenspirale garnieren.

GREAT SECRET

4 Teile Gin (60 ml)
2 Teile Lillet Blanc (30 ml)
3-5 Spritzer Angosturabitter
Orangenspirale

Zutaten, außer Orangenspirale, mit zerkleinertem Eis im Shaker mischen und kräftig schütteln. Ins gekühlte Cocktailglas abseihen und mit Orangenspirale garnieren.

GREENBACK

4 Teile Gin (60 ml)
2 Teile Crème de Menthe, grün (30 ml)
2 Teile frischer Zitronensaft (30 ml)

Zutaten mit zerkleinertem Eis im Shaker mischen und kräftig schütteln. Über Eiswürfel ins gekühlte Whiskyglas abseihen.

GREEN DEVIL

4 Teile Gin (60 ml)
4 Teile Crème de Menthe, grün (60 ml)
1 Teil frischer Limettensaft (15 ml)

Zutaten mit zerkleinertem Eis im Shaker mischen und kräftig schütteln. Über Eiswürfel ins gekühlte Whiskyglas abseihen.

GREEN DRAGON

GREEN DRAGON

4 Teile Gin (60 ml)
2 Teile Crème de Menthe,
grün (30 ml)
1 Teil Jägermeister (15 ml)
1 Teil frischer Limettensaft (15 ml)
3-5 Spritzer Orangenbitter

Zutaten mit zerkleinertem Eis im Shaker mischen und kräftig schütteln. Ins gekühlte Cocktailglas abseihen.

GREEN ROOM

4 Teile trockener Vermouth (60 ml)
2 Teile Brandy (30 ml)
einige Spritzer Triple Sec
Orangenspirale

Zutaten, außer Orangenspirale, im Rührglas mit zerkleinertem Eis verrühren. Ins gekühlte Cocktailglas abseihen und mit Orangenspirale garnieren.

121

GREEN SUMMER COOLER

4 Teile frischer Limettensaft (60 ml)
6 Teile Ananassaft (90 ml)
2 Teile grüner Pfefferminzsirup (30 ml)
Ginger Ale
Gurkenscheibe
Limettenscheibe

Fruchtsäfte und Sirup im Shaker mit zerkleinertem Eis mischen. Über Eiswürfel ins gekühlte Collinsglas abseihen. Mit Ginger Ale auffüllen und langsam umrühren. Mit Gurken- und Limettenscheibe garnieren.

GRINGO SWIZZLE

4 Teile Tequila silver (60 ml)
1 Teil Crème de Cassis (15 ml)
2 Teile frischer Limettensaft (30 ml)
2 Teile frischer Orangensaft (30 ml)
2 Teile Ananassaft (30 ml)
Ginger Ale

Zutaten, außer Ginger Ale, mit zerkleinertem Eis im Shaker mischen und kräftig schütteln. Ins gekühlte Collinsglas gießen, mit kaltem Ginger Ale auffüllen und langsam umrühren.

GUACAMOLE COCKTAIL

in Würfel geschnittene Avocado
10 Teile Tomatensaft, gekühlt (150 ml)
4 Teile frischer Limettensaft, gekühlt (60 ml)
1 kleine grüne Chilischote, zerhackt
1 Knoblauchzehe, zerhackt
Salz nach Geschmack
frisch gemahlener schwarzer Pfeffer nach Geschmack, Zitronenachtel

Zutaten, außer Zitrone, im Mixgerät mixen. Cremig, jedoch nicht zu wässrig rühren. Eine Stunde im Kühlschrank kühlen. Ins gekühlte Collinsglas gießen und mit Zitronenachtel garnieren.

GYPSY COCKTAIL

4 Teile Gin (60 ml)
2 Teile süßer Vermouth (30 ml)
Maraschinokirsche

Gin und Vermouth mit zerkleinertem Eis im Rührglas verrühren. Ins gekühlte Cocktailglas abseihen und mit Kirsche garnieren.

H

HABITANT COCKTAIL

4 Teile kanadischer Whisky (60 ml)
2 Teile frischer Zitronensaft (30 ml)
1 TL Ahornsirup
Orangenscheibe
Maraschinokirsche

Zutaten, außer Früchte, mit zerkleinertem Eis im Shaker mischen und kräftig schütteln. Ins gekühlte Cocktailglas abseihen und mit Früchten garnieren.

HAIR RAISER COCKTAIL

4 Teile Wodka (60 ml)
1 Teil Rock & Rye (15 ml)
2 Teile frischer Zitronensaft (30 ml)

Zutaten mit zerkleinertem Eis im Shaker mischen und kräftig schütteln. Ins gekühlte Cocktailglas abseihen.

HALLEY'S COMFORT

4 Teile Southern Comfort (60 ml)
4 Teile Pfirsichschnaps (60 ml)
Soda
Zitronenscheibe

Southern Comfort und Schnaps ins gekühlte, mit Eiswürfeln gefüllte Collinsglas gießen. Mit Soda auffüllen, langsam umrühren und mit Zitronenscheibe garnieren.

HAMMERHEAD

4 Teile Amaretto (60 ml)
4 Teile Curaçao weiß (60 ml)
4 Teile goldener Rum (60 ml)
1 Spritzer Southern Comfort

Zutaten mit zerkleinertem Eis im Shaker mischen und kräftig schütteln. Ins gekühlte Cocktailglas abseihen.

HAPPY APPLE

4 Teile goldener Rum (60 ml)
6 Teile Apfelcidre (90 ml)
1 Teil frischer Zitronensaft (15 ml)
Limettenspirale

Zutaten, außer Limettenspirale, mit zerkleinertem Eis im Shaker mischen und kräftig schütteln. Ins gekühlte Whiskyglas gießen und mit Limettenspirale garnieren.

HARLEM COCKTAIL

4 Teile Gin (60 ml)
3 Teile Ananassaft (45 ml)
1 TL Maraschinolikör
1 EL frische Ananaswürfel

Zutaten mit zerkleinertem Eis im Shaker mischen und kräftig schütteln. Ins gekühlte Whiskyglas abseihen.

HARVARD COCKTAIL

4 Teile Brandy (60 ml)
1 Teil süßer Vermouth (15 ml)
2 TL frischer Zitronensaft
1 TL Grenadine
1 Spritzer Angosturabitter

Zutaten mit zerkleinertem Eis im Shaker mischen und kräftig schütteln. Ins gekühlte Cocktailglas abseihen.

HARVARD COOLER

4 Teile Apfelbrandy
(60 ml)
1 TL feiner Barzucker
Soda, Zitronenspirale

Zucker im gekühlten Collinsglas im Brandy auflösen. Eiswürfel hinzugeben und mit Soda auffüllen. Mit Zitronenspirale garnieren und umrühren.

HARVEY WALLBANGER

4 Teile Wodka (60 ml)
2 Teile Galliano (30 ml)
10 Teile Orangensaft (150 ml)

Wodka und Orangensaft über Eiswürfel ins Collinsglas gießen. Umrühren. Galliano darübergleiten lassen (floaten).

HARLEM COCKTAIL

HASTY COCKTAIL

4 Teile Gin (60 ml)
1 Teil trockener Vermouth (15 ml)
3-5 Spritzer Pernod
1 TL Grenadine

Zutaten im Rührglas mit zerkleinertem Eis mischen und gut verrühren. Ins gekühlte Cocktailglas abseihen.

HAVANA BANANA FIZZ

4 Teile weißer Rum (60 ml)
5 Teile Ananassaft (75 ml)
3 Teile frischer Limettensaft (45 ml)
3-5 Spritzer Peychaud's Bitter
1/3 Banane, in Scheiben geschnitten
Bitter Lemon Soda

Zutaten, außer Bitter Lemon, im Mixgerät mit zerkleinertem Eis mixen. Bei niedriger Stufe cremig rühren. Ins gekühlte Whiskyglas gießen, mit Bitter Lemon auffüllen und umrühren.

HAVANA CLUB

6 Teile weißer Rum (90 ml)
1 Teil trockener Vermouth (15 ml)

Zutaten im Rührglas mit zerkleinertem Eis mischen und gut verrühren. Ins gekühlte Cocktailglas abseihen.

HAVANA COCKTAIL

4 Teile weißer Rum (60 ml)
4 Teile Ananassaft (60 ml)
1 Teil frischer Zitronensaft (15 ml)

Zutaten mit zerkleinertem Eis im Shaker mischen und kräftig schütteln. Ins gekühlte Cocktailglas abseihen.

HAWAIIAN COCKTAIL

4 Teile Gin (60 ml)
1 Teil Triple Sec (15 ml)
1 Teil Ananassaft (15 ml)

Zutaten mit zerkleinertem Eis im Shaker mischen und kräftig schütteln. Ins gekühlte Cocktailglas abseihen.

HAWAIIAN EYE

4 Teile Bourbon (60 ml)
2 Teile Wodka (30 ml)
2 Teile Kaffeelikör (30 ml)
1 Teil Pernod (15 ml)
2 Teile Half-and-half (30 ml)
4 Teile Maraschino-Kirschsaft (60 ml)
1 Eiweiß
geviertelte Ananas
Maraschinokirsche

Sämtliche Zutaten, außer Früchte, im Mixgerät mit zerkleinertem Eis gründlich mixen. Cremig rühren und ins gekühlte Whiskyglas gießen. Mit Früchten garnieren.

HAWAIIAN LEMONADE

6 Teile Ananassaft (90 ml)
frische Limonade
Ananasstück

Ananassaft über Eiswürfel ins gekühlte Collinsglas gießen. Mit Limonade auffüllen und umrühren. Mit Ananasstück garnieren.

HAWAIIAN ORANGE BLOSSOM

4 Teile Gin (60 ml)
2 Teile Triple Sec (30 ml)
4 Teile frischer Orangensaft (60 ml)
2 Teile Ananassaft (30 ml)

Zutaten mit zerkleinertem Eis im Shaker mischen und kräftig schütteln. Ins gekühlte Sour-Glas abseihen.

HEART'S COCKTAIL

4 Teile irischer Whiskey (60 ml)
2 Teile süßer Vermouth (30 ml)
2 Teile Pernod (30 ml)
3-5 Spritzer Angosturabitter

Sämtliche Zutaten mit zerkleinertem Eis im Shaker mischen und kräftig schütteln. Ins gekühlte Whiskyglas gießen.

HEAVENLY DAYS

4 Teile Haselnußsirup (60 ml)
4 Teile frischer Zitronensaft (60 ml)
1 TL Grenadine
Soda
Orangenscheibe

Zutaten, außer Soda und Orangenscheibe, mit zerkleinertem Eis im Shaker mischen und kräftig schütteln. Über Eis ins gekühlte Longdrinkglas gießen. Mit Soda auffüllen und langsam umrühren. Mit Orangenscheibe garnieren.

HENRY MORGAN'S GROG

4 Teile Blended Whisky (60 ml)
2 Teile Pernod (30 ml)
1 Teil brauner Rum (15 ml)
2 Teile Half-and-half (30 ml)
frisch gemahlener Muskat

Zutaten, außer Muskat, mit zerkleinertem Eis im Shaker mischen und kräftig schütteln. Ins gekühlte Whiskyglas gießen und mit Muskat bestreuen.

HIGHLAND COOLER

4 Teile Scotch (60 ml)
4 Teile Soda (60 ml)
1 TL feiner Barzucker
Ginger Ale, Zitronenspirale

Zucker im gekühlten Collinsglas im Soda auflösen. Scotch und Eiswürfel hinzugeben. Mit Ginger Ale auffüllen, langsam umrühren und mit Zitronenspirale garnieren.

HIGHLAND FLING

4 Teile Scotch (60 ml)
2 Teile süßer Vermouth (30 ml)
3-5 Spritzer Orangenbitter
spanische Olive

Flüssige Zutaten mit zerkleinertem Eis verrühren. Ins gekühlte Cocktailglas abseihen und Olive hineinfallen lassen.

HOFFMAN HOUSE COCKTAIL

4 Teile Gin (60 ml)
1 Teil trockener Vermouth (15 ml)
3 Spritzer Orangenbitter
Cocktail-Olive

Zutaten, außer Olive, im Rührglas verrühren. Ins gekühlte Cocktailglas abseihen und mit Olive garnieren.

HOLE-IN-ONE

4 Teile Scotch (60 ml)
1 Teil trockener Vermouth (15 ml)
1/2 TL frischer Zitronensaft
Spritzer Orangenbitter

Zutaten mit zerkleinertem Eis im Shaker mischen und kräftig schütteln. Ins gekühlte Cocktailglas abseihen.

HOMESTEAD COCKTAIL

4 Teile Gin (60 ml)
2 Teile süßer Vermouth (30 ml)
Orangenscheibe

Gin und Vermouth im Rührglas mit Eiswürfeln verrühren. Ins gekühlte Cocktailglas abseihen und mit Orangenscheibe garnieren.

HONEY BEE

4 Teile weißer Rum (60 ml)
1 Teil Honig (15 ml)
1 Teil frischer Zitronensaft (15 ml)

Zutaten mit zerkleinertem Eis im Shaker mischen und kräftig schütteln. Ins gekühlte Cocktailglas abseihen.

HONEYMOON

4 Teile Apfelbrandy (60 ml)
2 Teile Bénédictine (30 ml)
2 Teile frischer Zitronensaft (30 ml)
1 TL Triple Sec

Zutaten mit zerkleinertem Eis im Shaker mischen und kräftig schütteln. Ins gekühlte Cocktailglas abseihen.

HONOLULU COCKTAIL

4 Teile Gin (60 ml)
2 Teile Ananassaft (30 ml)
1 TL frischer Zitronensaft
1 TL frischer Limettensaft
1 TL frischer Orangensaft
Spritzer Orangenbitter
1/2 TL feiner Barzucker

Zutaten mit zerkleinertem Eis im Shaker mischen und kräftig schütteln. Ins gekühlte Cocktailglas abseihen.

HOOPLA

2 Teile Brandy (30 ml)
2 Teile Cointreau (30 ml)
2 Teile Lillet Blanc (30 ml)
2 Teile frischer Zitronensaft (30 ml)

Zutaten mit zerkleinertem Eis im Shaker mischen und kräftig schütteln. Ins gekühlte Cocktailglas abseihen.

HOOT MON

4 Teile Scotch (60 ml)
1 Teil Lillet Blanc (15 ml)
1 Teil süßer Vermouth (15 ml)

Zutaten mit zerkleinertem Eis im Shaker mischen und kräftig schütteln. Ins gekühlte Cocktailglas abseihen.

HOP TOAD

4 Teile weißer Rum (60 ml)
3 Teile Aprikosenbrandy (45 ml)
2 Teile frischer Limettensaft (30 ml)

Zutaten im Rührglas mit Eiswürfeln
mixen und gut verrühren. Ins gekühlte
Cocktailglas abseihen.

HORSE'S NECK

4 Teile Blended Whisky (60 ml)
Ginger Ale
3 Spritzer Angosturabitter
zu einer Spirale geschnittene Schale einer
Zitrone

Zitronenspirale an gekühltes Collinsglas hängen. Glas mit Eiswürfeln füllen
und Whisky hinzugeben. Mit Ginger
Ale auffüllen und gut umrühren.

HOT BRANDY FLIP

4 Teile Brandy (60 ml)
1 Ei
1 TL feiner Barzucker
heiße Milch
Zimtstange

Ei, Zucker und Brandy in kleiner
Schale verquirlen. In vorgewärmte
Tasse gießen und mit heißer Milch auffüllen. Mit Zimtstange umrühren und
diese als Garnierung im Getränk lassen.

HOT BRICK TODDY

4 Teile Blended Whisky (60 ml)
2 Teile heißes Wasser (30 ml)
1 TL feiner Barzucker
1 TL Butter
gemahlener Zimt nach Geschmack
kochendes Wasser

Zutaten, außer Whisky, in vorgewärmter Tasse im heißen Wasser auflösen.
Whisky und kochendes Wasser hinzugeben und gut umrühren.

HOT BUTTERED RUM

HOT BUTTERED RUM

4 Teile brauner Rum (60 ml)
1 TL brauner Zucker
eine Messerspitze Butter
kochendes Wasser
frisch gemahlener Muskat

Zucker in Tasse geben und diese zu zwei
Dritteln mit kochendem Wasser füllen.
Rum hinzugeben, umrühren. Butter auf-
setzen und mit Muskat bestreuen.

HOTEL PLAZA COCKTAIL

2 Teile trockener Vermouth (30 ml)
2 Teile süßer Vermouth (30 ml)
2 Teile Gin (30 ml)
Maraschinokirsche

Zutaten im Rührglas mit Eiswürfeln
verrühren. Ins gekühlte Cocktailglas
abseihen und mit Kirsche garnieren.

HOT MILK PUNCH

6 Teile Whisky (90 ml)
16 Teile Milch (240 ml)
1 TL feiner Barzucker
Zimtstange
frisch gemahlener Muskat

Zutaten, außer Zimtstange und Muskat,
in einer Pfanne erhitzen. Umrühren, bis
die Mischung heiß ist. In vorgewärmte
Tassen geben und mit der Zimtstange
umrühren. Mit Muskat bestreuen.

HOT TODDY

HOT PANTS

4 Teile Tequila silver (60 ml)
1 Teil Pfefferminzschnaps (15 ml)
1 Teil Grapefruitsaft (15 ml)
1/2 TL feiner Barzucker

Gekühltes Whiskyglas mit Kragen aus
Salz versehen. Zutaten mit Eiswürfeln
im Shaker mischen und kräftig schütteln. Ins bereitgestellte Glas gießen.

HOT TODDY

6 Teile Likör nach Wahl (90 ml)
2 Teile Honig oder Zuckersirup (30 ml)
2 Teile frischer Zitronensaft (30 ml)
5 Gewürznelken
gemahlener Zimt nach Geschmack
Zitronenscheibe
heißes Wasser oder heißer Tee
frisch gemahlener Muskat
Zimtstange

Zutaten - außer Wasser, Muskat und
Zimtstange - in vorgewärmte Tasse
geben. Mit heißem Wasser auffüllen
und umrühren. Mit Zimtstange und
Muskat garnieren.

HOT TOT TODDY

heißer Tee
2 Teile Honig (30 ml)
2 Teile frischer Zitronensaft (30 ml)
5 Gewürznelken
gemahlener Zimt nach Geschmack
Zitronenscheibe
frisch gemahlener Muskat
Zimtstange

Zutaten - außer Tee, Muskat und
Zimtstange - in vorgewärmte Tasse
geben. Mit heißem Tee auffüllen und
umrühren. Mit Zimtstange und Muskat
garnieren.

HUDSON BAY

4 Teile Gin (60 ml)
2 Teile Kirschbrandy (30 ml)
1 EL hochprozentiger Rum
1 Teil frischer Orangensaft (15 ml)
1 EL frischer Limettensaft

Zutaten mit zerkleinertem Eis im
Shaker mischen und kräftig schütteln.
Ins gekühlte Cocktailglas abseihen.

HUDSON BAY

129

HURRICANE

HULA-HULA

4 Teile Gin (60 ml)
2 Teile frischer Orangensaft (30 ml)
1 EL Triple Sec

Zutaten mit zerkleinertem Eis im
Shaker mischen und kräftig schütteln.
Ins gekühlte Cocktailglas abseihen.

HUNTER'S COCKTAIL

4 Teile Rye Whiskey (60 ml)
1 Teil Kirschbrandy (15 ml)
Maraschinokirsche

Rye und Kirschbrandy ins gekühlte,
mit Eiswürfeln gefüllte Whiskyglas
gießen. Gut umrühren und mit Kirsche
garnieren.

HUNTRESS COCKTAIL

4 Teile Bourbon (60 ml)
2 Teile Kirschlikör (30 ml)
2 Teile Half-and-half (30 ml)
1 Spritzer Cointreau

Zutaten mit zerkleinertem Eis im
Shaker mischen und kräftig schütteln.
Ins gekühlte Cocktailglas abseihen.

HUNTSMAN COCKTAIL

4 Teile Wodka (60 ml)
2 Teile brauner Rum (30 ml)
2 Teile frischer Limettensaft (30 ml)
1/2 TL feiner Barzucker

Zutaten mit zerkleinertem Eis im
Shaker mischen und kräftig schütteln.
Ins gekühlte Cocktailglas abseihen.

HURRICANE

3 Teile brauner Rum (45 ml)
3 Teile weißer Rum (45 ml)
2 Teile Passionsfruchtsirup (30 ml)
1 EL frischer Limettensaft

Zutaten mit zerkleinertem Eis im
Shaker schütteln. Ins gekühlte
Cocktailglas abseihen.

I

ICE PICK

4 Teile Wodka (60 ml)
eisgekühlter Tee, Zitronenachtel

Wodka und eisgekühlten Tee ins
gekühlte, mit Eiswürfeln gefüllte
Collinsglas gießen. Zitronenachtel über
dem Getränk ausdrücken und hineinfallen lassen. Umrühren.

ICED TEA

2 gehäufte TL Tee nach Wahl
12 Teile Wasser (180 ml)
Zucker nach Geschmack
ein Zweig frische Minze
Zitronenachtel

Tee in vorgewärmte Keramikkanne
geben und mit heißem Wasser
übergießen. Fünf Minuten ziehen lassen. Umrühren und ins gekühlte, mit
Eiswürfeln gefüllte Collinsglas abseihen. Bei Bedarf mehr Eis hinzugeben.
Nach Geschmack zuckern und mit
Minze und Zitrone garnieren.

ICH BIEN

4 Teile Apfelbrandy (60 ml)
1 Teil Curaçao weiß (15 ml)
4 Teile Half-and-half (60 ml)
1 Eigelb
frisch gemahlener Muskat

Zutaten, außer Muskat, im Mixgerät
mit zerkleinertem Eis mixen. Cremig
rühren und ins gut gekühlte Sour-Glas
abseihen. Mit Muskat bestreuen.

IDEAL COCKTAIL

4 Teile Gin (60 ml)
2 Teile trockener Vermouth (30 ml)
Maraschinolikör
frischer Zitronensaft
Maraschinokirsche

Zutaten, außer Kirsche, mit zerkleinertem Eis im Shaker mischen und kräftig
schütteln. Ins gekühlte Cocktailglas
abseihen. Mit Kirsche garnieren.

IMPERIAL COCKTAIL

4 Teile Gin (60 ml)
2 Teile trockener Vermouth (30 ml)
1/2 TL Maraschinolikör
2 Spritzer Angosturabitter

Zutaten im Rührglas mit zerkleinertem
Eis mischen und gut verrühren. Ins
gekühlte Cocktailglas abseihen.

IMPERIAL FIZZ

4 Teile Blended Whisky (60 ml)
2 Teile weißer Rum (30 ml)
2 Teile frischer Zitronensaft (30 ml)
1/2 TL feiner Barzucker
Soda

Zutaten, außer Soda, mit zerkleinertem
Eis im Shaker mischen. Ins gekühlte
Longdrinkglas abseihen und Eiswürfel
hinzugeben. Mit Soda auffüllen und
langsam umrühren.

INCA COCKTAIL

4 Teile Gin (60 ml)
2 Teile trockener Vermouth (30 ml)
2 Teile süßer Vermouth (30 ml)
2 Teile trockener Sherry (30 ml)
1 Spritzer Orangenbitter
1 Spritzer Orgeatsirup (Mandelsirup)

Zutaten im Rührglas mit zerkleinertem
Eis mischen und gut verrühren. Ins
gekühlte Cocktailglas abseihen.

INCOME TAX COCKTAIL

4 Teile Gin (60 ml)
1 EL trockener Vermouth
1 EL süßer Vermouth
3 Teile frischer Orangensaft (45 ml)
3 Spritzer Angosturabitter

Zutaten mit zerkleinertem Eis im
Shaker mischen und kräftig schütteln.
Ins gekühlte Cocktailglas abseihen.

INDEPENDENCE SWIZZLE

4 Teile brauner Rum (60 ml)
3 Teile frischer Limettensaft (45 ml)
1 TL Honig
3-5 Spritzer Angosturabitter
Limettenscheibe

Honig in wenig warmem Wasser auflösen. Mit restlichen Zutaten, außer Limettenscheibe, im gekühlten, mit zerstoßenem Eis gefüllten Collinsglas verrühren. Mit Limettenscheibe garnieren und mit Holzquirl servieren.

INDIAN RIVER

4 Teile Blended Whisky (60 ml)
1 Teil Himbeerlikör (15 ml)
1 Teil süßer Vermouth (15 ml)
2 Teile Grapefruitsaft (30 ml)

Zutaten mit zerkleinertem Eis im Shaker mischen und kräftig schütteln. Ins gekühlte Cocktailglas abseihen.

INDIAN SUMMER

4 Teile Apfelbrandy (60 ml)
heißer Apfelcidre
gemahlener Zimt, Zimtstange

Sour-Glas mit Kragen aus Zimt versehen, indem Sie den Glasrand befeuchten und in Zimt stülpen. Brandy und heißen Cidre hinzugeben. Umrühren und mit Zimtstange garnieren.

INK STREET

4 Teile Rye Whiskey (60 ml)
4 Teile frischer Zitronensaft (60 ml)
4 Teile frischer Orangensaft (60 ml)

Zutaten mit zerkleinertem Eis im Shaker mixen und kräftig schütteln. Ins gekühlte Cocktailglas abseihen.

INTERNATIONAL COCKTAIL

4 Teile Cognac (60 ml)
1 Teil Pernod (15 ml)
1 Teil Triple Sec (15 ml)
2 TL Wodka

Zutaten mit zerkleinertem Eis im Shaker mixen und kräftig schütteln. Ins gekühlte Cocktailglas abseihen.

IRISH CANADIAN SANGAREE

4 Teile kanadischer Whisky (60 ml)
2 Teile Irish Mist (30 ml)
2 Teile frischer Zitronensaft (30 ml)
2 Teile frischer Orangensaft (30 ml)
frisch gemahlener Muskat

Sämtliche Zutaten, außer Muskat, ins gekühlte Whiskyglas mit Eiswürfeln geben und umrühren. Mit Muskat bestreuen.

IRISH COFFEE

4 Teile irischer Whiskey (60 ml)
heißer schwarzer Kaffee
Schlagsahne
granulierter Zucker

Tasse mit Kragen aus Zucker versehen. Whiskey hineingießen, Tasse bis kurz unter den Zuckerkragen mit Kaffee auffüllen. Mit Schlagsahnehaube versehen.

IRISH COW

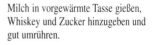

4 Teile irischer Whiskey (60 ml)
16 Teile heiße Milch (240 ml)
1 TL feiner Barzucker

Milch in vorgewärmte Tasse gießen, Whiskey und Zucker hinzugeben und gut umrühren.

IRISH COFFEE

IRISH FIX

4 Teile irischer Whiskey (60 ml)
2 Teile Irish Mist (30 ml)
1 Teil frischer Zitronensaft (15 ml)
1 Teil Ananassaft (15 ml)
Zitronenscheibe
Orangenscheibe
Ananasstück

Zutaten, außer Früchte, im Mixgerät
mit zerkleinertem Eis mixen. Cremig
rühren. Ins gekühlte Whiskyglas gießen
und mit Früchten garnieren.

IRISH KILT

4 Teile irischer Whiskey (60 ml)
2 Teile Scotch (30 ml)
2 Teile frischer Zitronensaft (30 ml)
2 Teile Zuckersirup (30 ml)
3-5 Spritzer Orangenbitter

Zutaten mit zerkleinertem Eis im
Shaker mischen und kräftig schütteln.
Ins gekühlte Cocktailglas abseihen.

IRISH SHILLELAGH

4 Teile irischer Whisky (60 ml)
1 Teil weißer Rum (15 ml)
1 Teil Schlehen-Gin (15 ml)
2 Teile frischer Zitronensaft (30 ml)
1/2 TL feiner Barzucker
1/4 Tasse gewürfelter frischer Pfirsich,
frische Himbeeren

Zutaten, außer Himbeeren, im Mixgerät
mit zerkleinertem Eis mixen. Cremig
rühren und ins gekühlte Whiskyglas
gießen. Mit einigen Himbeeren garnieren.

ISLAND COOLER

2 Teile frischer Zitronensaft (30 ml)
2 Teile frischer Orangensaft (30 ml)
2 Teile Papayasaft (30 ml)
2 Teile Ananassaft (30 ml)
1/2 TL Grenadine
Soda
Maraschinokirsche
Ananasstück

Fruchtsäfte und Grenadine mit zerkleinertem Eis im Shaker mischen und
kräftig schütteln. Über Eiswürfel ins
gekühlte Collinsglas gießen. Mit Soda
auffüllen und langsam umrühren. Mit
Früchten garnieren.

ISLE OF THE BLESSED COCONUT

4 Teile weißer Rum (60 ml)
1 Teil frischer Zitronensaft (15 ml)
1 Teil frischer Limettensaft (15 ml)
1 Teil frischer Orangensaft (15 ml)
1 TL Kokoscreme
1 TL Orgeatsirup
(Mandelsirup)

Zutaten im Mixgerät mit zerkleinertem
Eis mixen und cremig rühren. Ins
gekühlte Cocktailglas abseihen.

ISLE OF PINES

4 Teile weißer Rum (60 ml)
1 Teil frischer Limettensaft (15 ml)
1 TL Pfefferminzschnaps
6 frische Minzeblätter

Zutaten im Mixgerät mit zerkleinertem
Eis mixen. Dickflüssig rühren und ins
gekühlte Cocktailglas abseihen.

ITALIAN SODA

2 Teile italienischer Sirup nach Wahl
(30 ml)
Soda, Zitronen- oder Limettenscheibe

Sirup ins gekühlte, mit Eiswürfeln
gefüllte Collinsglas geben. Soda
hinzugießen und langsam umrühren.
Mit Fruchtscheibe garnieren. Wenn Sie
es süß mögen, dann verwenden Sie einfach mehr Sirup.
(Anm.: Es gibt italienischen Sirup in
unterschiedlichen Geschmacksrichtungen. Sie erhalten ihn im Fachhandel.
Das Spektrum reicht von Orgeatsirup
(Mandelsirup) über Haselnußsirup und
Sirup aus vielen anderen Früchten bis
hin zu so ausgefallenen und erfri-
schenden Sorten wie Pfefferminzsirup.)

ITALIAN STALLION

4 Teile Bourbon (60 ml)
2 Teile Campari (30 ml)
1 Teil süßer Vermouth (15 ml)
Spritzer Angosturabitter
Zitronenspirale

Zutaten, außer Zitronenspirale, im
Rührglas mit Eiswürfeln mischen und
gut verrühren. Ins gekühlte Cocktailglas
abseihen und mit Zitronenspirale garnieren.

IXTAPA

4 Teile Kaffeelikör (60 ml)
2 Teile Tequila silver (30 ml)

Zutaten im Rührglas mit zerkleinertem
Eis verrühren und ins gekühlte
Cocktailglas gießen.

J

JACK-IN-THE-BOX

4 Teile Applejack oder Apfelbrandy
(60 ml)
2 Teile frischer Zitronensaft (30 ml)
2 Teile Ananassaft (30 ml)
3 - 5 Spritzer Angosturabitter

Zutaten mit zerkleinertem Eis im
Shaker mischen und kräftig schütteln.
Ins gekühlte Cocktailglas abseihen.

JACK ROSE

4 Teile Applejack oder
Apfelbrandy (60 ml)
1 Teil frischer Limettensaft (15 ml)
1 TL Grenadine

Zutaten mit zerkleinertem Eis im
Shaker mischen und kräftig schütteln.
Ins gekühlte Cocktailglas abseihen.

JADE

1/4 TL Curaçao blau
1/4 TL Melonenlikör
1/4 TL frischer Limettensaft
Spritzer Angosturabitter
Champagner oder Schaumwein
Limettenscheibe

Zutaten, außer Champagner und
Limettenscheibe, mit zerkleinertem Eis
im Shaker mischen und kräftig schüt-
teln. Ins Sektglas abseihen, mit
Champagner auffüllen und mit
Limettenscheibe garnieren.

JAMAICAN COFFEE

4 Teile Kaffeelikör (60 ml)
3 Teile weißer Rum (45 ml)
heißer schwarzer Kaffee
Schlagsahne
frisch gemahlener Gewürznelkenpfeffer

Rum und Likör zu heißem Kaffee in die
Tasse gießen. Schlagsahnehaube aufsetzen und mit Gewürznelkenpfeffer
bestreuen.

JAMAICA EGG CREAM

4 Teile brauner Rum (60 ml)
2 Teile Gin (30 ml)
2 Teile Half-and-half (30 ml)
1 EL frischer Zitronensaft
1 TL feiner Barzucker
Soda

Zutaten, außer Soda, mit zerkleinertem
Eis im Shaker mischen und kräftig
schütteln. Ins gekühlte Longdrinkglas
gießen und mit Soda auffüllen.
Langsam umrühren.

JAMAICA GLOW

4 Teile Gin (60 ml)
1 Teil trockener Rotwein (15 ml)
1 EL brauner Rum
1 Teil frischer Orangensaft (15 ml)

Zutaten mit zerkleinertem Eis im
Shaker mischen und kräftig schütteln.
Ins gekühlte Cocktailglas abseihen.

JAMAICA HOP

4 Teile Kaffeelikör (60 ml)
2 Teile Crème de Cacao,
weiß (30 ml)
4 Teile Half-and-half (60 ml)

Zutaten mit zerkleinertem Eis im
Shaker mischen und kräftig schütteln.
Ins gekühlte Cocktailglas abseihen.

JAMAICA MULE

4 Teile weißer Rum (60 ml)
2 Teile brauner Rum (30 ml)
2 Teile hochprozentiger Rum (30 ml)
2 Teile Falernum (30 ml)
2 Teile frischer Limettensaft (30 ml)
Ingwerbier
Ananasstück
1 Scheibe kandierter Ingwer

Zutaten - außer Ingwerbier,
Ananasstück und Ingwer - mit zerkleinertem Eis im Shaker mischen und
kräftig schütteln. Ins gekühlte
Collinsglas abseihen. Mit Ingwerbier
auffüllen und langsam umrühren. Mit
Ananasstück und Ingwer garnieren.

JAMAICA SHAKE

4 Teile Bourbon (60 ml)
3 Teile brauner Rum (45 ml)
3 Teile Half-and-half (45 ml)

Zutaten mit zerkleinertem Eis im
Shaker mischen und kräftig schütteln.
Ins gekühlte Cocktailglas abseihen.

JAPANESE

4 Teile Brandy (60 ml)
1 EL frischer Limettensaft
2 TL Orgeatsirup (Mandelsirup)
Spritzer Angosturabitter
Limettenspirale

Zutaten, außer Limettenspirale, mit zerkleinertem Eis im Shaker mischen und
kräftig schütteln. Ins Cocktailglas abseihen, mit Limettenspirale garnieren.

JAPANESE FIZZ

4 Teile Blended Whisky (60 ml)
1 EL Portwein
2 Teile frischer Zitronensaft (30 ml)
1 TL feiner Barzucker
1 Eiweiß
Soda
Ananasstück

Zutaten, außer Soda und Ananas, mit
zerkleinertem Eis im Shaker mischen
und sehr kräftig schütteln. Über
Eiswürfel ins gekühlte Longdrinkglas
abseihen und mit Soda auffüllen.
Langsam umrühren und mit
Ananasstück garnieren.

JERSEY LIGHTNING

4 Teile Apfelbrandy (60 ml)
2 Teile süßer Vermouth (30 ml)
4 Teile frischer Limettensaft (60 ml)

Zutaten mit zerkleinertem Eis im
Shaker mischen und kräftig schütteln.
Ins gekühlte Cocktailglas abseihen.

JEWEL COCKTAIL

4 Teile Gin (60 ml)
3 Teile Chartreuse grün (45 ml)
2 Teile süßer Vermouth (30 ml)
3 Spritzer Orangenbitter
Maraschinokirsche

Flüssige Zutaten im Rührglas mit zerkleinertem Eis mixen und gut ver-

rühren. Ins gekühlte Cocktailglas abseihen und mit der Kirsche garnieren.

JOCKEY CLUB COCKTAIL

4 Teile Gin (60 ml)
1/2 TL Crème de Cacao, weiß
1 Teil frischer Zitronensaft (15 ml)
Spritzer Angosturabitter

Zutaten mit zerkleinertem Eis im
Shaker mischen und kräftig schütteln.
Ins gekühlte Cocktailglas abseihen.

JOCOSE JULEP

6 Teile Bourbon (90 ml)
2 Teile Crème de Menthe, grün
(30 ml)
3 Teile frischer Limettensaft (45 ml)
1 TL feiner Barzucker
5 frische Minzeblätter
Soda
ein Zweig frische Minze

Sämtliche Zutaten, außer Soda
und Minze, im Mixgerät mit
zerkleinertem Eis mixen. Cremig
rühren und über Eiswürfel ins gekühlte
Collinsglas gießen. Mit Soda auffüllen
und mit Minze garnieren. Langsam
umrühren.

JOHN COLLINS

4 Teile Blended Whisky (60 ml)
2 Teile frischer Zitronensaft (30 ml)
1 TL feiner Barzucker
Soda
Zitronenscheibe
Orangenscheibe
Maraschinokirsche

Zutaten, außer Soda und Früchte, mit
zerkleinertem Eis im Shaker mischen
und kräftig schütteln. Über Eiswürfel
ins gekühlte Collinsglas abseihen. Mit
Soda auffüllen und langsam umrühren.
Mit Früchten garnieren.

JOHNNY COCKTAIL

4 Teile Schlehen-Gin (60 ml)
2 Teile Triple Sec (30 ml)
1 TL Pernod

Zutaten mit zerkleinertem Eis im
Shaker mischen und kräftig schütteln.
Ins gekühlte Cocktailglas abseihen.

JOLLY ROGER

4 Teile weißer Rum (60 ml)
2 Teile Drambuie (30 ml)
2 Teile frischer Limettensaft (30 ml)
1/4 TL Scotch
Soda

Zutaten, außer Soda, mit zerkleinertem Eis im Shaker mischen und kräftig schütteln. Ins gekühlte Longdrinkglas gießen. Mit Soda auffüllen und langsam umrühren.

JOSIAH'S BAY FLOAT

2 Teile goldener Rum (30 ml)
1 Teil Galliano (15 ml)
2 Teile Ananassaft (30 ml)
2 TL Limettensaft
2 TL Zuckersirup
Champagner oder Schaumwein
Limettenscheibe
Maraschinokirsche
(ausgehöhlte Ananas)

Zutaten - außer Champagner, Limetten-scheibe und Kirsche - mit zerkleinertem Eis im Shaker oder Mixgerät mixen. Ins gekühlte Collinsglas oder in ausgehöhl-te Ananas gießen. Mit Champagner auf-füllen. Langsam umrühren und mit Limettenscheibe und Kirsche garnieren.

137

JOULOUVILLE

4 Teile Gin (60 ml)
2 Teile Apfelbrandy (30 ml)
1 EL süßer Vermouth
1 Teil frischer Zitronensaft (15 ml)
3 Spritzer Grenadine

Zutaten mit zerkleinertem Eis im
Shaker mischen und kräftig schütteln.
Ins gekühlte Cocktailglas abseihen.

JOURNALIST

4 Teile Gin (60 ml)
1 TL trockener Vermouth
1 TL süßer Vermouth
1 TL Triple Sec
1 TL frischer Limettensaft
1 Spritzer Angosturabitter

Zutaten mit zerkleinertem Eis im
Shaker mischen und kräftig schütteln.
Ins gekühlte Cocktailglas abseihen.

JUICY JULEP

2 Teile frischer Limettensaft (30 ml)
2 Teile frischer Orangensaft (30 ml)
2 Teile Ananassaft (30 ml)
1 Teil Himbeersirup (15 ml)
5 frische zerriebene Minzeblätter
Ginger Ale
1 Zweig Minze

Zutaten, außer Ginger Ale und Minze, mit zerkleinertem Eis im Shaker mischen und kräftig schütteln. Ins gekühlte Collinsglas gießen, mit kaltem Ginger Ale auffüllen und langsam umrühren. Mit Minze garnieren.

JUDGE, JR.

4 Teile Gin (60 ml)
4 Teile weißer Rum (60 ml)
2 Teile frischer Zitronensaft (30 ml)
2 TL Grenadine

Zutaten mit zerkleinertem Eis im Shaker mischen und kräftig schütteln. Ins gekühlte Cocktailglas abseihen.

JUDGETTE COCKTAIL

4 Teile Gin (60 ml)
3 Teile Pfirsichbrandy (45 ml)
2 Teile trockener Vermouth (30 ml)
1/2 TL frischer Limettensaft

Zutaten mit zerkleinertem Eis im Shaker mischen und kräftig schütteln. Ins gekühlte Cocktailglas abseihen.

JUNGLE JAMES

4 Teile Wodka (60 ml)
4 Teile Crème de Bananes (60 ml)
4 Teile Milch (60 ml)

Sämtliche Zutaten im Mixgerät mit zerkleinertem Eis mixen und cremig rühren. Ins gekühlte Whiskyglas abseihen.

JUPITER COCKTAIL

4 Teile Gin (60 ml)
2 Teile trockener Vermouth (30 ml)
2 TL Crème de Violette
2 TL frischer Orangensaft

Zutaten mit zerkleinertem Eis im Shaker mischen und kräftig schütteln. Ins gekühlte Cocktailglas abseihen.

K

KAHLUA TOREADOR

4 Teile Brandy (60 ml)
2 Teile Kahlua oder Kaffeelikör (30 ml)
ein halbes Eiweiß

Zutaten im Mixgerät mit zerkleinertem
Eis mixen.
Cremig rühren und ins gekühlte
Cocktailglas abseihen.

KAMEHAMEHA
PUNCH

6 Teile Ananassaft (90 ml)
2 Teile Orgeatsirup (Mandelsirup; 30 ml)
4 Teile frischer Limettensaft (60 ml)
2 Teile frischer Zitronensaft (30 ml)
1 Teil Brombeersirup (15 ml)
Ananasstück

Zutaten, außer Brombeersirup und
Ananasstück, mit zerkleinertem Eis im
Shaker mischen und kräftig schütteln.
Ins gekühlte Longdrinkglas gießen.
Brombeersirup darübergleiten lassen
(floaten) und mit Ananasstück garnieren.

KAMEHAMEHA RUM
PUNCH

4 Teile weißer Rum (60 ml)
2 Teile brauner Rum (30 ml)
2 TL Brombeerbrandy
4 Teile Ananassaft (60 ml)
2 Teile Orgeatsirup (Mandelsirup; 30 ml)
2 Teile frischer Limettensaft (30 ml)
frischer Zitronensaft
Ananasstück

Zutaten, außer dunklem Rum und
Ananasstück, mit zerkleinertem Eis im
Shaker mischen und kräftig schütteln.
Ins gekühlte Longdrinkglas gießen.
Braunen Rum darübergleiten lassen
(floaten) und mit Ananasstück garnieren.

KAMIKAZE

6 Teile Wodka (90 ml)
1/2 TL Triple Sec
1/2 TL frischer Limettensaft
Limettenachtel

Zutaten, außer Limettenachtel, mit zerkleinertem Eis im Shaker mischen und
kräftig schütteln. Ins gekühlte Cocktailglas abseihen und mit Limettenachtel
garnieren.

KANGAROO

4 Teile Wodka (60 ml)
2 Teile trockener Vermouth (30 ml)
Zitronenschale

Wodka und Vermouth im Rührglas mit
Eiswürfeln verrühren. Über Eiswürfel
ins gekühlte Whiskyglas abseihen.
Zitronenschale über dem Glas zur
Spirale schneiden und hineingeben.

KAPTAIN KIRK

5 Teile Ananassaft (75 ml)
3 Teile frischer Limettensaft (45 ml)
eine halbe, in Scheiben geschnittene
Banane, Bitter Lemon Soda

Zutaten, außer Bitter Lemon Soda, im
Mixgerät mit zerkleinertem Eis mixen.
Cremig rühren. Ins gekühlte
Longdrinkglas gießen, mit Bitter
Lemon Soda auffüllen und umrühren.

KEMPINSKY FIZZ

4 Teile Wodka (60 ml)
2 Teile Crème de Cassis (30 ml)
2 TL frischer Zitronensaft
Bitter Lemon Soda

Zutaten, außer Bitter Lemon Soda, ins
mit Eiswürfeln gefüllte Longdrinkglas
gießen. Mit Soda auffüllen, umrühren.

KENTUCKY COCKTAIL

6 Teile Bourbon (90 ml)
2 Teile Ananassaft (30 ml)

Zutaten mit zerkleinertem Eis im
Shaker mischen und kräftig schütteln.
Ins gekühlte Cocktailglas abseihen.

KENTUCKY COLONEL COCKTAIL

6 Teile Bourbon (90 ml)
2 Teile Bénédictine (30 ml)
Zitronenspirale

Flüssige Zutaten im Rührglas mit
Eiswürfeln verrühren. Ins gekühlte
Cocktailglas abseihen und mit
Zitronenspirale garnieren.

KENTUCKY ORANGE BLOSSOM

4 Teile Bourbon (60 ml)
1 Teil Cointreau (15 ml)
2 Teile frischer Orangensaft (30 ml)
Zitronenspirale

Zutaten, außer Zitronenspirale, mit zerkleinertem Eis im Shaker mischen und
kräftig schütteln. Ins gekühlte
Whiskyglas gießen und mit
Zitronenspirale garnieren.

KERRY COOLER

4 Teile irischer Whiskey (60 ml)
3 Teile Fino Sherry (45 ml)
2 Teile Orgeatsirup (Mandelsirup; 30 ml)
2 Teile frischer Zitronensaft (30 ml)
Soda, Zitronenscheibe

Zutaten, außer Soda und Zitronen-
scheibe, mit zerkleinertem Eis im
Shaker mischen und kräftig schütteln.
Ins gekühlte, mit Eiswürfeln gefüllte
Longdrinkglas gießen. Mit Soda auffül-
len und langsam umrühren. Mit
Zitronenscheibe garnieren.

KEY CLUB COCKTAIL

4 Teile Gin (60 ml)
1 Teil brauner Rum (15 ml)
1 Teil Falernum (15 ml)
1 Teil frischer Limettensaft (15 ml)
Ananasstück

Zutaten, außer Ananasstück, mit zerkleinertem Eis im Shaker mischen und
kräftig schütteln. Ins gekühlte
Cocktailglas abseihen und mit
Ananasstück garnieren.

K.G.B. COCKTAIL

1,5 Teile Kirschwasser (22,5 ml)
4 Teile Gin (60 ml)
1/2 TL Aprikosenbrandy
Zitronenspirale

Zutaten, außer Zitrone, mit zerkleinertem Eis im Shaker mischen und kräftig
schütteln. Ins gekühlte Cocktailglas
abseihen und mit Zitronenspirale garnieren.

KING COLE COCKTAIL

4 Teile Blended Whisky (60 ml)
Orangenscheibe
Ananasstück
1/2 TL Zucker

Früchte und Zucker im Whiskyglas vermengen. Whisky und Eiswürfel hinzugeben. Gut umrühren.

KING'S PEG

2 Teile Cognac (30 ml)
Champagner

Cognac ins Sektglas gießen. Mit eisgekühltem Champagner auffüllen und
langsam umrühren.

KINGSTON COCKTAIL

4 Teile brauner Rum (60 ml)
1,5 Teile Kaffeelikör (22,5 ml)
2 TL frischer Limettensaft

Zutaten mit zerkleinertem Eis im
Shaker mischen und kräftig schütteln.
Ins gekühlte Cocktailglas abseihen.

KIR

4 Teile Crème de Cassis (60 ml)
Weißwein
Zitronenspirale

Cassis über Eiswürfel ins gekühlte
Weinglas gießen. Mit Weißwein auffüllen und gut umrühren. Mit Zitronenspirale garnieren.

KIR ROYALE

KIR ROYALE

4 Teile Crème de Cassis (60 ml)
Champagner

Crème de Cassis im Rührglas mit zerkleinertem Eis verrühren. Ins gekühlte
Weinglas gießen und mit kaltem
Champagner auffüllen. Langsam
umrühren.

KIRSCH RICKEY

4 Teile Kirschwasser (60 ml)
frischer Limettensaft
Soda
2 entkernte schwarze Kirschen

Kirschwasser und Limettensaft ins
gekühlte, mit Eiswürfeln gefüllte
Longdrinkglas gießen. Mit Soda auffüllen und langsam umrühren. Mit
Kirschen garnieren.

KIRSCH RICKEY

KISS ME QUICK

4 Teile Pernod (60 ml)
1/2 TL Curaçao
3-5 Spritzer Angosturabitter
Soda

Zutaten, außer Soda, mit zerkleinertem Eis im Shaker mischen und kräftig schütteln. Ins gekühlte Longdrinkglas gießen. Mit Soda auffüllen und langsam umrühren.

KISS THE BOYS GOOD-BYE

4 Teile Brandy (60 ml)
2 Teile Schlehen-Gin (30 ml)
3 Teile frischer Zitronensaft (45 ml)
1 Eiweiß

Zutaten mit zerkleinertem Eis im Shaker mischen und sehr kräftig schütteln. Ins gekühlte Cocktailglas abseihen.

143

KLONDYKE COOLER

4 Teile Blended Whisky (60 ml)
4 Teile Soda (60 ml)
ein halber TL feiner Barzucker
Ginger Ale
Zitronenspirale

Zucker und Ginger Ale im gekühlten
Collinsglas mixen. Glas mit Eiswürfeln
füllen und Whisky hinzugeben. Mit
Soda auffüllen und gut umrühren. Mit
Zitronenspirale garnieren.

KNICKERBOCKER COCKTAIL

4 Teile Gin (60 ml)
2 Teile trockener Vermouth (30 ml)
1/2 TL süßer Vermouth
Zitronenspirale

Flüssige Zutaten im Rührglas mit
Eiswürfeln verrühren. Ins gekühlte
Cocktailglas abseihen und mit
Zitronenspirale garnieren.

KNICKERBOCKER SPECIAL COCKTAIL

4 Teile weißer Rum (60 ml)
ein halber TL Triple Sec
1 TL Himbeersirup
1 TL Ananassirup
1 TL frischer Limettensaft
1 TL frischer Orangensaft
Ananasstück

Flüssige Zutaten mit zerkleinertem Eis
im Shaker mixen und kräftig schütteln.
Ins gekühlte Cocktailglas abseihen und
mit Ananasstück garnieren.

KNICKS VICTORY COOLER

4 Teile Aprikosennektar (60 ml)
Himbeersoda
Orangenschale
frische Himbeeren

Aprikosennektar ins gekühlte, hoch mit
Eiswürfeln gefüllte Collinsglas gießen.
Mit Himbeersoda auffüllen. Langsam
umrühren und mit Orangenschale und
frischen Himbeeren garnieren.

KNOCKOUT COCKTAIL

4 Teile trockener Vermouth (60 ml)
3 Teile Gin (45 ml)
2 Teile Pernod (30 ml)
2 TL Crème de Menthe, weiß
Maraschinokirsche

Flüssige Zutaten im Rührglas mit
Eiswürfeln mischen und gut verrühren.
Ins gekühlte Cocktailglas abseihen und
mit Kirsche garnieren.

KREMLIN COCKTAIL

4 Teile Wodka (60 ml)
3 Teile Crème de Cacao (45 ml)
3 Teile Half-and-half (45 ml)

Zutaten im Mixgerät mit zerkleinertem
Eis mixen. Cremig rühren und ins
gekühlte Cocktailglas abseihen.

KRETCHMA COCKTAIL

4 Teile Wodka (60 ml)
3 Teile Crème de Cacao, weiß (45 ml)
2 Teile frischer Zitronensaft (30 ml)
2 Spritzer Grenadine

Zutaten mit zerkleinertem Eis im
Shaker mischen und kräftig schütteln.
Ins gekühlte Cocktailglas abseihen.

KUP'S INDISPENSABLE COCKTAIL

4 Teile Gin (60 ml)
1,5 Teile trockener Vermouth (22,5 ml)
1,5 Teile süßer Vermouth (22,5 ml)
Orangenspirale

Flüssige Zutaten im Rührglas mit
Eiswürfeln mischen und gut verrühren.
Ins gekühlte Cocktailglas abseihen und
mit Orangenspirale garnieren.

KYOTO COCKTAIL

4 Teile Gin (60 ml)
2 Teile Melonenlikör (30 ml)
1 Teil trockener Vermouth (15 ml)
1/4 TL frischer Zitronensaft

Zutaten mit zerkleinertem Eis im
Shaker mischen und kräftig schütteln.
Ins gekühlte Cocktailglas abseihen.

L

LA BOMBA

4 Teile weißer Rum (60 ml)
2 Teile Aprikosenbrandy (30 ml)
2 Teile Pernod (30 ml)
2 Teile Triple Sec (30 ml)
2 Teile frischer Zitronensaft (30 ml)
Ananasstück

Zutaten, außer Ananasstück, mit zerkleinertem Eis im Shaker mischen und kräftig schütteln. Ins gekühlte Cocktailglas abseihen und mit Ananasstück garnieren.

LA JOLLA

4 Teile Brandy (60 ml)
2 Teile Crème de Bananes (30 ml)
1 EL frischer Zitronensaft
1 EL frischer Orangensaft

Zutaten mit zerkleinertem Eis im Shaker mischen und kräftig schütteln. Ins gekühlte Cocktailglas abseihen.

LADIES' COCKTAIL

4 Teile Blended Whisky (60 ml)
1 TL Pernod
3-5 Spritzer Angosturabitter
Ananasstück

Zutaten, außer Ananasstück, mit zerkleinertem Eis im Shaker mischen und kräftig schütteln. Ins gekühlte Cocktailglas abseihen.

LADY BE GOOD

4 Teile Brandy (60 ml)
1 Teil Crème de Menthe, weiß (15 ml)
1 Teil süßer Vermouth (15 ml)

Zutaten mit zerkleinertem Eis im Shaker mischen und kräftig schütteln. Ins gekühlte Cocktailglas abseihen.

LADY FINGER

4 Teile Gin (60 ml)
3 Teile Wishniak (45 ml)
2 Teile Kirschwasser (30 ml)

Zutaten mit zerkleinertem Eis im Shaker mischen und kräftig schütteln. Ins gekühlte Cocktailglas abseihen.

LAFAYETTE

4 Teile Bourbon (60 ml)
1 Teil trockener Vermouth (15 ml)
1 Teil Dubonnet Rouge (15 ml)
1/2 TL feiner Barzucker
ein halbes Eiweiß

Sämtliche Zutaten mit zerkleinertem Eis im Shaker mischen und sehr kräftig schütteln. Ins gekühlte Whiskyglas gießen.

LALLAH ROOKH

4 Teile weißer Rum (60 ml)
2 Teile Cognac (30 ml)
1 Teil Vanilleextrakt (15 ml)
1/2 TL feiner Barzucker
Schlagsahne

Zutaten, außer Schlagsahne, im Mixgerät mit zerkleinertem Eis mixen. Bei niedriger Stufe cremig rühren. Ins gekühlte Weinglas gießen und Schlagsahnehaube aufsetzen.

LAWHILL COCKTAIL

4 Teile Blended Whisky (60 ml)
2 Teile trockener Vermouth (30 ml)
1/2 TL Pernod
1/2 TL Maraschinolikör
1 Spritzer Angosturabitter

Zutaten im Rührglas mit Eiswürfeln mischen und gut verrühren. Ins gekühlte Cocktailglas abseihen.

LEAP FROG HIGHBALL

4 Teile Gin (60 ml)
3 Teile frischer Zitronensaft (45 ml)
Ginger Ale

Gin und Zitronensaft über Eiswürfel ins
gekühlte Longdrinkglas gießen. Mit
Ginger Ale auffüllen und umrühren.

LEAP YEAR COCKTAIL

4 Teile Gin (60 ml)
1 Teil süßer Vermouth (15 ml)
1 Teil Grand Marnier (15 ml)
1/2 TL frischer Zitronensaft

Zutaten mit zerkleinertem Eis im
Shaker mischen und kräftig schütteln.
Ins gekühlte Cocktailglas abseihen.

LEMON DROP

4 Teile eisgekühlter Wodka (60 ml)
Zucker
Zitronenachtel

Wodka ins Schnapsglas gießen. Handfläche zwischen Daumen und Zeigefinger benetzen und mit Zucker bestreuen. Zucker ablecken, Wodka sofort
in einem Zug leeren, ins Zitronenachtel
beißen und es leersaugen.

LEMONADE

bis zu 32 Teile Zuckersirup
(480 ml)
32 Teile frischer Zitronensaft (480 ml)
2,5 l kaltes Wasser
10 frische Zweige Minze
Zitronenscheiben

Zitronensaft in Kanne füllen und Wasser dazugießen. Die Hälfte des Zuk-
kersirups sowie die Minze hinzugeben
und umrühren. Abschmecken und nach
Geschmack mit restlichem Zuckersirup
auffüllen. Gut umrühren und mit Eiswürfeln kühlen. Zitronenscheiben auf
das Getränk geben. Für 10 Personen.

(Anm.: Für pinkfarbene Limonade verwenden Sie statt der Hälfte des
Zuckersirups ungefähr 125 ml Himbeer-
oder Erdbeersirup. Für
Limettenlimonade nehmen Sie anstelle
des Zitronensafts frischen Limettensaft.)

LEMON-LIME COOLER

6 Teile frischer Limettensaft (90 ml)
1 Teil Zuckersirup (15 ml)
Bitter Lemon Soda
Limettenscheibe

Limettensaft und Zuckersirup mit zerkleinertem Eis im Shaker mischen und
kräftig schütteln. Über Eiswürfel ins
gekühlte Collinsglas abseihen. Mit
Bitter Lemon Soda auffüllen, umrühren,
mit Limettenscheibe garnieren.

LEPRECHAUN

4 Teile irischer Whiskey (60 ml)
2 Teile weißer Rum (30 ml)
1 Teil Schlehen-Gin (15 ml)
2 Teile frischer Zitronensaft (30 ml)
1/2 TL feiner Barzucker
**1/4 frischer Pfirsich, geschält und gewür-
felt, frische Himbeeren**

Zutaten, außer Himbeeren, im Mixgerät
mit zerkleinertem Eis mixen.
Dickflüssig rühren und ins gekühlte
Whiskyglas gießen. Mit frischen
Himbeeren garnieren.

LEXINGTON AVE.
EXPRESS

4 Teile hochprozentiger Rum (60 ml)
2 Teile frischer Limettensaft (30 ml)
1 TL Grenadine

Zutaten mit zerkleinertem Eis im
Shaker mischen und kräftig schütteln.
Über Eiswürfel ins gekühlte
Whiskyglas abseihen.

LIBERTY COCKTAIL

4 Teile Apfelbrandy (60 ml)
2 Teile weißer Rum (30 ml)
1/2 TL feiner Barzucker

Zutaten im Rührglas mit zerkleinertem
Eis mischen.
Gut umrühren und ins gekühlte
Cocktailglas abseihen.

LIBERTY COCKTAIL

LIEBFRAUENMILCH

4 Teile Créme de Cacao, weiß (60 ml)
4 Teile Half-and-half (60 ml)
4 Teile frischer Limettensaft (60 ml)

Zutaten mit zerkleinertem Eis im
Shaker mischen und kräftig schütteln.
Ins gekühlte Cocktailglas abseihen.

LIL NAUE

4 Teile Brandy (60 ml)
2 Teile rubinroter Portwein (30 ml)
2 Teile Aprikosenbrandy (30 ml)
1 TL feiner Barzucker
1 Eigelb
gemahlener Zimt

Zutaten, außer Zimt, im Mixgerät mit
zerkleinertem Eis mixen. Cremig
rühren und ins gekühlte Rotweinglas
gießen. Mit Zimt bestreuen.

LIMBO COCKTAIL

4 Teile weißer Rum (60 ml)
1 Teil Crème de Bananes (15 ml)
2 Teile frischer Orangensaft (30 ml)

Zutaten mit zerkleinertem Eis im
Shaker mischen und kräftig schütteln.
Ins gekühlte Cocktailglas abseihen.

LIMEY

4 Teile weißer Rum (60 ml)
2 Teile Limettenlikör (30 ml)
1 Teil Triple Sec (15 ml)
1 EL frischer Limettensaft
Limettenspirale

Zutaten, außer Limettenspirale, im
Mixgerät mit zerkleinertem Eis mixen.
Dickflüssig rühren und ins gekühlte
Rotweinglas gießen. Mit
Limettenspirale garnieren.

LINSTEAD COCKTAIL

4 Teile Scotch (60 ml)
1/4 TL Pernod
4 Teile Ananassaft (60 ml)
1/4 TL frischer Zitronensaft
1/2 TL feiner Barzucker

Zutaten mit zerkleinertem Eis im
Shaker mischen und kräftig schütteln.
Ins gekühlte Cocktailglas abseihen.

LITTLE DEVIL

4 Teile Gin (60 ml)
3 Teile weißer Rum (45 ml)
2 Teile Triple Sec (30 ml)
2 Teile frischer Zitronensaft (30 ml)

Zutaten mit zerkleinertem Eis im
Shaker mischen und kräftig schütteln.
Ins gekühlte Cocktailglas abseihen.

LITTLE DIX MIX

4 Teile brauner Rum (60 ml)
1 Teil Crème de Bananes (15 ml)
1 Teil frischer Limettensaft (15 ml)
1 TL Triple Sec

Zutaten mit zerkleinertem Eis im
Shaker mischen und kräftig schütteln.
Ins gekühlte Whiskyglas gießen.

LITTLE PRINCE

4 Teile Apfelcidre mit Kohlensäure
(60 ml)
2 Teile Aprikosennektar (30 ml)
2 Teile frischer Zitronensaft (30 ml)
Zitronenspirale

Zutaten im Rührglas mit zerkleinertem
Eis mischen und gut verrühren. Ins
gekühlte Whiskyglas gießen und mit
Zitronenspirale garnieren.

LITTLE PRINCESS

4 Teile weißer Rum (60 ml)
2 Teile süßer Vermouth (30 ml)

Zutaten im Rührglas mit zerkleinertem
Eis mischen und gut verrühren. Ins
gekühlte Cocktailglas abseihen.

LOCH LOMOND

6 Teile Scotch (90 ml)
1 Teil Zuckersirup (15 ml)
3-5 Spritzer Angosturabitter

Zutaten mit zerkleinertem Eis im
Shaker mischen und kräftig schütteln.
Ins gekühlte Cocktailglas abseihen.

LOCOMOTIVE

12 Teile trockener Rotwein (180 ml)
1 Teil Maraschinolikör (15 ml)
1 Teil Triple Sec (15 ml)
1 Teil Honig (15 ml)
1 Ei
Zitronenscheibe
gemahlener Zimt

Wein, Likör und Honig in Pfanne
mischen, bis der Honig aufgelöst ist.
Unter häufigem Umrühren erhitzen,
jedoch nicht zum Kochen bringen. Ei
kurz verquirlen und unterrühren. Unter
Umrühren eine Minute köcheln lassen.
In Kaffeetasse gießen und mit Zimt und
Zitronenscheibe garnieren.

LOLLIPOP

2 Teile Chartreuse grün (30 ml)
2 Teile Kirschwasser (30 ml)
2 Teile Triple Sec (30 ml)
1 TL Maraschinolikör

Zutaten mit zerkleinertem Eis im Shaker mischen und kräftig schütteln. Ins gekühlte Cocktailglas abseihen.

LONDON COCKTAIL

6 Teile Gin (90 ml)
1/2 TL Maraschinolikör
5 Spritzer Orangenbitter
1/2 TL feiner Barzucker
Zitronenspirale

Zutaten, außer Zitrone, mit zerkleinertem Eis im Shaker mischen und kräftig schütteln. Ins gekühlte Cocktailglas abseihen und mit Zitronenspirale garnieren.

LONDON DOCK

6 Teile trockener Rotwein (90 ml)
4 Teile brauner Rum (60 ml)
2 Teile Honig (30 ml)
Zitronenschale
Zimtstange
frisch gemahlener Muskat
kochendes Wasser

Honig in vorgewärmter Kaffeetasse in wenig kochendem Wasser auflösen. Zutaten, außer Zimt und Muskat, hinzugeben und mit kochendem Wasser auffüllen. Mit Zimtstange umrühren und mit Muskat bestreuen.

LONDON FOG

2 Teile Crème de Menthe, weiß (30 ml)
2 Teile Pernod (30 ml)
1 Löffel Vanilleeis

Zutaten im Mixgerät mit zerkleinertem Eis mixen. Bei mittlerer Stufe einige Sekunden lang rühren. Ins gekühlte Pousse-Café-Glas gießen.

LONDON FRENCH '75

4 Teile Gin (60 ml)
2 Teile frischer Zitronensaft (30 ml)
1/2 TL feiner Barzucker
Champagner oder Schaumwein

Zutaten, außer Champagner, mit zerkleinertem Eis im Shaker mischen und kräftig schütteln. Ins gekühlte Collinsglas gießen und mit kaltem Champagner auffüllen.

LONE TREE COCKTAIL

4 Teile Gin (60 ml)
1 Teil süßer Vermouth (15 ml)
3 Spritzer Orangenbitter

Zutaten im Rührglas mit Eiswürfeln mixen. Gut umrühren und ins gekühlte Cocktailglas abseihen.

LONG ISLAND ICED TEA

4 Teile Wodka (60 ml)
2 Teile Gin (30 ml)
2 Teile Tequila weiß (30 ml)
2 Teile weißer Rum (30 ml)
1 Teil Crème de Menthe, weiß (15 ml)
4 Teile frischer Zitronensaft (60 ml)
1 TL feiner Barzucker
Limettenachtel
Cola

Zutaten, außer Limette und Cola, mit zerkleinertem Eis im Shaker mischen und kräftig schütteln. Über Eiswürfel ins gekühlte Collinsglas abseihen. Mit Cola auffüllen und langsam umrühren. Mit Limettenachtel garnieren.

LONG ISLAND ICED TEA

149

LORD RODNEY

4 Teile Blended Whisky (60 ml)
2 Teile brauner Rum (30 ml)
1/4 TL Crème de Cacao, weiß
1 TL Kokossirup

Zutaten mit zerkleinertem Eis im
Shaker mischen und kräftig schütteln.
Ins gekühlte Cocktailglas abseihen.

LOS ANGELES COCKTAIL

4 Teile Rye Whiskey (60 ml)
ein Viertel TL süßer Vermouth
2 Teile frischer Zitronensaft (30 ml)
1 TL feiner Barzucker
1 Ei

Zutaten mit zerkleinertem Eis im
Shaker mischen und sehr kräftig schüt-
teln. Über Eiswürfel ins gekühlte Sour-
Glas abseihen.

LOUDSPEAKER

4 Teile Brandy (60 ml)
3 Teile Gin (45 ml)
1 Teil Triple Sec (15 ml)
2 Teile frischer Zitronensaft (30 ml)

Zutaten mit zerkleinertem Eis im
Shaker mischen und kräftig schütteln.
Ins gekühlte Cocktailglas abseihen.

LOUISIANA PLANTER'S PUNCH

4 Teile goldener Rum (60 ml)
2 Teile Bourbon (30 ml)
2 Teile Cognac (30 ml)
1/4 TL Pernod
5 Spritzer Peychaud's Bitter
1 Teil Zuckersirup (15 ml)
2 Teile frischer Zitronensaft (30 ml)
Soda
Zitronenscheibe
Orangenscheibe

Sämtliche Zutaten, außer Soda und
Früchte, mit zerkleinertem Eis im
Shaker mischen und kräftig schütteln.
Über Eiswürfel ins gut gekühlte
Longdrinkglas abseihen. Mit Soda
auffüllen und danach langsam
umrühren. Mit Früchten garnieren.

LOVE COCKTAIL

4 Teile Schlehen-Gin (60 ml)
1/2 TL frischer Zitronensaft
1/2 TL Himbeersirup
1 Eiweiß

Zutaten mit zerkleinertem Eis im
Shaker mischen und ins gekühlte
Cocktailglas abseihen.

LUGGER

4 Teile Brandy (60 ml)
3 Teile Apfelbrandy (45 ml)
1/2 TL Aprikosenbrandy

Zutaten mit zerkleinertem Eis im
Shaker mischen und kräftig schütteln.
Ins gekühlte Cocktailglas abseihen.

M

MADEIRA COCKTAIL

4 Teile Blended Whisky (60 ml)
3 Teile Madeira (45 ml)
1 TL Grenadine
1 Spritzer frischer Zitronensaft
Orangenscheibe

Zutaten, außer Orange, mit zerkleinertem Eis im Shaker mischen und kräftig schütteln. Über Eis ins gekühlte Whiskyglas abseihen. Mit Orangenscheibe garnieren.

MADRAS

4 Teile Wodka (60 ml)
6 Teile Preiselbeersaft (90 ml)
6 Teile frischer Orangensaft (90 ml)

Zutaten im Rührglas mit zerkleinertem Eis mixen und verrühren. Über Eiswürfel ins Longdrinkglas abseihen.

MAHUKONA

4 Teile weißer Rum (60 ml)
1 Teil Curaçao weiß (15 ml)
1 Teil frischer Zitronensaft (15 ml)
1/2 TL Orgeatsirup (Mandelsirup)
5 Spritzer Orangenbitter
Ananasstück

Zutaten, außer Ananasstück, im Mixgerät mit zerkleinertem Eis mixen. Weich rühren und ins gekühlte Longdrinkglas gießen. Mit Ananasstück garnieren.

MAI KAI NO

4 Teile weißer Rum (60 ml)
4 Teile brauner Rum (60 ml)
1 Teil hochprozentiger Rum (15 ml)
4 Teile frischer Limettensaft (60 ml)
2 Teile Passionsfruchtsirup (30 ml)
1 Teil Orgeatsirup (Mandelsirup; 15 ml)
Soda
Ananasstück

Zutaten, außer Soda und Ananasstück, mit zerkleinertem Eis im Shaker mischen und kräftig schütteln. Über Eiswürfel ins gekühlte Longdrinkglas

abseihen. Mit Soda auffüllen. Langsam auffüllen und mit Ananasstück garnieren.

MAI TAI

4 Teile brauner Rum (60 ml)
4 Teile weißer Rum (60 ml)
2 Teile Curaçao (30 ml)
2 Teile frischer Limettensaft
(30 ml)
1 EL Grenadine
1 EL Orgeatsirup (Mandelsirup)
Ananasstück

Sämtliche Zutaten mit zerkleinertem Eis im Shaker mischen und kräftig schütteln. Über Eiswürfel ins gekühlte Longdrinkglas abseihen. Mit Ananasstück garnieren.

MAIDEN'S BLUSH

4 Teile Gin (60 ml)
1/2 TL Triple Sec
1/2 TL Grenadine
1/2 TL frischer Zitronensaft

Zutaten mit zerkleinertem Eis im Shaker mischen und kräftig schütteln. Ins gekühlte Cocktailglas abseihen.

MAIDEN'S PRAYER

4 Teile Gin (60 ml)
2 Teile Curaçao (30 ml)
1 Teil frischer Zitronensaft (15 ml)
1 EL frischer Orangensaft

Zutaten mit zerkleinertem Eis im Shaker mischen und kräftig schütteln. Ins gekühlte Cocktailglas abseihen.

MAINBRACE

4 Teile Gin (60 ml)
2 Teile Curaçao weiß (30 ml)
2 Teile heller Traubensaft (30 ml)

Zutaten mit zerkleinertem Eis im Shaker mischen und kräftig schütteln. Ins gekühlte Cocktailglas abseihen.

MAI TAI

MAMIE TAYLOR

6 Teile Scotch (90 ml)
2 Teile frischer Limettensaft (30 ml)
Ginger Ale, Limettenscheibe

Scotch und Limettensaft über Eiswürfel
ins gekühlte Collinsglas gießen. Mit
Ginger Ale auffüllen und langsam
umrühren. Mit Limettenscheibe
garnieren.

MANDEVILLE

4 Teile brauner Rum (60 ml)
4 Teile weißer Rum (60 ml)
1 EL Pernod
1/2 TL Grenadine
1 EL frischer Zitronensaft
1 Teil Cola (15 ml)

Zutaten mit zerkleinertem Eis im
Shaker mischen und kräftig schütteln.
Über Eiswürfel ins gekühlte Whisky-
glas abseihen.

MANDY'S CURE

8 Teile Preiselbeersaft (120 ml)
8 Teile Grapefruitsaft (120 ml)
2 Teile frischer Limettensaft (30 ml)
Limettenscheibe

Fruchtsäfte im Rührglas mit zerkleinertem Eis verrühren. Über Eiswürfel ins
gekühlte Collinsglas gießen und mit
Limettenscheibe garnieren.

MANGO DELIGHT

eine Vierteltasse reife Mango, kleingehackt
3 große frische Erdbeeren
2 Teile frischer Limettensaft (30 ml)
Limettenscheibe

Zutaten, außer einer Erdbeere und Limettenscheibe, im Mixgerät mit zerkleinertem Eis mixen. Dickflüssig rühren. Ins Weinglas gießen, mit Erdbeere und Limettenscheibe garnieren.

MANHASSET

4 Teile Rye Whiskey (60 ml)
0,5 Teile trockener Vermouth (7,5 ml)
0,5 Teile süßer Vermouth (7,5 ml)
1 EL frischer Zitronensaft
Zitronenspirale

Zutaten, außer Zitronenspirale, mit zerkleinertem Eis im Shaker mischen und kräftig schütteln. Ins gekühlte Cocktailglas abseihen und mit Zitronenspirale garnieren.

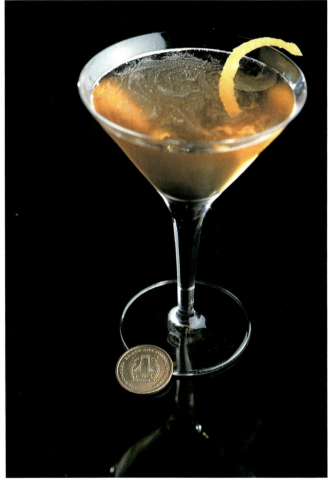

MANHASSET

153

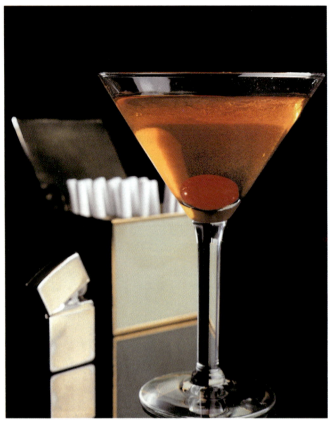

MANHATTAN

6 Teile Rye Whiskey (90 ml)
2 Teile süßer Vermouth (30 ml)
Spritzer Angosturabitter
Maraschinokirsche

Zutaten, außer Kirsche, im Rührglas
mit Eiswürfeln mixen und gut verrühren. Ins gekühlte Cocktailglas abseihen und mit Kirsche garnieren.

MANHATTAN COOLER

8 Teile trockener Rotwein (120 ml)
4 Teile frischer Zitronensaft (60 ml)
1/4 TL goldener Rum
1 EL Zuckersirup

Zutaten im Rührglas mit zerkleinertem
Eis mixen und gut verrühren. Über
Eiswürfel ins gekühlte Longdrinkglas
abseihen.

MAN O'WAR

4 Teile Bourbon (60 ml)
2 Teile Triple Sec (30 ml)
1 Teil süßer Vermouth (15 ml)
2 Teile frischer Limettensaft (30 ml)

Zutaten mit zerkleinertem Eis im
Shaker mischen und kräftig schütteln.
Ins gekühlte Cocktailglas abseihen.

MARCONI WIRELESS

6 Teile Apfelbrandy (90 ml)
1 Teil süßer Vermouth (15 ml)
3-5 Spritzer Orangenbitter

Zutaten mit zerkleinertem Eis im
Shaker mischen und kräftig schütteln.
Ins gekühlte Cocktailglas abseihen.

MARGARITA

**6 Teile Tequila gold oder silber
(90 ml)
2 Teile Triple Sec (30 ml)
4 Teile frischer Limettensaft (60 ml)
grobkörniges Salz
Zitronenachtel**

Großes Cocktailglas mit Kragen aus
Salz versehen, indem Sie den Glasrand
mit einem Zitronenachtel befeuchten
und in grobkörniges Salz stülpen.
Restliche Zutaten mit zerkleinertem Eis
im Shaker mischen und kräftig schütteln. Ins bereitstehende Glas abseihen.

MARGIE'S MIMOSA

**gekühlter heller Traubensaft mit
Kohlensäure
frischer Orangensaft**

Gekühltes Sektglas zur Hälfte mit
Orangensaft füllen, Traubensaft am
Glasrand herab dazugeben und langsam
umrühren.

MARGARITA

MARTINI MIT OLIVE

MARTINI

6 Teile Gin (90 ml)
1/4 TL (oder etwas weniger)
trockener Vermouth
Cocktailolive

Gin und Vermouth sorgfältig im
Rührglas mit Eiswürfeln verrühren. Ins
gekühlte Cocktailglas gießen und mit
Olive garnieren.
(Anm.: Einer der zahlreichen Martinis
in diesem Buch kombiniert Gin und
Vermouth mit einem Schuß Dubonnet.
Statt Olive mit Zitronenspirale
garnieren.)

MARY GARDEN COCKTAIL

4 Teile Dubonnet Rouge (60 ml)
2 Teile trockener Vermouth (30 ml)

Zutaten mit zerkleinertem Eis im
Shaker mischen und kräftig schütteln.
Ins gekühlte Cocktailglas abseihen.

MARTINI MIT DUBONNET

MARY PICKFORD

4 Teile weißer Rum (60 ml)
1/2 TL Maraschinolikör
4 Teile Ananassaft (60 ml)
1/2 TL Grenadine

Zutaten mit zerkleinertem Eis im
Shaker mischen und kräftig schütteln.
Ins gekühlte Cocktailglas abseihen.

MATADOR

4 Teile Tequila gold (60 ml)
1 Teil Triple Sec (15 ml)
6 Teile Ananassaft (90 ml)
2 Teile frischer Limettensaft (30 ml)

Zutaten mit zerkleinertem Eis im
Shaker mischen und kräftig schütteln.
Ins gekühlte Sour-Glas abseihen.

MATINEE

4 Teile Gin (60 ml)
2 Teile süßer Vermouth (30 ml)
1 Teil Chartreuse grün (15 ml)
1 Teil frischer Orangensaft (15 ml)
1 Spritzer Orangenbitter

Zutaten mit zerkleinertem Eis im
Shaker mischen und kräftig schütteln.
Ins gekühlte Sour-Glas abseihen.

MAURICE

4 Teile Gin (60 ml)
1 Teil trockener Vermouth (15 ml)
1 Teil süßer Vermouth (15 ml)
2 Teile frischer Orangensaft (30 ml)
1 Spritzer Angosturabitter

Zutaten mit zerkleinertem Eis im
Shaker mischen und kräftig schütteln.
Ins gekühlte Sour-Glas abseihen.

MC CLELLAND

4 Teile Schlehen-Gin (60 ml)
2 Teile Curaçao weiß (30 ml)
3-5 Spritzer Orangenbitter

Zutaten mit zerkleinertem Eis im
Shaker mischen und kräftig schütteln.
Ins gekühlte Sour-Glas abseihen.

MELON BALL

4 Teile Wodka (60 ml)
4 Teile Melonenlikör (60 ml)
8 Teile Ananassaft (120 ml)
Honigmelonen- oder Cantaloupestück

Zutaten, außer Melonenscheibe, im
Rührglas mit zerkleinertem Eis mischen
und gut verrühren. Über Eiswürfel ins
gekühlte Longdrinkglas abseihen und
mit Melone garnieren.

MELON COCKTAIL

4 Teile Gin (60 ml)
1 Teil Maraschinolikör
(15 ml)
1 Teil frischer Zitronensaft (15 ml)
Maraschinokirsche
Zitronenspirale

Zutaten, außer Kirsche und Zitronen-
spirale, mit zerkleinertem Eis im
Shaker mischen und kräftig schütteln.
Ins gekühlte Cocktailglas abseihen, mit
Kirsche und Zitronenspirale garnieren.

MELON MEDLEY

8 Teile frischer Orangensaft (120 ml)
8 Teile gewürfelte Cantaloupe (120 ml)
1 Teil frischer Zitronensaft (15 ml)

Zutaten im Mixgerät mit zerkleinertem
Eis mixen. Dickflüssig rühren und ins
gekühlte Collinsglas gießen.

MERMAID'S SONG

4 Teile Orangensaft (60 ml)
2 Teile Passionsfruchtsaft (30 ml)
2 Teile Kokosmilch (30 ml)
2 Teile Ananassaft (30 ml)
1 Teil frischer Limettensaft (15 ml)
Maraschinokirsche

Sämtliche Zutaten, außer Kirsche,
mit zerkleinertem Eis im Shaker
mischen und kräftig schütteln. Ins
gekühlte Cocktailglas abseihen und
mit Kirsche garnieren.

MERRY WIDOW

4 Teile Gin (60 ml)
2 Teile trockener Vermouth (30 ml)
1 Teil Pernod (15 ml)
3-5 Spritzer Peychaud's Bitter
Zitronenspirale

Zutaten, außer Zitronenspirale, mit zerkleinertem Eis im Shaker mischen und
kräftig schütteln. Ins gekühlte
Cocktailglas abseihen und mit
Zitronenspirale garnieren.

METROPOLITAN

MERRY WIDOW FIZZ

4 Teile Dubonnet Rouge (60 ml)
4 Teile frischer Orangensaft (60 ml)
2 Teile frischer Zitronensaft (30 ml)
1 Eiweiß
Soda

Zutaten, außer Eiweiß und Soda, mit
zerkleinertem Eis im Shaker mischen
und sehr kräftig schütteln. Über
Eiswürfel ins gekühlte Collinsglas
abseihen. Mit Soda auffüllen und langsam umrühren.

METROPOLITAN

4 Teile Brandy (60 ml)
2 Teile süßer Vermouth (30 ml)
1/2 TL feiner Barzucker
1 Spritzer Angosturabitter

Zutaten mit zerkleinertem Eis im
Shaker mischen und kräftig schütteln.
Ins gekühlte Cocktailglas abseihen.

MEXICAN COFFEE

MEXICANA

4 Teile Tequila silver (60 ml)
4 Teile Ananassaft (60 ml)
2 Teile frischer Limettensaft (30 ml)
1/2 TL Grenadine

Zutaten mit zerkleinertem Eis im
Shaker mischen und kräftig schütteln.
Über Eiswürfel ins gekühlte Long-
drinkglas abseihen.

MEXICAN COFFEE

4 Teile Tequila gold (60 ml)
1 Teil Kaffeelikör (15 ml)
heißer schwarzer Kaffee
Schlagsahne

Tequila und Likör in Kaffeetasse
mixen. Kaffee hinzugießen, umrühren
und Schlagsahnehaube aufsetzen.

MEXICOLA

4 Teile Tequila weiß (60 ml)
Cola
Limettenachtel

Tequila über Eiswürfel ins gekühlte
Collinsglas gießen. Mit Cola auffüllen
und Limettenachtel über dem Getränk
ausdrücken. Langsam umrühren und
mit Limette garnieren.

MIAMI

4 Teile weißer Rum (60 ml)
2 Teile Pfefferminzschnaps
(30 ml)
frischer Limettensaft

Zutaten mit zerkleinertem Eis im
Shaker mischen und kräftig schütteln.
Ins gekühlte Cocktailglas abseihen.

MIAMI BEACH COCKTAIL

4 Teile Scotch (60 ml)
3 Teile trockener Vermouth (45 ml)
4 Teile Grapefruitsaft (60 ml)

Zutaten mit zerkleinertem Eis im
Shaker mischen und kräftig schütteln.
Über Eiswürfel ins gekühlte Whisky-
glas abseihen.

MIDNIGHT COCKTAIL

4 Teile Aprikosenbrandy (60 ml)
1 EL Triple Sec
1 EL frischer Zitronensaft

Zutaten mit zerkleinertem Eis im
Shaker mischen und kräftig schütteln.
Ins gekühlte Cocktailglas abseihen.

MIDNIGHT SUN

4 Teile Aquavit (60 ml)
2 Teile Grapefruitsaft (30 ml)
1/4 TL Grenadine
Orangenscheibe

Zutaten, außer Orangenscheibe, mit
zerkleinertem Eis im Shaker mischen
und kräftig schütteln. Ins gekühlte
Cocktailglas abseihen und mit
Orangenscheibe garnieren.

MIKADO

6 Teile Brandy (90 ml)
1/4 TL Crème de Noyaux
1/4 TL Triple Sec
1/4 TL Orgeatsirup (Mandelsirup)
3-5 Spritzer Angosturabitter

Zutaten mit zerkleinertem Eis im
Shaker mischen und kräftig schütteln.
Ins gekühlte Cocktailglas abseihen.

MILK PUNCH

4 Teile Blended Whisky (60 ml)
16 Teile Milch (240 ml)
1 TL Zuckersirup
frisch gemahlener Muskat

Milch ins gekühlte Collinsglas gießen.
Whisky und Zuckersirup hineinrühren,
mit Muskat bestreuen.

MILLIONAIRE

4 Teile Bourbon (60 ml)
2 Teile Pernod (30 ml)
1/4 TL Triple Sec
1/4 TL Grenadine
1 Eiweiß

Zutaten mit zerkleinertem Eis im
Shaker mischen und sehr kräftig
schütteln. Ins gekühlte Cocktailglas
abseihen.

MILLION-DOLLAR-COCKTAIL

4 Teile Gin (60 ml)
2 Teile süßer Vermouth (30 ml)
2 Teile Ananassaft (30 ml)
1 TL Grenadine
1 Eiweiß

Zutaten mit zerkleinertem Eis im
Shaker mischen und sehr kräftig
schütteln. Ins gekühlte Cocktailglas
abseihen.

MIMOSA

Gekühlter Champagner oder
Schaumwein
frischer Orangensaft

Gekühltes Champagnerglas zunächst zur
Hälfte mit Orangensaft und dann mit
Champagner auffüllen und umrühren.

MINOR MADRAS

8 Teile Preiselbeersaft (120 ml)
8 Teile frischer Orangensaft (120 ml)
2 Teile frischer Zitronensaft (30 ml)
Limettenscheibe

Zutaten, außer Limettenscheibe, im
Rührglas mit zerkleinertem Eis mischen
und verrühren. Über Eiswürfel ins
gekühlte Collinsglas gießen. Mit
Limettenscheibe garnieren.

MIMOSA

MINT COLLINS

6 Teile Gin (90 ml)
2 Teile frischer Zitronensaft (30 ml)
1 TL feiner Barzucker
7 frische Minzeblätter
Soda
Zitronenscheibe
Minzezweige

Gin, Zitronensaft und Zucker ins
gekühlte Collinsglas gießen.
Minzeblätter hineingeben und mit
Barlöffel zerdrücken. Eiswürfel hinzugeben und mit Soda auffüllen. Langsam
umrühren und mit Zitronenscheibe und
Minzezweigen garnieren.

MINT JULEP

6 Teile Bourbon (90 ml)
1 EL Zuckersirup
10 bis 15 große, frische Minzeblätter
Minzezweig

Minzeblätter mit Zuckersirup im
gekühlten Longdrinkglas vermengen.
Glas mit geschabtem oder zerstoßenem
Eis füllen und Bourbon hinzugeben.
Mit Minzezweig garnieren.

MINT SUNRISE

3 Teile Scotch (45 ml)
1 Teil Brandy (15 ml)
1 Teil Curaçao (15 ml)
Zitronenscheibe
Minzezweig

Zutaten, außer Zitrone und Minze, über Eiswürfel ins Longdrinkglas gießen. Langsam umrühren. Mit Zitronenscheibe und Minzezweig garnieren.

MISSISSIPPI MULE

4 Teile Gin (60 ml)
1 Teil Crème de Cassis (15 ml)
1 Teil frischer Zitronensaft (15 ml)

Zutaten mit zerkleinertem Eis im Shaker mischen und kräftig schütteln. Ins gekühlte Whiskyglas gießen.

MISTER PIP'S ST. THOMAS SPECIAL

4 Teile brauner Rum (60 ml)
1 EL Passionsfruchtsirup
frischer Orangensaft
frisch gemahlener Muskat

Rum und Sirup im Rührglas mit zerkleinertem Eis verrühren. Über Eiswürfel ins gekühlte Collinsglas abseihen. Mit Orangensaft auffüllen und umrühren. Mit Muskat bestreuen.

MOCHA MINT

3 Teile Kaffeelikör (45 ml)
3 Teile Crème de Cacao, weiß (45 ml)
3 Teile Crème de Menthe, weiß (45 ml)

Zutaten mit zerkleinertem Eis im Shaker mischen und kräftig schütteln. Ins gekühlte Cocktailglas abseihen.

MOCHA SLUSH

4 Teile Kaffeesirup (60 ml)
2 Teile Schokoladensirup (30 ml)
8 Teile Milch (120 ml)
Schokoladensplitter

Zutaten, außer Schokoladensplitter, im Mixgerät mit zerkleinertem Eis mixen. Dickflüssig rühren und ins gekühlte Weinglas gießen. Mit Schokolade bestreuen.

MODERN COCKTAIL

5 Teile Scotch (75 ml)
1 TL brauner Rum
1 TL Pernod
1 TL frischer Zitronensaft
3-5 Spritzer Orangenbitter
Maraschinokirsche

Sämtliche Zutaten, außer Kirsche, mit zerkleinertem Eis im Shaker mischen und kräftig schütteln. Ins gekühlte Whiskyglas abseihen. Mit Kirsche garnieren.

MOJITO

4 Teile weißer Rum (60 ml)
2 Teile frischer Limettensaft (30 ml)
1 TL feiner Barzucker
5-7 frische Minzeblätter
Spritzer Angosturabitter

Zutaten mit zerkleinertem Eis im Shaker mischen und kräftig schütteln. Ins gekühlte Cocktailglas abseihen.

MOLDAU

4 Teile Gin (60 ml)
2 Teile Slibowitz (30 ml)
1 Teil frischer Orangensaft (15 ml)
1 Teil frischer Zitronensaft (15 ml)

Zutaten mit zerkleinertem Eis im Shaker mischen und kräftig schütteln. Ins gekühlte Cocktailglas abseihen.

MOLL COCKTAIL

3 Teile Gin (45 ml)
2 Teile Schlehen-Gin (30 ml)
2 Teile trockener Vermouth (30 ml)
1 Spritzer Angosturabitter

Zutaten mit zerkleinertem Eis im Shaker mischen und kräftig schütteln. Ins gekühlte Cocktailglas abseihen.

MONTANA

4 Teile Brandy (60 ml)
2 Teile rubinroter Portwein (30 ml)
2 Teile trockener Vermouth (30 ml)
1 Spritzer Angosturabitter

Zutaten im Rührglas mit zerkleinertem Eis mischen und gut verrühren. Über Eiswürfel ins gekühlte Whiskyglas abseihen.

MONTEZUMA

4 Teile Tequila gold (60 ml)
2 Teile Madeira (30 ml)
1 Eigelb

Zutaten im Mixgerät mit zerkleinertem Eis mixen und cremig rühren. Ins gekühlte Cocktailglas abseihen.

MONTMARTRE

4 Teile Gin (60 ml)
1 Teil süßer Vermouth (15 ml)
1 Teil Curaçao weiß (15 ml)

Zutaten mit zerkleinertem Eis im Shaker mischen und kräftig schütteln. Ins gekühlte Cocktailglas abseihen.

MOONLIGHT

4 Teile Apfelbrandy (60 ml)
4 Teile frischer Zitronensaft (60 ml)
1/2 TL feiner Barzucker

Zutaten mit zerkleinertem Eis im Shaker mischen und kräftig schütteln. Über Eiswürfel ins gekühlte Whiskyglas abseihen.

MOONSHOT

4 Teile Gin (60 ml)
6 Teile Muschelsaft (90 ml)
1 Spritzer Tabasco

Zutaten im Rührglas mit Eiswürfeln mischen und verrühren. Ins gekühlte Whiskyglas gießen.

MORNING COCKTAIL

4 Teile Brandy (60 ml)
2 Teile trockener Vermouth (30 ml)
1 TL Curaçao weiß
1 TL Maraschinolikör
1 TL Pernod
3-5 Spritzer Orangenbitter
Maraschinokirsche

Zutaten, außer Kirsche, mit zerkleinertem Eis im Shaker mischen und kräftig schütteln. Ins gekühlte Cocktailglas abseihen und mit Kirsche garnieren.

MORNING GLORY FIZZ

6 Teile Scotch (90 ml)
1 Teil Pernod (15 ml)
2 Teile frischer Zitronensaft (30 ml)
1/2 TL feiner Barzucker
1 Eiweiß
1 Spritzer Angosturabitter
Soda

Sämtliche Zutaten, außer Soda, mit zerkleinertem Eis im Shaker gut mischen und kräftig schütteln. Über Eiswürfel ins gekühlte Longdrinkglas abseihen. Mit Soda nach Geschmack auffüllen und langsam umrühren.

MORNING JOY

4 Teile Gin (60 ml)
3 Teile Crème de Bananes (45 ml)
6 Teile frischer Orangensaft (90 ml)

Zutaten mit zerkleinertem Eis im Shaker mischen und kräftig schütteln. Ins gekühlte Sour-Glas abseihen.

MORRO

4 Teile Gin (60 ml)
2 Teile brauner Rum (30 ml)
1 Teil frischer Limettensaft (15 ml)
1 Teil Ananassaft (15 ml)
1/2 TL feiner Barzucker

Zutaten mit zerkleinertem Eis im Shaker mischen und kräftig schütteln. Über Eiswürfel ins Whiskyglas mit Zuckerkragen abseihen.

MOSCOW MULE

6 Teile Wodka (90 ml)
1 EL frischer Limettensaft
Ingwerbier
Zitronenachtel

Wodka und Limettensaft über Eiswürfel in gekühlten Bierkrug gießen. Mit Ingwerbier auffüllen, langsam umrühren. Mit Zitronenachtel garnieren.

MOTHER'S MILK

8 Teile Milch (120 ml)
1 Teil Honig (15 ml)
ein Viertel TL Vanilleextrakt
frisch gemahlener Muskat

Sämtliche Zutaten, außer Muskat, mit zerkleinertem Eis im Shaker mischen und kräftig schütteln. Ins gekühlte Whiskyglas abseihen und mit Muskat bestreuen.

MOULIN ROUGE

4 Teile Schlehen-Gin (60 ml)
1 Teil süßer Vermouth (15 ml)
3-5 Spritzer Angosturabitter

Zutaten mit zerkleinertem Eis im Shaker mischen und kräftig schütteln. Ins gekühlte Cocktailglas abseihen.

MOUNTAIN COCKTAIL

4 Teile Blended Whisky (60 ml)
1 Teil trockener Vermouth (15 ml)
1 Teil süßer Vermouth (15 ml)
1 Teil frischer Zitronensaft (15 ml)
1 Eiweiß

Zutaten mit zerkleinertem Eis im Shaker mischen und kräftig schütteln. Ins gekühlte Cocktailglas abseihen.

MUDSLIDE

3 Teile Wodka (45 ml)
3 Teile Kaffeelikör (45 ml)
3 Teile Irish Cream Liqueur (45 ml)

Zutaten mit zerkleinertem Eis im
Shaker mischen und kräftig schütteln.
Ins gekühlte Cocktailglas abseihen.

MULE'S HIND LEG

4 Teile Apfelbrandy (60 ml)
2 Teile Gin (30 ml)
1 EL Aprikosenbrandy
1 EL Bénédictine
1 EL Ahornsirup

Zutaten mit zerkleinertem Eis im
Shaker mischen und kräftig schütteln.
Über Eiswürfel ins gekühlte
Whiskyglas abseihen.

(Anm.: Es ist möglich, die folgenden
Glühgetränke in der Mikrowelle zuzubereiten. Zutaten statt in einen Topf in die Tasse
gießen und 45 bis 60 Sekunden bei hoher
Stufe in die Mikrowelle stellen.)

MULLED CIDER

4 Teile goldener Rum (60 ml)
12 Teile Apfelcidre (180 ml)
1 TL Honig
Zimtstange
frisch gemahlener Muskat (nach
Geschmack)
3 Gewürznelken, Zitronenspirale

Zutaten im Topf mischen. Über mittlerer Hitze mit gelegentlichem Umrühren erwärmen. Nicht zum Kochen
bringen. In vorgewärmte Tasse gießen.

MULLED CIDER
WARMER

1 Liter Apfelcidre
2 Teile Honig (30 ml)
1/4 TL gem. Gewürznelkenpfeffer
5 Kardamomsamen
1/2 TL frisch gemahlener Zimt
1/4 TL gemahlener Ingwer
1/4 TL frisch gemahlener Muskat
8 Gewürznelken
1 EL getrocknete Orangenschale
Zimtstangen

Zutaten, außer Zimtstange, im Topf
mischen. Über hoher Hitze und mit
beständigem Umrühren erhitzen, bis der
Honig aufgelöst ist. Hitze herabdrehen
und 15 Minuten, bei Bedarf länger,
köcheln lassen. In vorgewärmte Tassen
gießen und mit Zimtstangen servieren.

MULLED CRANBERRY
JUICE

12 Teile Preiselbeersaft (180 ml)
2 Zitronenscheiben
3 Gewürznelken
1/4 TL frisch gemahlener Muskat
Honig nach Geschmack
Zimtstange

Zutaten, außer Zimtstange, im Topf
mischen und über mittlerer Hitze fast
zum Kochen bringen. Gut umrühren
und in vorgewärmte Tasse gießen. Mit
Zimtstange garnieren.

MULLED WINE

12 Teile trockener Rotwein (180 ml)
2 Teile rubinroter Portwein (30 ml)
2 Teile Brandy (30 ml)
Zimtstange
frisch gemahlener Muskat (nach
Geschmack)
3 Gewürznelken, Zitronenspirale

Zutaten im Topf mischen. Über mitt-
lerer Hitze erwärmen, jedoch nicht zum
Kochen bringen. In vorgewärmte
Kaffeetasse gießen.

MYRTLE BANK
PUNCH

4 Teile hochprozentiger Rum (60 ml)
2 Teile Maraschinolikör (30 ml)
3 Teile frischer Limettensaft (45 ml)
1 TL Grenadine
1/2 TL feiner Barzucker

Zutaten, außer Maraschinolikör, im
Mixgerät mit zerkleinertem Eis mixen.
Cremig rühren und ins gekühlte
Collinsglas gießen. Likör darüberglei-
ten lassen (floaten).

N

NAPOLEON

4 Teile Gin (60 ml)
1 Teil Curaçao weiß (15 ml)
1 TL Dubonnet Rouge
1 TL Amer Picon

Zutaten im Rührglas mit zerkleinertem
Eis mischen und schütteln. Ins gekühlte
Cocktailglas abseihen.

NARAGANSETT

4 Teile Bourbon (60 ml)
2 Teile süßer Vermouth (30 ml)
1 Spritzer Pernod
Zitronenspirale

Flüssige Zutaten im gekühlten Whiskyglas mit Eiswürfeln verrühren. Zitronenspirale schwimmend aufsetzen.

NAVY GROG

2 Teile brauner Rum (30 ml)
2 Teile weißer Rum (30 ml)
2 Teile Demerara-Rum (30 ml)
1 Teil Guavensaft (15 ml)
1 Teil frischer Limettensaft (15 ml)
1 Teil Ananassaft (15 ml)
1 Teil Orgeatsirup (Mandelsirup;
15 ml)
1 EL Tamarindensirup
Limettenscheibe

Zutaten, außer Limettenscheibe, im
Mixgerät mit zerkleinertem Eis mixen.
Dickflüssig rühren und ins gekühlte
Longdrinkglas gießen. Mit
Limettenscheibe garnieren.

NEGRONI

4 Teile Gin (60 ml)
2 Teile Campari (30 ml)
1 Teil süßer Vermouth (15 ml)
Orangenspirale

Zutaten, außer Orangenspirale, mit zerkleinertem Eis im Shaker mischen und
kräftig schütteln. Über Eiswürfel ins
gekühlte Whiskyglas abseihen. Mit
Orangenspirale garnieren.

NEGUS PUNCH

1 Flasche rubinroter Portwein
(750 ml)
Schale einer ganzen Zitrone
8 Zuckerwürfel
2 Zimtstangen
1 zerdrückte Muskatnuß
7 Gewürznelken
1/2 TL gemahlener Gewürznelkenpfeffer
1 Teil frischer Zitronensaft (15 ml)
kochendes Wasser

Zitronenschale und Zuckerwürfel in
Krug geben. Wasser hinzugeben, Zuk-
ker aufzulösen. Gewürze, Zitronensaft,
Wein hinzugeben, umrühren. Vor dem
Servieren noch zwei Tassen kochendes
Wasser hinzugeben. Bis zwölf Personen.

NETHERLANDS

4 Teile Brandy (60 ml)
2 Teile Curaçao weiß (30 ml)
1 Spritzer Orangenbitter

Zutaten mit zerkleinertem Eis im
Shaker mischen und kräftig schütteln.
Über Eiswürfel ins gekühlte Whisky-
glas abseihen.

NEVADA COCKTAIL

4 Teile brauner Rum (60 ml)
4 Teile Grapefruitsaft (60 ml)
1 Teil frischer Limettensaft (15 ml)
1/2 TL feiner Barzucker
1 Spritzer Angosturabitter

Zutaten mit zerkleinertem Eis im
Shaker mischen und kräftig schütteln.
Ins gekühlte Cocktailglas abseihen.

NEVINS

4 Teile Bourbon (60 ml)
1 Teil Aprikosenbrandy (15 ml)
2 Teile Grapefruitsaft (30 ml)
1 Teil frischer Zitronensaft (15 ml)
1 Spritzer Angosturabitter

Zutaten mit zerkleinertem Eis im
Shaker mischen und kräftig schütteln.
Ins gekühlte Cocktailglas abseihen.

NEW ORLEANS BUCK

4 Teile weißer Rum (60 ml)
2 Teile frischer Limettensaft (30 ml)
2 Teile frischer Orangensaft (30 ml)
Ginger Ale, Limettenscheibe

Zutaten, außer Ginger Ale und
Limettenscheibe, mit zerkleinertem Eis
im Shaker mischen und kräftig schütteln. Über Eiswürfel ins gekühlte
Collinsglas abseihen. Mit Ginger Ale
auffüllen und langsam umrühren. Mit
Limettenscheibe garnieren.

NEW ORLEANS COCKTAIL

4 Teile Bourbon (60 ml)
1 Teil Pernod (15 ml)
Spritzer Angosturabitter
Spritzer Anisette
Spritzer Orangenbitter
1/2 TL Zuckersirup
Zitronenspirale

Zutaten, außer Zitronenspirale, mit zerkleinertem Eis im Shaker mischen und
kräftig schütteln. Ins gekühlte Whiskyglas gießen und mit Zitronenspirale
garnieren.

NEW ORLEANS GIN FIZZ

4 Teile Gin (60 ml)
2 Teile frischer Zitronensaft (30 ml)
2 Teile frischer Limettensaft (30 ml)
1 TL Zuckersirup
1 Teil Half-and-half (15 ml)
1 Eiweiß
Soda
Limettenscheibe

Zutaten, außer Soda und Limettenscheibe, mit zerkleinertem Eis im Shaker
mischen und sehr kräftig schütteln.
Über Eiswürfel ins gekühlte Collinsglas
abseihen. Mit Soda auffüllen und langsam umrühren. Mit Limettenscheibe
garnieren.

NEW YORK SOUR

NEW WORLD

6 Teile Blended Whisky (90 ml)
2 Teile frischer Limettensaft (30 ml)
2 TL Grenadine
Limettenspirale

Zutaten, außer Limettenspirale, mit zerkleinertem Eis im Shaker mischen und
schütteln. Ins Cocktailglas abseihen und
mit Limettenspiralen garnieren.

NEW YORK SOUR

4 Teile Blended Whisky (60 ml)
3 Teile frischer Zitronensaft (45 ml)
1 TL feiner Barzucker
1 EL trockener Rotwein

Zutaten, außer Wein, mit zerkleinertem
Eis im Shaker mischen und kräftig
schütteln. Ins gekühlte Sour-Glas abseihen. Wein darübergleiten lassen.

NEW YORKER COCKTAIL

4 Teile Blended Whisky (60 ml)
2 Teile frischer Zitronensaft (30 ml)
1/2 TL Grenadine
1 TL Zuckersirup
Zitronenspirale

Zutaten, außer Zitronenspirale, mit zerkleinertem Eis im Shaker mischen und
kräftig schütteln. Ins gekühlte
Cocktailglas abseihen und mit
Zitronenspirale garnieren.

167

NEW YORKER COCKTAIL

NEWBURY

4 Teile Gin (60 ml)
3 Teile süßer Vermouth (45 ml)
1/4 TL Triple Sec
Zitronenspirale

Zutaten, außer Zitronenspirale, mit zerkleinertem Eis im Shaker mischen und kräftig schütteln. Ins gekühlte Cocktailglas abseihen und mit Zitronenspirale garnieren.

NEWPORT COOLER

4 Teile Gin (60 ml)
1 Teil Brandy (15 ml)
1 Teil Pfirsichlikör (15 ml)
1/4 TL frischer Limettensaft
Ginger Ale

Zutaten, außer Ginger Ale, über Eiswürfel ins gekühlte Collinsglas gießen. Mit Ginger Ale auffüllen und langsam umrühren.

NIGHT CAP

4 Teile weißer Rum (60 ml)
1 TL Zuckersirup
warme Milch
frisch gemahlener Muskat

Rum, Sirup in Kaffeetasse gießen. Tasse mit warmer Milch auffüllen und umrühren. Mit Muskat bestreuen.

NIGHTMARE

4 Teile Gin (60 ml)
2 Teile Madeira (30 ml)
2 Teile Kirschbrandy (30 ml)
1 TL frischer Orangensaft

Zutaten mit zerkleinertem Eis im Shaker mischen und kräftig schütteln. Ins gekühlte Cocktailglas abseihen.

NINETEEN

6 Teile trockener Vermouth (90 ml)
1 Teil Gin (15 ml)
1 Teil Kirschwasser (15 ml)
1/4 TL Pernod
1/4 TL Zuckersirup

Zutaten mit zerkleinertem Eis im
Shaker mischen und kräftig schütteln.
Ins gekühlte Cocktailglas abseihen.

NINETEEN PICK-ME-UP

4 Teile Pernod (60 ml)
2 Teile Gin (30 ml)
1/4 TL Zuckersirup
3-5 Spritzer Angosturabitter
3-5 Spritzer Orangenbitter
Soda

Sämtliche Zutaten, außer Soda,
mit zerkleinertem Eis im Shaker gut
mischen und kräftig schütteln.
Über Eiswürfel ins gekühlte Longdrinkglas abseihen. Danach mit Soda
auffüllen und langsam umrühren.

NINOTCHKA

4 Teile Wodka (60 ml)
2 Teile Crème de Cacao, weiß (30 ml)
1 Teil frischer Zitronensaft (15 ml)

Zutaten mit zerkleinertem Eis im
Shaker mischen und kräftig schütteln.
Ins gekühlte Cocktailglas abseihen.

NIGHT CAP

NIRVANA

4 Teile brauner Rum (60 ml)
1 Teil Grenadine (15 ml)
1 Teil Tamarindensirup (15 ml)
1 TL Zuckersirup
Grapefruitsaft

Zutaten, außer Fruchtsaft, mit zerkleinertem Eis im Shaker mischen und kräftig schütteln. Über Eiswürfel ins gekühlte Collinsglas gießen. Mit Grapefruitsaft auffüllen und langsam umrühren.

NORMANDY COCKTAIL

4 Teile Gin (60 ml)
2 Teile Calvados (30 ml)
1 Teil Aprikosenbrandy (15 ml)
1/4 TL frischer Zitronensaft

Zutaten mit zerkleinertem Eis im Shaker mischen und kräftig schütteln. Ins gekühlte Cocktailglas abseihen.

NOVEMBER CIDER

6 Teile Apfelcidre (90 ml)
6 Teile frischer Orangensaft (90 ml)
6 Teile kalter schwarzer Tee (90 ml)
3 Teile frischer Zitronensaft (45 ml)
Zitronenscheibe

Zutaten im Rührglas mit Eiswürfeln mischen und gut verrühren. Ins gekühlte Collinsglas abseihen und mit Zitronenscheibe garnieren.

NUTCRACKER

4 Teile Crème de Noisette
(60 ml)
4 Teile Kokos-Amaretto (60 ml)
4 Teile Half-and-half (60 ml)

Zutaten mit zerkleinertem Eis im Shaker mischen und kräftig schütteln. Ins gekühlte Cocktailglas abseihen.

NUTTY COLA

4 Teile Haselnuß- oder Orgeatsirup
(Mandelsirup; 60 ml)
4 Teile frischer Limettensaft (60 ml)
Cola

Sirup und Limettensaft im Shaker mischen. Über Eiswürfel ins gekühlte Collinsglas gießen. Mit Cola auffüllen und langsam umrühren.

NUTTY COLADA

6 Teile Amaretto (90 ml)
2 Teile goldener Rum (30 ml)
2 Teile Kokosmilch (30 ml)
1 EL Kokossirup
4 Teile Ananassaft (60 ml)
1/4 TL Crème de Noyaux
Ananasstück

Zutaten, außer Ananasstück, im Mixgerät mit zerkleinertem Eis mixen. Dickflüssig rühren. Ins gekühlte Collinsglas gießen und mit Ananasstück garnieren.

O

OCHO RIOS

4 Teile brauner Rum (60 ml)
2 Teile Guavennektar (30 ml)
2 Teile frischer Limettensaft (30 ml)
1 TL Falernum
2 Teile Half-and-half (30 ml)

Sämtliche Zutaten im Mixgerät mit
zerkleinertem Eis gründlich mixen.
Bei niedriger Stufe cremig rühren. Ins
gekühlte Sektglas gießen.

OH, HENRY!

4 Teile Blended Whisky (60 ml)
1 Teil Bénédictine (15 ml)
Ginger Ale
Zitronenscheibe

Whisky und Bénédictine über Eiswürfel
ins gekühlte Whiskyglas gießen. Mit
Ginger Ale auffüllen und umrühren.
Mit Zitronenscheibe garnieren.

OLD FASHIONED

4 Teile Blended Whiskey
(Bourbon oder Rye; 60 ml)
Zuckerwürfel
Spritzer Angosturabitter
1 TL Wasser
Zitronenspirale

Zucker ins Whiskyglas legen,
Angosturabitter und Wasser hinzugeben, mischen, bis der Zucker aufgelöst
ist. Whiskey zugeben, umrühren. Zitronenspirale und Eiswürfel hinzugeben.

OLD PAL COCKTAIL

4 Teile Rye Whiskey (60 ml)
3 Teile Campari (45 ml)
2 Teile süßer Vermouth (30 ml)

Zutaten mit zerkleinertem Eis im
Shaker mischen und kräftig schütteln.
Ins gekühlte Cocktailglas abseihen.

OLÉ

4 Teile Tequila weiß (60 ml)
2 Teile Kaffeelikör (30 ml)
1 TL Zuckersirup
1 EL Half-and-half

Zutaten, außer Half-and-half, im
Rührglas verrühren. Über zerstoßenes
Eis ins gekühlte Cocktailglas gießen.
Half-and-half darübergleiten lassen.

OLYMPIC COCKTAIL

4 Teile Brandy (60 ml)
3 Teile Curaçao weiß (45 ml)
3 Teile frischer Orangensaft (45 ml)
Orangenspirale

Zutaten, außer Orangenspirale, mit zerkleinertem Eis im Shaker mischen und
kräftig schütteln. Ins Cocktailglas
abseihen, mit Orangenspirale garnieren.

ONE IRELAND

4 Teile irischer Whiskey (60 ml)
1 Teil Crème de Menthe, grün (15 ml)
1 kleine Kugel Vanilleeis

Zutaten im Mixgerät mixen. Weich
rühren und ins gekühlte Cocktailglas
gießen.

OPAL COCKTAIL

4 Teile Gin (60 ml)
1 Teil Triple Sec (15 ml)
2 Teile frischer Orangensaft (30 ml)
1/4 TL feiner Barzucker

Zutaten mit zerkleinertem Eis im
Shaker mischen und kräftig schütteln.
Ins gekühlte Cocktailglas abseihen.

OPENING COCKTAIL

4 Teile kanadischer Whisky (60 ml)
2 Teile süßer Vermouth (30 ml)
1 Teil Grenadine (15 ml)

Zutaten im Rührglas mit zerkleinertem
Eis verrühren. Ins gekühlte Cocktailglas
abseihen.

OLD FASHIONED

OPERA

4 Teile Gin (60 ml)
2 Teile Dubonnet Rouge (30 ml)
1 Teil Maraschinolikör (15 ml)

Zutaten im Rührglas mit zerkleinertem Eis verrühren. Ins gekühlte Cocktailglas abseihen.

ORANGE BLOSSOM COCKTAIL

4 Teile Gin (60 ml)
4 Teile frischer Orangensaft (60 ml)
Orangenscheibe

Zutaten, außer Orangenscheibe, mit zerkleinertem Eis im Shaker mischen und kräftig schütteln. Ins gekühlte Cocktailglas abseihen und mit Orangenscheibe garnieren.

ORANGE BUCK

4 Teile Gin (60 ml)
4 Teile frischer Orangensaft (60 ml)
2 Teile frischer Limettensaft (30 ml)
Ginger Ale
Limettenscheibe

Zutaten, außer Ginger Ale und Limettenscheibe, mit zerkleinertem Eis im Shaker mischen und kräftig schütteln. Über Eiswürfel ins gekühlte Collinsglas abseihen. Mit Ginger Ale auffüllen und langsam umrühren. Mit Limette.

ORANGE JOEY

4 Teile Vanillesirup (60 ml)
8 Teile frischer Orangensaft (120 ml)
4 Teile Half-and-half (60 ml)
Orangenscheibe

Zutaten, außer Orangenscheibe, im Mixgerät mit zerkleinertem Eis mixen. Cremig rühren und ins gekühlte Longdrinkglas gießen. Mit Orangenscheibe garnieren.

ORANGE OASIS

4 Teile Gin (60 ml)
2 Teile Kirschbrandy (30 ml)
8 Teile frischer Orangensaft
(120 ml)
Ginger Ale

Zutaten, außer Ginger Ale, mit zerkleinertem Eis im Shaker mischen. Über
Eiswürfel ins gekühlte Longdrinkglas
abseihen. Mit Ginger Ale auffüllen und
langsam umrühren.

ORIENTAL

4 Teile Blended Whisky (60 ml)
1 Teil süßer Vermouth (15 ml)
1 Teil Curaçao weiß (15 ml)
2 Teile frischer Limettensaft (30 ml)

Zutaten mit zerkleinertem Eis im
Shaker mischen und kräftig schütteln.
Ins gekühlte Cocktailglas abseihen.

OSTEND FIZZ

4 Teile Kirschwasser (60 ml)
2 Teile Crème de Cassis (30 ml)
2 Teile frischer Zitronensaft (30 ml)
Soda
Zitronenscheibe

Zutaten, außer Soda und Zitronen-
scheibe, mit zerkleinertem Eis im
Shaker mischen und kräftig schütteln.
Über Eiswürfel ins Collinsglas gießen.
Mit Soda auffüllen, langsam umrühren.
Mit Zitronenscheibe garnieren.

OUTRIGGER

4 Teile goldener Rum (60 ml)
1 Teil Curaçao weiß (15 ml)
1 Teil Aprikosenlikör (15 ml)
2 Teile frischer Limettensaft (30 ml)
Limettenscheibe

Zutaten, außer Limettenscheibe, mit
zerkleinertem Eis im Shaker mischen
und kräftig schütteln. Über Eiswürfel
ins gekühlte Whiskyglas abseihen und
mit Limettenscheibe garnieren.

P

PACIFIC PACIFIER

3 Teile Cointreau (45 ml)
2 Teile Crème de Bananes (30 ml)
2 Teile Half-and-half (30 ml)

Zutaten mit zerkleinertem Eis im
Shaker mischen und kräftig schütteln.
Über Eiswürfel ins gekühlte Whisky-
glas abseihen.

PADDY COCKTAIL

4 Teile irischer Whiskey (60 ml)
2 Teile süßer Vermouth (30 ml)
3-5 Spritzer Angosturabitter

Zutaten mit zerkleinertem Eis im
Shaker mischen und kräftig schütteln.
Ins gekühlte Cocktailglas abseihen.

PAGO PAGO

6 Teile goldener Rum (90 ml)
1 TL Crème de Cacao, weiß
1 TL Chartreuse grün
2 Teile frischer Limettensaft (30 ml)
2 Teile Ananassaft (30 ml)

Zutaten mit zerkleinertem Eis im
Shaker mischen und kräftig schütteln.
Ins gekühlte Whiskyglas abseihen.

PAIN KILLER

6 Teile brauner Rum (90 ml)
2 Teile Ananassaft (30 ml)
2 Teile Orangensaft (30 ml)
1 Teil Kokoscreme (15 ml)
2-3 Spritzer Muskat
Maraschinokirsche

Flüssige Zutaten mit zerkleinertem
Eis im Shaker mischen und kräftig
schütteln. Über Eis ins gekühlte
Longdrinkglas gießen. Mit Muskat
bestreuen und Maraschinokirsche aufsetzen.

PAISLEY MARTINI

6 Teile Gin (90 ml)
1/2 TL trockener Vermouth
1/2 TL Scotch

Zutaten sorgfältig im Rührglas mit
Eiswürfeln verrühren. Ins gekühlte
Cocktailglas abseihen.

PALL MALL

4 Teile Gin (60 ml)
1 Teil trockener Vermouth
(15 ml)
1 Teil süßer Vermouth (15 ml)
1 TL Crème de Menthe, weiß

Zutaten im Rührglas mit Eiswürfeln
mischen. Gut verrühren und ins gekühlte Cocktailglas abseihen.

PALM BEACH COCKTAIL

4 Teile Gin (60 ml)
1 TL süßer Vermouth
4 Teile Grapefruitsaft (60 ml)

Zutaten mit zerkleinertem Eis im
Shaker mischen und kräftig schütteln.
Ins gekühlte Cocktailglas abseihen.

PALMER COCKTAIL

4 Teile Rye Whiskey (60 ml)
1/2 TL frischer Zitronensaft
1 Spritzer Angosturabitter

Zutaten im Rührglas mit Eiswürfeln
verrühren. Ins gekühlte Cocktailglas
abseihen.

PALMETTO COCKTAIL

4 Teile weißer Rum (60 ml)
2 Teile trockener Vermouth (30 ml)
3 Spritzer Angosturabitter

Zutaten im Rührglas mit Eiswürfeln
verrühren. Ins gekühlte Cocktailglas
abseihen.

PANAMA COCKTAIL

4 Teile Brandy (60 ml)
3 Teile Crème de Cacao,
weiß (45 ml)
3 Teile Half-and-half (45 ml)

Zutaten mit zerkleinertem Eis im
Shaker mischen und kräftig schütteln.
Ins gekühlte Cocktailglas abseihen.

PANCHO VILLA

4 Teile weißer Rum (60 ml)
2 Teile Gin (30 ml)
2 Teile Aprikosenbrandy (30 ml)
1 EL Kirschbrandy
1 EL Ananassaft

Zutaten mit zerkleinertem Eis im
Shaker mischen und kräftig schütteln.
Ins gekühlte Cocktailglas abseihen.

PANDA

2 Teile Apfelbrandy (30 ml)
2 Teile Slibowitz (30 ml)
2 Teile Gin (30 ml)
2 Teile frischer Orangensaft (30 ml)
1 Spritzer Zuckersirup

Zutaten mit zerkleinertem Eis im
Shaker mischen und kräftig schütteln.
Ins gekühlte Cocktailglas abseihen.

PANTOMIME

6 Teile trockener Vermouth (90 ml)
3-5 Spritzer Grenadine
3-5 Spritzer Orgeatsirup (Mandelsirup)
1 Eiweiß

Zutaten im Mixgerät mit zerkleinertem
Eis mixen. Cremig rühren und ins
gekühlte Cocktailglas abseihen.

PAPAYA SMOOTHIE

1 Banane, in Scheiben geschnitten
eine halbe Papaya, gewürfelt
1 Teil Honig (15 ml)
12 Teile kalter frischer Orangensaft (180 ml)
1/4 TL Vanilleextrakt

Zutaten im Mixgerät mixen und cremig
rühren. Ins gekühlte Cocktailglas
gießen.

PARADISE COCKTAIL

4 Teile Aprikosenbrandy (60 ml)
1 Teil Gin (15 ml)
3 Teile frischer Orangensaft (45 ml)
1/2 TL Grenadine

Zutaten mit zerkleinertem Eis im
Shaker mischen und kräftig schütteln.
Ins gekühlte Cocktailglas abseihen.

PARISIAN

4 Teile Gin (60 ml)
2 Teile trockener Vermouth (30 ml)
1 Teil Crème de Cassis (15 ml)

Zutaten mit zerkleinertem Eis im
Shaker mischen und kräftig schütteln.
Ins gekühlte Cocktailglas abseihen.

PARK AVENUE

4 Teile Gin (60 ml)
1 Teil süßer Vermouth (15 ml)
1 Teil Ananassaft (15 ml)

Zutaten im Rührglas mit zerkleinertem
Eis verrühren. Ins gekühlte Cocktailglas
abseihen.

PASSION CUP

4 Teile Wodka (60 ml)
4 Teile Orangensaft (60 ml)
2 Teile Passionsfruchtsaft (30 ml)
1 Teil Kokosmilch (15 ml)
1 Teil Ananassaft (15 ml)
Maraschinokirsche

Sämtliche Zutaten, außer Kirsche,
mit zerkleinertem Eis im Shaker
mischen und kräftig schütteln. Ins
gekühlte Rotweinglas abseihen. Mit
Kirsche garnieren.

PASSIONATE DAIQUIRI

4 Teile weißer Rum (60 ml)
2 Teile frischer Limettensaft (30 ml)
1 Teil Passionsfruchtsirup (15 ml)

Zutaten mit zerkleinertem Eis im
Shaker mischen und kräftig schütteln.
Ins gekühlte Cocktailglas abseihen.

PEACH BLOW FIZZ

6 Teile Gin (90 ml)
2 Teile frischer Zitronensaft (30 ml)
2 Teile Half-and-half (30 ml)
1 TL Zuckersirup
5 frische Erdbeeren, zerdrückt
Soda
frisches Pfirsichachtel

Zutaten, außer Soda und Pfirsich, mit zerkleinertem Eis im Shaker mischen und kräftig schütteln. Ins gekühlte Longdrinkglas gießen. Mit Soda auffüllen und langsam umrühren. Mit Pfirsichachtel garnieren.

PEACH BUCK

4 Teile Wodka (60 ml)
2 Teile Pfirsichbrandy (30 ml)
2 Teile frischer Zitronensaft (30 ml)
Ginger Ale
frische Pfirsichscheibe

Zutaten, außer Ginger Ale und Pfirsich, mit zerkleinertem Eis im Shaker mischen und kräftig schütteln. Ins gekühlte Longdrinkglas abseihen. Mit Ginger Ale auffüllen und langsam umrühren. Mit Pfirsichscheibe garnieren.

PEACH DAIQUIRI

4 Teile weißer Rum (60 ml)
2 Teile frischer Limettensaft (30 ml)
1/2 TL feiner Barzucker
1/2 frischer Pfirsich, geschält und gewürfelt

Zutaten im Mixgerät mit zerkleinertem Eis mixen. Dickflüssig rühren und ins gekühlte bauchige Weinglas gießen.

PEACH FUZZ

4 Teile frischer Zitronensaft (60 ml)
4 Teile Half-and-half (60 ml)
1 TL Zuckersirup
5 frische Erdbeeren, zerdrückt
Soda
frisches Pfirsichachtel

Zutaten, außer Soda und Pfirsich, mit zerkleinertem Eis im Shaker mischen und kräftig schütteln. Ins gekühlte Longdrinkglas abseihen. Mit Soda auffüllen und langsam umrühren. Mit Pfirsichachtel garnieren.

PEACH MARGARITA

4 Teile Tequila silver (60 ml)
1 Teil Pfirsichlikör (15 ml)
1 EL Triple Sec
4 Teile frischer Limettensaft (60 ml)
grobkörniges Salz
Zitronenachtel
frische Pfirsichscheibe

Cocktailglas mit Kragen aus Salz versehen, indem Sie den Rand mit der Zitrone befeuchten und das Glas in Salz stülpen. Sämtliche Zutaten, außer Pfirsich, mit zerkleinertem Eis im Shaker mischen und kräftig schütteln. Ins bereitgestellte Glas gießen und mit Pfirsichscheibe garnieren.

PEACHES AND CREAM

4 Teile Pfirsichlikör (60 ml)
4 Teile Half-and-half (60 ml)

Zutaten mit zerkleinertem Eis im Shaker mischen und kräftig schütteln. Über Eiswürfel ins gekühlte Whiskyglas abseihen.

PEACHY CREAM

4 Teile Pfirsichnektar (60 ml)
4 Teile Half-and-half (60 ml)

Zutaten mit zerkleinertem Eis im Shaker mischen und kräftig schütteln. Über Eiswürfel ins gekühlte Whiskyglas abseihen.

PEACHY MELBA

6 Teile Pfirsichnektar (90 ml)
2 Teile Grenadine (30 ml)
2 Teile frischer Zitronensaft (30 ml)
2 Teile frischer Limettensaft (30 ml)
Pfirsichscheibe

Zutaten, außer Pfirsichscheibe, mit zerkleinertem Eis im Shaker mischen und kräftig schütteln. Ins gekühlte Whiskyglas gießen und mit Pfirsichscheibe garnieren.

PEGGY COCKTAIL

4 Teile Gin (60 ml)
1 Teil süßer Vermouth (15 ml)
1/4 TL Dubonnet Rouge
1/4 TL Pernod

Zutaten mit zerkleinertem Eis im
Shaker mischen und kräftig schütteln.
Ins gekühlte Cocktailglas abseihen.

PEGU CLUB COCKTAIL

4 Teile Gin (60 ml)
2 Teile Curaçao weiß (30 ml)
1 EL frischer Limettensaft
1 Spritzer Angosturabitter
1 Spritzer Orangenbitter

Zutaten mit zerkleinertem Eis im
Shaker mischen und kräftig schütteln.
Ins gekühlte Cocktailglas abseihen.

PENDENNIS CLUB COCKTAIL

4 Teile Gin (60 ml)
2 Teile Aprikosenbrandy (30 ml)
2 Teile frischer Limettensaft (30 ml)
1 TL Zuckersirup
3-5 Spritzer Peychaud's Bitter

Zutaten mit zerkleinertem Eis im
Shaker mischen und kräftig schütteln.
Ins gekühlte Cocktailglas abseihen.

PEPPER POT

8 Teile Ananassaft (120 ml)
2 Teile Orgeatsirup (Mandelsirup) (30 ml)
2 Teile frischer Zitronensaft (30 ml)
3-5 Spritzer Tabasco
Cayennepfeffer nach Geschmack
Currypulver

Zutaten, außer Currypulver, mit zerkleinertem Eis im Shaker mischen und
kräftig schütteln. Ins gekühlte
Longdrinkglas gießen und mit Curry
bestreuen.

PEPPERMINT PATTY

PEPPERMINT PATTY

4 Teile Crème de Cacao, weiß
(60 ml)
4 Teile Crème de Menthe, weiß (60 ml)
2 Teile Half-and-half (30 ml)

Sämtliche Zutaten mit zerkleinertem
Eis im Shaker gründlich mischen und
kräftig schütteln. Ins gekühlte
Whiskyglas gießen und servieren.

PERFECT MANHATTAN

6 Teile Rye Whiskey (90 ml)
1 Teil trockener Vermouth (15 ml)
1 Teil süßer Vermouth (15 ml)
Maraschinokirsche

Zutaten, außer Kirsche, mit zerkleinertem Eis im Shaker mischen und kräftig
schütteln. Ins gekühlte Cocktailglas
abseihen und mit Kirsche garnieren.

PERFECT MARTINI

6 Teile Gin (90 ml)
1/2 TL trockener Vermouth
1/2 TL süßer Vermouth
Cocktailolive

Flüssige Zutaten sorgfältig im Rührglas
mit Eiswürfeln verrühren. Ins gekühlte
Cocktailglas abseihen und mit Olive
garnieren.

177

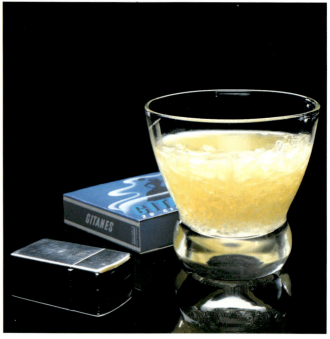

PERNOD COCKTAIL

PERNOD COCKTAIL

4 Teile Pernod (60 ml)
1 Teil Wasser (15 ml)
1/2 TL Zuckersirup
3-5 Spritzer Angosturabitter

Glas mit zerkleinertem Eis füllen.
Zuckersirup, Angosturabitter und
Wasser hinzugeben. Umrühren. Pernod
hinzugeben und nochmals umrühren.

PERNOD FLIP

4 Teile Pernod (60 ml)
3 Teile Half-and-half (45 ml)
1 Teil Orgeatsirup (Mandelsirup; 15 ml)
1 Ei
frisch gemahlener Muskat

Zutaten, außer Muskat, im Mixgerät
mit zerkleinertem Eis mixen. Cremig
rühren und ins gekühlte Weinglas
gießen. Mit Muskat bestreuen.

PERNOD FRAPPE

6 Teile Pernod (90 ml)
1 Teil Anisette (15 ml)
2 Teile Half-and-half (30 ml)
1 Eiweiß

Zutaten mit zerkleinertem Eis im
Shaker mischen und sehr kräftig schütteln. Ins gekühlte Weinglas abseihen.

PEYTON PLACE

3 Teile Schlehen-Gin (45 ml)
2 Teile Gin (30 ml)
5 Teile Grapefruitsaft (75 ml)
1 Teil Zuckersirup (15 ml)
Soda

Zutaten, außer Soda, mit zerkleinertem
Eis im Shaker mixen. Ins gekühlte
Collinsglas gießen. Mit Soda auffüllen
und langsam umrühren.

PEYTON PLACE

PHOEBE SNOW

4 Teile Dubonnet Rouge (60 ml)
4 Teile Pernod (60 ml)

Zutaten mit zerkleinertem Eis im
Shaker mischen und kräftig schütteln.
Ins gekühlte Cocktailglas abseihen.

PICCADILLY COCKTAIL

4 Teile Gin (60 ml)
2 Teile trockener Vermouth (30 ml)
1/4 TL Pernod
1 Spritzer Grenadine

Zutaten im Rührglas mit Eis verrühren
und ins gekühlte Cocktailglas abseihen.

PICON

4 Teile Amer Picon (60 ml)
4 Teile süßer Vermouth (60 ml)

Zutaten mit zerkleinertem Eis im
Shaker mischen und kräftig schütteln.
Ins gekühlte Cocktailglas abseihen.

PICON FIZZ

4 Teile Amer Picon (60 ml)
1 Teil Grenadine (15 ml)
1 Teil Brandy (15 ml)
Soda

Amer Picon und Grenadine über
Eiswürfel ins gekühlte Longdrinkglas
gießen. Mit Soda auffüllen und langsam
umrühren. Brandy darübergleiten lassen.

PILOT BOAT

4 Teile brauner Rum (60 ml)
2 Teile Crème de Bananes
(30 ml)
4 Teile frischer Limettensaft (60 ml)

Zutaten mit zerkleinertem Eis im
Shaker mischen und kräftig schütteln.
Ins gekühlte Cocktailglas abseihen.

PIMM'S CUP

4 Teile Pimm's Cup No. 1 (60 ml)
1 TL Cointreau
4 Teile frischer Limettensaft (60 ml)
1 TL Zuckersirup
Zitronen-Limetten-Soda
2 dünne Gurkenscheiben
ein Zweig frische Minze
Limettenscheibe

Zuckersirup und Limettensaft im
gekühlten Collinsglas mischen und
Glas mit Eiswürfeln füllen. Pimm's und
Cointreau hinzugeben. Mit Soda auffül-
len und langsam umrühren. Mit Gurke,
Minze und Limettenscheibe garnieren.

PHOEBE SNOW

PIMM'S CUP

PIÑA

4 Teile Tequila gold (60 ml)
6 Teile frischer Ananassaft (90 ml)
2 Teile frischer Limettensaft (30 ml)
1 TL Honig
Limettenscheibe

Zutaten, außer Limettenscheibe, mit
zerkleinertem Eis im Shaker mischen
und kräftig schütteln. Ins gekühlte
Whiskyglas gießen und mit
Limettenscheibe garnieren.

PIÑA COLADA FOR FRIENDS

16 Teile weißer Rum (240 ml)
4 Teile brauner Rum (60 ml)
10 Teile Kokoscreme (150 ml)
20 Teile Ananassaft (300 ml)
4 Teile Half-and-half (60 ml)
4 Ananasstücke

Zutaten, außer Ananasstücke, im
Mixgerät mit zerkleinertem Eis mixen.
Cremig rühren. Ins gekühlte Collinsglas
gießen und mit Ananasstücken garnieren. Für vier Personen.

PIÑA COLADA

4 Teile weißer Rum (60 ml)
2 Teile brauner Rum (30 ml)
6 Teile Ananassaft (90 ml)
4 Teile Kokoscreme (60 ml)
Ananasstück

Sämtliche Zutaten, außer Ananasstück,
im Mixgerät mit zerkleinertem Eis
mixen. Cremig rühren. Ins gekühlte
Collinsglas gießen und mit Ananasstück
garnieren.

PIÑATA

4 Teile Tequila gold (60 ml)
2 Teile Crème de Bananes (30 ml)
3 Teile frischer Limettensaft (45 ml)

Zutaten mit zerkleinertem Eis im
Shaker mischen und kräftig schütteln.
Ins gekühlte Cocktailglas abseihen.

PINEAPPLE COOLER

6 Teile gekühlter Weißwein (90 ml)
6 Teile Ananassaft (90 ml)
1 Teil frischer Zitronensaft (15 ml)
1 TL feiner Barzucker
Soda
Zitronenspirale

Zutaten, außer Soda und
Zitronenspirale, mit zerkleinertem Eis
im Shaker mischen und kräftig schütteln. Über Eiswürfel ins gekühlte
Collinsglas abseihen. Mit Soda auffüllen und langsam umrühren. Mit
Zitronenspirale garnieren.

PIÑA COLADA

PINEAPPLE COOLER

PINEAPPLE DAIQUIRI

4 Teile weißer Rum (60 ml)
1 Teil Triple Sec (15 ml)
6 Teile Ananassaft (90 ml)
1 Teil frischer Limettensaft (15 ml)
Ananasstück

Zutaten, außer Ananasstück, im
Mixgerät mit zerkleinertem Eis mixen.
Dickflüssig rühren und ins gekühlte
Weinglas gießen.

PINEAPPLE FIZZ

4 Teile weißer Rum (60 ml)
6 Teile Ananassaft (90 ml)
1 TL Zuckersirup
Soda

Zutaten, außer Soda, mit zerkleinertem
Eis im Shaker mischen und kräftig
schütteln. Über Eiswürfel ins gekühlte
Collinsglas gießen. Mit Soda auffüllen
und langsam umrühren.

PINEAPPLE LEMONADE

4 Teile Wodka (60 ml)
6 Teile Ananassaft (90 ml)
frische Limonade

Wodka und Ananassaft über Eiswürfel
ins gekühlte Collinsglas gießen. Mit
Limonade auffüllen und umrühren.

PINEAPPLE SPARKLER

8 Teile Ananassaft (120 ml)
1 Teil Zuckersirup (15 ml)
Soda
Limettenscheibe

Zutaten, außer Soda und Limettenscheibe, mit zerkleinertem Eis im
Shaker mischen, kräftig schütteln. Über
Eiswürfel ins gekühlte Collinsglas gießen. Mit Soda auffüllen, langsam umrühren. Mit Limettenscheibe garnieren.

PINK ALMOND

4 Teile Blended Whisky (60 ml)
2 Teile Amaretto (30 ml)
1 Teil Crème de Noyaux (15 ml)
1 Teil Kirschwasser (15 ml)
2 Teile frischer Zitronensaft (30 ml)
Zitronenscheibe

Zutaten, außer Zitronenscheibe, mit
zerkleinertem Eis im Shaker mischen
und kräftig schütteln. Ins gekühlte
Sour-Glas gießen und mit
Zitronenscheibe garnieren.

PINK CREOLE

4 Teile weißer Rum (60 ml)
1 Teil frischer Limettensaft (15 ml)
1 TL Grenadine
1 TL Half-and-half
in Rum getränkte schwarze Kirsche

Zutaten, außer Kirsche, mit zerkleinertem Eis im Shaker mischen und kräftig
schütteln. Ins gekühlte Cocktailglas
abseihen und mit Kirsche garnieren.

PINK LADY

4 Teile Gin (60 ml)
1 TL Grenadine
1 TL Half-and-half
1 TL frischer Zitronensaft
1 Eiweiß

Zutaten mit zerkleinertem Eis im
Shaker mischen und sehr kräftig
schütteln. Ins gekühlte Cocktailglas
abseihen.

PINK LEMONADE

4 Teile Wodka (60 ml)
2 Teile Maraschinolikör (30 ml)
frische Limonade

Wodka und Likör über Eiswürfel ins
gekühlte Collinsglas gießen. Mit
Limonade auffüllen und umrühren.

PINK PANTHER

4 Teile Wodka (60 ml)
2 Teile trockener Vermouth (30 ml)
1 Teil Crème de Cassis (15 ml)
2 Teile Orangensaft (30 ml)
ein halbes Eiweiß

Zutaten mit zerkleinertem Eis im
Shaker mischen und sehr kräftig schütteln. Ins gekühlte Cocktailglas abseihen.

PINK PUSSYCAT

4 Teile Gin (60 ml)
Ananassaft
1 Spritzer Grenadine
Ananasstück

Gin über Eiswürfel ins gekühlte
Longdrinkglas gießen. Mit Ananassaft
auffüllen und einen Spritzer Grenadine
hinzugeben. Langsam umrühren und
mit Ananasstück garnieren.

PINK ROSE

4 Teile Gin (60 ml)
1 TL frischer Zitronensaft
1 TL Half-and-half
1/4 TL Grenadine
1 Eiweiß

Zutaten mit zerkleinertem Eis im
Shaker mischen und kräftig schütteln.
Ins gekühlte Cocktailglas abseihen.

PINK SQUIRREL

2 Teile Crème de Cacao, dunkel
(30 ml)
2 Teile Crème de Noyaux (30 ml)
2 Teile Half-and-half (30 ml)

Zutaten mit zerkleinertem Eis im
Shaker mischen und kräftig schütteln.
Ins gekühlte Cocktailglas abseihen.

PINK VERANDA

2 Teile goldener Rum (30 ml)
2 Teile brauner Rum (30 ml)
4 Teile Preiselbeersaft (60 ml)
1 Teil frischer Limettensaft (15 ml)
1 TL Zuckersirup
ein halbes Eiweiß

Sämtliche Zutaten mit zerkleinertem
Eis im Shaker mischen und sehr
kräftig schütteln. Ins gekühlte
Whiskyglas gießen.

PIRATE'S JULEP

6 Teile goldener Rum (90 ml)
1 TL Curaçao weiß
1 TL Orgeatsirup (Mandelsirup)
3-5 Spritzer Peychaud's Bitter
10 Minzeblätter
ein Zweig frische Minze

Minzeblätter mit Orgeatsirup vermengen und Bitter hinzugeben. Glas mit
zerstoßenem Eis füllen und Rum
hineingießen. Umrühren, bis das Glas
bereift ist. Curaçao darübergleiten
lassen. Mit Minzezweig garnieren.

PLANTATION PUNCH

4 Teile brauner Rum (60 ml)
2 Teile Southern Comfort (30 ml)
2 Teile frischer Zitronensaft (30 ml)
1 TL rubinroter Portwein
1 TL brauner Zucker
Soda
Zitronenscheibe
Orangenscheibe

Zutaten - außer Portwein, Wasser und
Früchten - mit zerkleinertem Eis im
Shaker mischen und kräftig schütteln.
Ins gekühlte Collinsglas gießen. Hoch
mit Soda auffüllen und Portwein dar-
übergleiten lassen (floaten). Mit
Früchten garnieren.

PLANTER'S COCKTAIL

4 Teile brauner Rum (60 ml)
2 Teile frischer Zitronensaft (30 ml)
1 TL Zuckersirup

Zutaten mit zerkleinertem Eis im
Shaker mischen und kräftig schütteln.
Ins gekühlte Cocktailglas abseihen.

PLANTER'S PUNCH

4 Teile brauner Rum (60 ml)
4 Teile weißer Rum (60 ml)
2 Teile frischer Limettensaft (30 ml)
2 Teile frischer Zitronensaft (30 ml)
1/4 TL Triple Sec
1 Spritzer Grenadine
1 TL feiner Barzucker
Soda
Limettenscheibe
Maraschinokirsche
Orangenscheibe
Ananasstück

Zutaten, außer Soda und Früchte, mit
zerkleinertem Eis im Shaker mischen
und kräftig schütteln. Über Eiswürfel
ins gekühlte Collinsglas abseihen. Mit
Soda auffüllen und langsam umrühren.
Mit Früchten garnieren.

PLANTER'S PUNCH

PLUM FIZZ

PLAZA COCKTAIL

2 Teile trockener Vermouth (30 ml)
2 Teile süßer Vermouth (30 ml)
2 Teile Gin (30 ml)

Zutaten im Rührglas mit Eiswürfeln mischen und gut verrühren. Ins gekühlte Cocktailglas abseihen.

PLUGGY'S FAVOURITE

4 Teile Gin (60 ml)
4 Teile Pernod (60 ml)
4 Teile Wasser (60 ml)

Zutaten mit zerkleinertem Eis im Shaker mischen und kräftig schütteln. Über Eiswürfel ins gekühlte Whiskyglas abseihen.

PLUM FIZZ

4 Teile Slibowitz
(60 ml)
1 Teil Limettensaft (15 ml)
1 TL Zuckersirup
Soda
Pflaumenscheibe

Zutaten, außer Soda und Pflaume, mit
Eis im Shaker mischen und kräftig
schütteln. Ins gekühlte Longdrinkglas
gießen. Bei Bedarf mehr Eis hinzugeben. Mit kaltem Soda auffüllen und mit
Pflaume garnieren.

POKER COCKTAIL

6 Teile weißer Rum (90 ml)
2 Teile süßer Vermouth (30 ml)

Zutaten mit zerkleinertem Eis im
Shaker mischen und kräftig schütteln.
Ins gekühlte Cocktailglas abseihen.

POLISH SIDECAR

4 Teile Gin (60 ml)
2 Teile Brombeerbrandy (30 ml)
2 Teile frischer Zitronensaft (30 ml)
frische Brombeeren

Zutaten, außer Brombeeren, mit zerkleinertem Eis im Shaker mischen und
kräftig schütteln. Ins gekühlte
Cocktailglas abseihen und mit
Brombeeren garnieren.

POLLYANNA

6 Teile Gin (90 ml)
1 Teil süßer Vermouth (15 ml)
1/2 TL Grenadine
3 Orangenscheiben
3 Ananasstücke

Früchte mit allen Zutaten im Mörser
zerstampfen. Mischung im Shaker mit
zerkleinertem Eis kräftig schütteln. Ins
gekühlte Cocktailglas abseihen.

POLISH SIDECAR

POLO DREAM

4 Teile Bourbon (60 ml)
2 Teile frischer Orangensaft (30 ml)
1 Teil Orgeatsirup (Mandelsirup; 15 ml)

Zutaten mit zerkleinertem Eis im
Shaker mischen und kräftig schütteln.
Ins gekühlte Cocktailglas abseihen.

POLONAISE

4 Teile Brandy (60 ml)
1 Teil Brombeerbrandy (15 ml)
1 Teil trockener Sherry (15 ml)
3 Spritzer frischer Zitronensaft
Spritzer Orangenbitter

Zutaten mit zerkleinertem Eis im
Shaker mischen und kräftig schütteln.
Über Eiswürfel ins gekühlte
Whiskyglas abseihen.

POLYNESIAN COCKTAIL

4 Teile Wodka (60 ml)
2 Teile Kirschbrandy (30 ml)
1 Teil frischer Limettensaft (15 ml)
1 Teil frischer Zitronensaft (15 ml)
Zitronenachtel
feiner Barzucker

Cocktailglas mit Kragen aus Zucker
versehen, indem Sie den Rand mit der
Zitrone befeuchten und das Glas in
Zucker stülpen. Zitrone beiseitelegen.
Restliche Zutaten mit zerkleinertem Eis
im Shaker mischen und kräftig schütteln. Ins Cocktailglas abseihen.

185

POLYNESIAN PEPPER POT

4 Teile Wodka (60 ml)
2 Teile goldener Rum (30 ml)
8 Teile Ananassaft (120 ml)
1 Teil Orgeatsirup (Mandelsirup; 15 ml)
1 TL frischer Zitronensaft
3-5 Spritzer Tabasco
1/4 TL Cayennepfeffer (oder nach Geschmack)
Currypulver

Zutaten, außer Currypulver, mit zerkleinertem Eis im Shaker mischen und kräftig schütteln. Ins gekühlte Longdrinkglas gießen. Mit Curry bestreuen.

POLYNESIAN SOUR

4 Teile weißer Rum (60 ml)
1 Teil Guavennektar (15 ml)
1 Teil frischer Zitronensaft (15 ml)
1 Teil frischer Orangensaft (15 ml)

Zutaten im Mixgerät mit zerkleinertem Eis mixen. Cremig rühren und ins gekühlte Cocktailglas gießen.

POLYNESIAN SWEET AND SOUR

4 Teile Guavennektar (60 ml)
4 Teile frischer Zitronensaft (60 ml)
2 Teile frischer Orangensaft (30 ml)

Zutaten im Mixgerät mit zerkleinertem Eis mixen. Cremig rühren und ins gekühlte Cocktailglas gießen.

POMPANO

4 Teile Gin (60 ml)
2 Teile trockener Vermouth (30 ml)
4 Teile Grapefruitsaft (60 ml)
1 Spritzer Orangenbitter

Zutaten mit zerkleinertem Eis im Shaker mischen und kräftig schütteln. Ins gekühlte Cocktailglas abseihen.

POOP DECK COCKTAIL

4 Teile Brandy (60 ml)
2 Teile rubinroter Portwein (30 ml)
1 Teil Brombeerbrandy (15 ml)

Zutaten mit zerkleinertem Eis im Shaker mischen und kräftig schütteln. Ins gekühlte Cocktailglas abseihen.

PORT ANTONIO

2 Teile goldener Rum (30 ml)
2 Teile brauner Rum (30 ml)
1 Teil Kaffeelikör (15 ml)
1 Teil frischer Limettensaft (15 ml)
1 TL Falernum
Limettenscheibe

Zutaten, außer Limettenscheibe, mit zerkleinertem Eis im Shaker mischen und kräftig schütteln. Ins gekühlte Whiskyglas gießen und mit Limettenscheibe garnieren.

PORT MILK PUNCH

6 Teile rubinroter Portwein (90 ml)
16 Teile Milch (240 ml)
1 TL Zuckersirup
frisch gemahlener Muskat

Sämtliche Zutaten, außer Muskat, mit zerkleinertem Eis im Shaker mischen und kräftig schütteln. Ins gekühlte Collinsglas abseihen und mit Muskat bestreuen.

PORT WINE COBBLER

6 Teile rubinroter Portwein (90 ml)
1 TL feiner Barzucker
4 Teile Soda (60 ml)
Orangenscheibe
Maraschinokirsche

Zucker im gekühlten Rotweinglas im Soda auflösen. Glas mit geschabtem Eis füllen und Portwein hinzugeben. Umrühren und mit Früchten garnieren.

PORT WINE COCKTAIL

6 Teile rubinroter Portwein (90 ml)
1 TL Brandy

Zutaten im Rührglas mit Eiswürfeln verrühren. Ins gekühlte Cocktailglas abseihen.

PORT WINE FLIP

4 Teile rubinroter Portwein (60 ml)
1 TL Zuckersirup
1 EL Half-and-half
1 Ei
frisch gemahlener Muskat

Zutaten, außer Muskat, mit
zerkleinertem Eis im Shaker mischen und
sehr kräftig schütteln. Ins gekühlte
Sour-Glas abseihen. Mit Muskat
bestreuen.

PORT WINE SANGAREE

6 Teile rubinroter Portwein (90 ml)
1 EL Brandy
1/2 TL feiner Barzucker
1 TL Wasser
Soda

Zucker im gekühlten Longdrinkglas im
Wasser auflösen. Portwein hinzugeben
und Glas mit Eiswürfeln füllen. Hoch
mit Soda auffüllen, langsam umrühren
und Brandy darübergleiten lassen.

POST-MODERN LEMONADE

4 Teile Schlehen-Gin (60 ml)
4 Teile trockener Sherry (60 ml)
2 Teile Aquavit (30 ml)
6 Teile frischer Zitronensaft (90 ml)
1 EL Slibowitz
2 Teile Zuckersirup (30 ml)
Soda
Zitronenspirale

Zutaten, außer Soda und Zitronen-
spirale, mit zerkleinertem Eis im
Shaker mischen und kräftig schütteln.
Über Eiswürfel ins gekühlte Collinsglas
abseihen. Langsam umrühren und mit
Zitronenspirale garnieren.

POUSSE-CAFÉ

1 Teil Grenadine (15 ml)
1 Teil Crème de Cacao, weiß (15 ml)
1 Teil Maraschinolikör (15 ml)
1 Teil Curaçao weiß (15 ml)
1 Teil Crème de Menthe, grün (15 ml)
1 Teil Brandy (15 ml)

Zutaten in dieser Reihenfolge langsam
und vorsichtig in ein Pousse-Café-Glas
gießen, so daß jede einzelne eine separate Schicht bildet.

POUSSE L'AMOUR

1 Teil Maraschinolikör
(15 ml)
1 Eigelb
1 Teil Bénédictine (15 ml)
1 Teil Cognac (15 ml)

Zutaten in dieser Reihenfolge langsam
und vorsichtig in ein Pousse-Café-Glas
gießen, so daß jede einzelne eine separate Schicht bildet.

PRADO

4 Teile Tequila silver (60 ml)
2 Teile frischer Limettensaft (30 ml)
1 EL Maraschinolikör
1 TL Grenadine
1 Eiweiß
Limettenscheibe

Zutaten, außer Limette, mit zerkleinertem Eis im Shaker mischen und sehr
kräftig schütteln. Ins Sour-Glas abseihen und mit Limettenscheibe garnieren.

PRAIRIE OYSTER

4 Teile Brandy (60 ml)
1 Teil Rotweinessig (15 ml)
1 Teil Worcestershire-Sauce (15 ml)
1 TL Tomatenketchup
Spritzer Tabasco
Cayennepfeffer nach Geschmack
1 Eigelb

Zutaten, außer Eigelb und Cayenne, mit
zerkleinertem Eis im Shaker mischen.
Ins gekühlte Whiskyglas abseihen.
Eigelb unversehrt auf das Getränk aufsetzen und mit Cayenne bestreuen. In
einem Zug mit unversehrtem Eigelb
leertrinken.

PREAKNESS COCKTAIL

4 Teile Blended Whisky (60 ml)
2 Teile süßer Vermouth (30 ml)
1 TL Bénédictine
Spritzer Angosturabitter
Zitronenspirale

Zutaten, außer Zitronenspirale, mit zerkleinertem Eis im Shaker mischen und
kräftig schütteln. Ins gekühlte
Cocktailglas abseihen und mit
Zitronenspirale garnieren.

PRESIDENTE COCKTAIL

PRESBYTERIAN

6 Teile Bourbon (90 ml)
Ginger Ale
Soda

Bourbon über Eiswürfel ins gekühlte
Longdrinkglas gießen. Zu gleichen
Teilen Ginger Ale und Soda hinzuge-
ben. Langsam umrühren.

PRESIDENTE COCKTAIL

4 Teile weißer Rum (60 ml)
1 Teil trockener Vermouth (15 ml)
1 Teil Triple Sec (15 ml)
1 Spritzer Grenadine
Zitronenspirale

Zutaten, außer Zitronenspirale, mit zerkleinertem Eis im Shaker mischen und
kräftig schütteln. Ins gekühlte
Cocktailglas abseihen und mit
Zitronenspirale garnieren.

PRESTO COCKTAIL

4 Teile Brandy (60 ml)
2 Teile süßer Vermouth (30 ml)
1 TL Pernod
1 Teil frischer Orangensaft (15 ml)

Zutaten mit zerkleinertem Eis im
Shaker mischen und kräftig schütteln.
Ins gekühlte Cocktailglas abseihen.

PRINCE EDWARD

4 Teile Scotch (60 ml)
1 Teil Lillet Blanc (15 ml)
1 Teil Drambuie (15 ml)
Orangenscheibe

Zutaten, außer Orange, mit zerkleinertem Eis im Shaker mischen und kräftig
schütteln. Ins gekühlte Whiskyglas
gießen und mit Orangenscheibe
garnieren.

PRINCE OF WALES

2 Teile Brandy (30 ml)
2 Teile Madeira (30 ml)
1 Teil Curaçao weiß (15 ml)
3-5 Spritzer Angosturabitter
Champagner oder Schaumwein
Orangenscheibe

Zutaten, außer Champagner und
Orange, mit zerkleinertem Eis im
Shaker mischen und kräftig schütteln.
Ins gekühlte Rotweinglas abseihen. Mit
Champagner auffüllen und umrühren.
Mit Orangenscheibe garnieren.

PRINCE'S SMILE

4 Teile Gin (60 ml)
2 Teile Apfelbrandy (30 ml)
2 Teile Aprikosenbrandy (30 ml)
1 TL frischer Zitronensaft

Sämtliche Zutaten mit zerkleinertem
Eis im Shaker gründlich mischen und
kräftig schütteln. Ins gekühlte
Cocktailglas abseihen.

PRINCESS MARY'S PRIDE

4 Teile Apfelbrandy (60 ml)
2 Teile Dubonnet Rouge (30 ml)
1 Teil trockener Vermouth (15 ml)

Zutaten mit zerkleinertem Eis im
Shaker mischen und kräftig schütteln.
Ins gekühlte Cocktailglas abseihen.

PRINCETON COCKTAIL

6 Teile Gin (90 ml)
2 Teile rubinroter Portwein (30 ml)
3-5 Spritzer Angosturabitter
Zitronenspirale

Zutaten mit zerkleinertem Eis im
Shaker mischen und kräftig schütteln.
Ins gekühlte Cocktailglas abseihen und
mit Zitronenspirale garnieren.

PUERTO APPLE

4 Teile Apfelbrandy (60 ml)
2 Teile weißer Rum (30 ml)
1 Teil frischer Limettensaft (15 ml)
1 Teil Orgeatsirup (Mandelsirup; 15 ml)
Limettenscheibe

Zutaten, außer Limette, mit zerkleinertem Eis im Shaker mischen und kräftig
schütteln. Über Eiswürfel ins gekühlte
Whiskyglas abseihen und mit
Limettenscheibe garnieren.

PURPLE PASSION

4 Teile Wodka
(60 ml)
8 Teile roter Traubensaft
(120 ml)
8 Teile Grapefruitsaft (120 ml)

Zutaten mit zerkleinertem Eis im
Shaker mischen und kräftig schütteln.
Über Eiswürfel ins gekühlte Collinsglas
abseihen.

PURPLE PEOPLE EATER

8 Teile roter Traubensaft (120 ml)
1 Teil frischer Limettensaft (15 ml)
Soda
Limettenscheibe

Fruchtsäfte mit zerkleinertem Eis im
Shaker mischen und kräftig schütteln.
Über Eiswürfel ins gekühlte Collinsglas
abseihen. Mit Soda auffüllen und langsam umrühren. Mit Limettenscheibe
garnieren.

Q

QUAKER COCKTAIL

5 Teile Brandy (75 ml)
3 Teile weißer Rum (45 ml)
1 Teil frischer Zitronensaft (15 ml)
1 Teil Himbeersirup (15 ml)
Zitronenspirale

Zutaten, außer Zitrone, mit zerkleinertem Eis im Shaker mischen und kräftig schütteln. Ins gekühlte Cocktailglas abseihen und mit Zitronenspirale garnieren.

QUARTER DECK COCKTAIL

4 Teile brauner Rum (60 ml)
2 Teile Cream Sherry (30 ml)
1 EL frischer Limettensaft

Zutaten mit zerkleinertem Eis im Shaker mischen und kräftig schütteln. Ins gekühlte Cocktailglas abseihen.

QUÉBEC COCKTAIL

6 Teile kanadischer Whisky (90 ml)
2 Teile Amer Picon (30 ml)
2 Teile trockener Vermouth (30 ml)
1 Teil Maraschinolikör (15 ml)

Zutaten mit zerkleinertem Eis im Shaker mischen und kräftig schütteln. Ins gekühlte Cocktailglas abseihen.

QUEEN ELIZABETH

6 Teile Gin (90 ml)
1 Teil trockener Vermouth (15 ml)
2 TL Bénédictine

Zutaten im Rührglas mit Eiswürfeln mischen und gut verrühren. Ins gekühlte Cocktailglas abseihen.

QUEEN ELIZABETH WINE

4 Teile Bénédictine (60 ml)
2 Teile trockener Vermouth (30 ml)
2 Teile frischer Zitronensaft (30 ml)
Zitronenspirale

Sämtliche Zutaten, außer Zitrone, im Rührglas mit Eiswürfeln mischen und gut verrühren. Ins gekühlte Cocktailglas abseihen und mit Zitronenspirale garnieren.

QUICK PICK

eisgekühlter, ungesüßter Tee
4 Teile Pfefferminzsirup (60 ml)
Zitronenachtel
ein Zweig frische Minze

Sirup und Tee über Eiswürfel ins gekühlte Collinsglas gießen. Zitronenachtel über dem Glas ausdrücken und hineinfallen lassen. Umrühren und mit Minzezweig garnieren.

QUIET PASSION

8 Teile heller Traubensaft (120 ml)
8 Teile Grapefruitsaft (120 ml)
2 Teile Passionsfruchtsaft (30 ml)

Zutaten mit zerkleinertem Eis im Shaker mischen und kräftig schütteln. Über Eiswürfel ins gekühlte Collinsglas abseihen.

R

RACQUET CLUB COCKTAIL

4 Teile Gin (60 ml)
1,5 Teile trockener Vermouth (22,5 ml)
1 Spritzer Orangenbitter

Zutaten im Rührglas mit Eiswürfeln mischen und gut verrühren. Ins gekühlte Cocktailglas abseihen.

RAMOS FIZZ

6 Teile Gin (90 ml)
1 Teil frischer Zitronensaft (15 ml)
1 Teil frischer Limettensaft (15 ml)
1 TL feiner Barzucker
1 TL Half-and-half
3-5 Spritzer Orangenblütenwasser
1 Eiweiß
Soda

Zutaten, außer Eiweiß und Soda, mit zerkleinertem Eis im Shaker mischen und sehr kräftig schütteln. Ins gekühlte Collinsglas gießen. Mit Soda auffüllen, Eiweiß hinzugeben und langsam umrühren.

RAMPART STREET PARADE

4 Teile weißer Rum (60 ml)
2 Teile Crème de Bananes (30 ml)
1 Teil Southern Comfort (15 ml)
2 Teile frischer Limettensaft (30 ml)

Zutaten mit zerkleinertem Eis im Shaker mischen und kräftig schütteln. Ins gekühlte Cocktailglas abseihen.

RATTLESNAKE

4 Teile Blended Whisky (60 ml)
1 Teil frischer Zitronensaft (15 ml)
1 TL Zuckersirup
1 Eiweiß
ein Viertel TL Pernod

Zutaten mit zerkleinertem Eis im Shaker mischen und sehr kräftig schütteln. Ins gekühlte Whiskyglas gießen.

RED APPLE

4 Teile Apfelbrandy (60 ml)
4 Teile Grapefruitsaft (60 ml)
3-5 Spritzer Grenadine

Zutaten mit zerkleinertem Eis im Shaker mischen und kräftig schütteln. Ins gekühlte Cocktailglas abseihen.

RED APPLE SUNSET

4 Teile Apfelsaft (60 ml)
4 Teile Grapefruitsaft (60 ml)
3 - 5 Spritzer Grenadine

Zutaten mit zerkleinertem Eis im Shaker mischen und kräftig schütteln. Ins gekühlte Cocktailglas abseihen.

RED CLOUD

4 Teile Gin (60 ml)
2 Teile Aprikosenlikör (30 ml)
2 Teile frischer Zitronensaft (30 ml)
1 TL Grenadine
1 Spritzer Angosturabitter

Zutaten mit zerkleinertem Eis im Shaker mischen und kräftig schütteln. Ins gekühlte Cocktailglas abseihen.

RED LION

4 Teile Gin (60 ml)
3 Teile Orangenlikör (45 ml)
1 Teil frischer Zitronensaft (15 ml)
1 Teil frischer Orangensaft (15 ml)
1/2 TL Grenadine

Zutaten mit zerkleinertem Eis im Shaker mischen und kräftig schütteln. Ins gekühlte Cocktailglas abseihen.

191

RED SNAPPER

4 Teile Wodka (60 ml)
6 Teile Tomatensaft (90 ml)
3-5 Spritzer Worcestershire-Sauce
Salz nach Geschmack
frisch gemahlener schwarzer Pfeffer
Cayennepfeffer nach Geschmack
Spritzer Zitronensaft
1 Stück Stangensellerie

Zutaten - außer Wodka, Tomatensaft und Sellerie - im Shaker mischen und kräftig schütteln. Eiswürfel, Wodka und Tomatensaft hinzugeben und nochmals schütteln. Ins gekühlte Longdrinkglas gießen und mit Sellerie garnieren.

REFORM COCKTAIL

4 Teile Fino Sherry (60 ml)
2 Teile süßer Vermouth (30 ml)
3-5 Spritzer Angosturabitter

Zutaten im Rührglas mit Eiswürfeln mischen und gut verrühren. Ins gekühlte Cocktailglas abseihen.

REFRIGERATOR TEA

4 gehäufte TL Teeblätter
Ihrer Wahl
10-15 zerdrückte frische Minzeblätter (nach Geschmack)
1 Liter Wasser
Zucker nach Geschmack

Tee und Wasser in Glaskrug geben und abgedeckt über Nacht im Kühlschrank kühlen. Über Eiswürfel in gekühlte Collinsgläser abseihen.

REGENT'S PUNCH

1 Flasche Weißwein (z.B. Riesling, Sauterne; 750 ml)
2 Flaschen Madeira (à 750 ml)
1 Flasche Triple Sec (750 ml)
1 Flasche Cognac (750 ml)
3 Flaschen Champagner oder Schaumwein (à 750 ml)
32 Teile brauner Rum (480 ml)
32 Teile starker schwarzer Tee, eisgekühlt (480 ml)
16 Teile frischer Zitronensaft (240 ml)
Orangensaft (750 ml)
eine Vierteltasse feiner Barzucker
2 Liter Soda

Zutaten mindestens zwei Stunden kühlen und anschließend, außer Champagner und Soda, in Bowle gießen und verrühren. Eis hinzugeben. Champagner und Soda zumischen und nochmals langsam umrühren. Für 80 Personen.

REMSEN COOLER

6 Teile Scotch (90 ml)
1 TL Zuckersirup
Soda
Zitronenspirale

Scotch und Sirup über Eiswürfel ins gekühlte Collinsglas gießen. Mit Soda auffüllen und langsam umrühren. Mit Zitronenspirale garnieren.

RENAISSANCE

4 Teile Gin (60 ml)
1 Teil Fino Sherry (15 ml)
1 Teil Half-and-half (15 ml)
frisch gemahlener Muskat

Zutaten, außer Muskat, mit zerkleinertem Eis im Shaker mischen und kräftig schütteln. Über Eiswürfel ins gekühlte Whiskyglas abseihen und mit Muskat bestreuen.

RENDEZ-VOUS

4 Teile Gin (60 ml)
2 Teile Kirschwasser (30 ml)
1 Teil Campari (15 ml)
Zitronenspirale

Zutaten, außer Zitronenspirale, mit zerkleinertem Eis im Shaker mischen und kräftig schütteln. Ins gekühlte Cocktailglas abseihen und mit Zitronenspirale garnieren.

RESOLUTE COCKTAIL

4 Teile Gin (60 ml)
2 Teile Aprikosenbrandy (30 ml)
1 Teil frischer Zitronensaft (15 ml)

Zutaten mit zerkleinertem Eis im Shaker mischen und kräftig schütteln. Ins gekühlte Cocktailglas abseihen.

ROB ROY

RHETT BUTLER

4 Teile Southern Comfort
(60 ml)
1 Teil frischer Limettensaft (15 ml)
1 Teil Curaçao weiß (15 ml)
1 TL frischer Zitronensaft
Zitronenspirale

Zutaten, außer Zitronenspirale, mit zerkleinertem Eis im Shaker mischen und
kräftig schütteln. Ins gekühlte
Cocktailglas abseihen und mit
Zitronenspirale garnieren.

ROAD RUNNER

4 Teile Gin (60 ml)
1 Teil trockener Vermouth (15 ml)
1 TL Grenadine
1/4 TL Pernod

Zutaten mit zerkleinertem Eis im
Shaker mischen und kräftig schütteln.
Ins gekühlte Cocktailglas abseihen.

ROB ROY

6 Teile Scotch (90 ml)
2 Teile süßer Vermouth (30 ml)
1 Spritzer Angosturabitter
Maraschinokirsche

Zutaten, außer Kirsche, im Rührglas
mit Eiswürfeln mischen und gut verrühren. Ins gekühlte Cocktailglas abseihen und mit Kirsche garnieren.

ROBSON COCKTAIL

4 Teile brauner Rum (60 ml)
1 Teil frischer Zitronensaft (15 ml)
1 Teil frischer Orangensaft (15 ml)
1 EL Grenadine

Zutaten mit zerkleinertem Eis im
Shaker mischen und kräftig schütteln.
Ins gekühlte Cocktailglas abseihen.

ROCK AND RYE COOLER

4 Teile Wodka (60 ml)
3 Teile Rock and Rye (45 ml)
2 Teile frischer Limettensaft (30 ml)
Bitter Lemon Soda
Limettenscheibe

Zutaten, außer Soda und Limette, mit zerkleinertem Eis im Shaker mischen. Über Eiswürfel ins gekühlte Collinsglas abseihen und mit Bitter Lemon Soda auffüllen. Langsam umrühren und mit Limettenscheibe garnieren.

ROCKY GREEN DRAGON

4 Teile Gin (60 ml)
2 Teile Chartreuse grün (30 ml)
1 Teil Cognac (15 ml)

Zutaten mit zerkleinertem Eis im Shaker mischen und kräftig schütteln. Ins gekühlte Cocktailglas abseihen.

ROLLS-ROYCE

6 Teile Gin (90 ml)
2 Teile trockener Vermouth (30 ml)
2 Teile süßer Vermouth (30 ml)
1/4 TL Bénédictine

Zutaten im Rührglas mit Eiswürfeln mischen und gut verrühren. Ins gekühlte Cocktailglas abseihen.

ROMAN COOLER

4 Teile Gin (60 ml)
2 Teile Punt e Mes (30 ml)
1 Teil frischer Zitronensaft (15 ml)
1 TL Zuckersirup
1/2 TL süßer Vermouth
Soda
Orangenspirale

Zutaten, außer Soda und Orangenspirale, mit zerkleinertem Eis im Shaker mischen. Über Eiswürfel ins gekühlte Longdrinkglas abseihen. Mit Soda auffüllen und langsam umrühren. Mit Orangenspirale garnieren.

ROMAN SNOWBALL

6 Teile Sambuca weiß (90 ml)
5 Kaffeebohnen

Sambuca in halb mit zerstoßenem Eis gefülltes Sektglas gießen. Kaffeebohnen hinzugeben und mit Strohhalm servieren. Kaffeebohnen einweichen lassen und kauen.

ROSE COCKTAIL

4 Teile Gin (60 ml)
2 Teile Aprikosenbrandy (30 ml)
2 Teile trockener Vermouth (30 ml)
1 TL Grenadine
1 TL frischer Zitronensaft
Zitronenachtel
feiner Barzucker

Cocktailglas mit Kragen aus Zucker versehen, indem Sie den Rand mit der Zitrone befeuchten und das Glas in Zucker stülpen. Zitrone wegwerfen. Restliche Zutaten mit zerkleinertem Eis im Shaker mischen und kräftig schütteln. Ins Cocktailglas abseihen.

ROSE HALL NIGHTCAP

4 Teile Cognac (60 ml)
2 Teile Pernod (30 ml)
1 EL Crème de Cacao, dunkel
4 Teile Half-and-half (60 ml)

Zutaten, außer Crème de Cacao, mit zerkleinertem Eis im Shaker mischen und kräftig schütteln. Ins gekühlte Cocktailglas abseihen.

ROSELYN COCKTAIL

4 Teile Gin (60 ml)
2 Teile trockener Vermouth (30 ml)
1 TL Grenadine
Zitronenspirale

Zutaten, außer Zitrone, im Rührglas mit Eiswürfeln mixen und gut verrühren. Ins gekühlte Cocktailglas abseihen und mit Zitronenspirale garnieren.

ROSITA

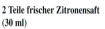

4 Teile Tequila weiß (60 ml)
4 Teile Campari (60 ml)
1 Teil trockener Vermouth (15 ml)
1 Teil süßer Vermouth (15 ml)
Zitronenspirale

Sämtliche Zutaten, außer Zitrone, im
Rührglas mit zerkleinertem Eis gründlich mischen und gut verrühren. Ins
gekühlte Whiskyglas abseihen und mit
Zitronenspirale garnieren.

ROSY DAWN

2 Teile frischer Zitronensaft
(30 ml)
2 Teile frischer Limettensaft (30 ml)
4 Teile frischer Orangensaft (60 ml)
1 Teil Kokoscreme (15 ml)
1 TL Grenadine
1 TL Orgeatsirup (Mandelsirup)

Sämtliche Zutaten im Mixgerät mit
zerkleinertem Eis mixen und cremig
rühren. Ins gekühlte Cocktailglas
abseihen.

ROYAL GIN FIZZ

4 Teile Gin (60 ml)
2 Teile frischer Zitronensaft (30 ml)
1 TL feiner Barzucker
1 Ei
Soda

Zutaten, außer Soda, mit zerkleinertem
Eis im Shaker mischen und sehr kräftig
schütteln. Über Eiswürfel ins gekühlte
Longdrinkglas abseihen. Mit Soda nach
Geschmack auffüllen und langsam
umrühren.

ROYAL MATADOR

8 Teile Tequila gold (120 ml)
3 Teile Framboise (45 ml)
1 EL Amaretto
4 Teile frischer Limettensaft (60 ml)
eine reife Ananas

Ananas oben aufschneiden und abge-
schnittenes Stück aufbewahren.
Fruchtfleisch vorsichtig herausschaben,
so daß die Schale unbeschädigt bleibt.
Fruchtfleisch im Mixgerät flüssig
rühren. Danach durch ein Sieb streichen
und wieder ins Mixgerät gießen.
Restliche Zutaten und zerkleinertes Eis

hinzugeben und dickflüssig rühren.
Mischung in die hohle Ananas gießen.

ROYAL ROOST

4 Teile Bourbon (60 ml)
2 Teile Dubonnet Rouge (30 ml)
1/4 TL Curaçao weiß
1/4 TL Pernod
Spritzer Peychaud's Bitter
Zitronenspirale
Orangenscheibe
Ananasstück

Zutaten, außer Früchte, im Rührglas mit
zerkleinertem Eis mischen und gut verrühren. Über Eiswürfel ins gekühlte
Whiskyglas abseihen. Mit Früchten garnieren.

ROYAL SMILE
COCKTAIL

4 Teile Apfelbrandy (60 ml)
2 Teile Gin (30 ml)
2 Teile frischer Zitronensaft (30 ml)
1 TL Grenadine

Zutaten im Rührglas mit Eiswürfeln
mischen und gut verrühren. Ins gekühlte Cocktailglas abseihen.

RUBY FIZZ

6 Teile Schlehen-Gin (90 ml)
3 Teile frischer Zitronensaft (45 ml)
1 EL Grenadine
1 TL Zuckersirup
1 Eiweiß
Soda

Sämtliche Zutaten, außer Soda, mit
zerkleinertem Eis im Shaker mischen
und kräftig schütteln. Über Eiswürfel
ins gekühlte Longdrinkglas abseihen.
Mit Soda auffüllen und langsam
umrühren.

RUM BUCK

4 Teile weißer Rum (60 ml)
2 Teile frischer Limettensaft (30 ml)
Ginger Ale
Limettenscheibe

Rum und Limettensaft mit Eis im
Shaker mischen und schütteln. Ins ge-
kühlte Collinsglas abseihen. Mit Ginger
Ale auffüllen und langsam umrühren.
Mit Limettenscheibe garnieren.

RUM COBBLER

4 Teile weißer Rum (60 ml)
4 Teile Soda (60 ml)
1 TL feiner Barzucker
Ananasstück
Limettenscheibe
Orangenscheibe

Zucker im gekühlten Weinglas im Soda auflösen. Glas mit zerstoßenem Eis füllen und Rum hinzugeben. Umrühren und mit Früchten garnieren.

RUM COLLINS

6 Teile weißer Rum (90 ml)
3 Teile frischer Limettensaft (45 ml)
1 TL feiner Barzucker
Soda
Zitronenscheibe
Maraschinokirsche

Sämtliche Zutaten, außer Soda und Früchten, mit zerkleinertem Eis im Shaker gründlich mischen und kräftig schütteln. Über Eiswürfel ins gut gekühlte Collinsglas abseihen. Mit Soda auffüllen und langsam umrühren. Mit Früchten garnieren.

RUM COOLER

6 Teile weißer Rum (90 ml)
1 TL Zuckersirup
Ginger Ale
Orangenspirale

Rum und Zuckersirup ins gekühlte Collinsglas gießen. Mit Eiswürfeln und Ginger Ale auffüllen. Langsam umrühren und garnieren.

RUM DAISY

4 Teile goldener Rum (60 ml)
2 Teile frischer Zitronensaft (30 ml)
1 TL feiner Barzucker
1/2 TL Grenadine
Maraschinokirsche
Orangenscheibe

Zutaten, außer Früchte, mit zerkleinertem Eis im Shaker mischen und kräftig schütteln. Über Eiswürfel ins gekühlte Whiskyglas abseihen. Mit Früchten garnieren.

RUM DUBONNET

4 Teile weißer Rum (60 ml)
1 Teil Dubonnet Rouge (15 ml)
1 Teil frischer Zitronensaft (15 ml)

Zutaten mit zerkleinertem Eis im Shaker mischen und kräftig schütteln. Ins gekühlte Cocktailglas abseihen.

RUM FIX

4 Teile goldener Rum (60 ml)
2 Teile frischer Zitronensaft (30 ml)
1 Teil Wasser (15 ml)
1 TL feiner Barzucker
Maraschinokirsche
Zitronenscheibe

Zucker, Zitronensaft und Wasser mit zerkleinertem Eis im Shaker mischen und kräftig schütteln. Ins gekühlte, mit zerstoßenem Eis gefüllte Longdrinkglas abseihen. Rum hinzugeben und gut umrühren. Mit Früchten garnieren.

RUM MARTINI

6 Teile weißer Rum (90 ml)
1/2 TL trockener Vermouth
Spritzer Orangenbitter

Zutaten sorgfältig im Rührglas mit Eiswürfeln verrühren. Ins gekühlte Cocktailglas abseihen.

RUM OLD FASHIONED

4 Teile weißer Rum (60 ml)
1 EL Demerara-Rum
1/2 TL Zuckersirup
1 Spritzer Angosturabitter
Limettenspirale

Angosturabitter und Sirup ins gekühlte Whiskyglas gießen. Eiswürfel hinzugeben und umrühren. Weißen Rum hinzugießen und nochmals umrühren. Demerara-Rum darübergleiten lassen.

RUM PUNCH

6 Teile brauner Rum (90 ml)
2 Teile frischer Limettensaft (30 ml)
2 EL brauner Zucker
1 EL feiner Barzucker
1 TL Grenadine

Zutaten im Mixgerät mit zerkleinertem Eis mixen. Cremig rühren und ins gekühlte Collinsglas abseihen.

196

RUM SCREWDRIVER

4 Teile brauner Rum (60 ml)
frischer Orangensaft

Rum über Eiswürfel ins gekühlte
Longdrinkglas gießen. Mit Orangensaft
auffüllen und umrühren.

RUM SOUR

4 Teile weißer Rum (60 ml)
2 Teile frischer Zitronensaft (30 ml)
1 TL feiner Barzucker
Zitronenscheibe
Maraschinokirsche

Zutaten, außer Früchte, mit zerkleinertem Eis im Shaker mischen und kräftig
schütteln. Ins gekühlte Sour-Glas abseihen und mit Früchten garnieren.

RUM SWIZZLE

4 Teile brauner Rum (60 ml)
3 Teile frischer Limettensaft (45 ml)
2 Spritzer Angosturabitter
1 TL feiner Barzucker
Soda

Zutaten, außer Soda, mit zerkleinertem
Eis im Shaker mischen. Über Eiswürfel
ins gekühlte Collinsglas abseihen. Mit
Soda auffüllen und langsam umrühren.
Mit Holzquirl servieren.

RUMFUSTIAN

250 ml Ale
4 Teile Gin (60 ml)
4 Teile Fino Sherry (60 ml)
1 TL Zucker
2 Eigelb
Zitronenspirale
Zimtstange
5 Gewürznelken
1 Spritzer Gewürznelkenpfeffer
frisch gemahlener Muskat

Eier und Zucker in Schale verquirlen
und zur Seite stellen. Restliche Zutaten,
außer Muskat, im Topf stark erhitzen,
jedoch nicht kochen lassen.
Eiermischung hinzugeben und circa 45
Sekunden lang mit Schneebesen verrühren. Mit Muskat bestreuen. In vorgewärmter Tasse servieren.

RUSSIAN BEAR

4 Teile Wodka (60 ml)
2 Teile Crème de Cacao, dunkel (30 ml)
1 Teil Half-and-half (15 ml)

Zutaten mit zerkleinertem Eis im
Shaker mischen und kräftig schütteln.
Ins gekühlte Cocktailglas abseihen.

RUSSIAN COCKTAIL

4 Teile Wodka (60 ml)
3 Teile Gin (45 ml)
3 Teile Crème de Cacao, weiß (45 ml)

Zutaten mit zerkleinertem Eis im
Shaker mischen und kräftig schütteln.
Ins gekühlte Cocktailglas abseihen.

RUSSIAN COFFEE

4 Teile Kaffeelikör (60 ml)
2 Teile Wodka (30 ml)
3 Teile Half-and-half (45 ml)

Zutaten im Mixgerät mit zerkleinertem
Eis mixen. Weich rühren und in gekühlten Cognacschwenker gießen.

RUSSIAN QUAALUDE

4 Teile Wodka (60 ml)
2 Teile Frangelico (30 ml)
2 Teile Irish Cream Liqueur (30 ml)

Zutaten mit zerkleinertem Eis im
Shaker mischen und kräftig schütteln.
Ins gekühlte Whiskyglas gießen.

RUSSIAN ROSE

6 Teile Wodka (90 ml)
1 Teil Grenadine (15 ml)
1 Spritzer Orangenbitter

Zutaten mit zerkleinertem Eis im
Shaker mischen und kräftig schütteln.
Ins gekühlte Cocktailglas abseihen.

RUSTY NAIL

RUSTY NAIL

4 Teile Scotch (60 ml)
2 Teile Drambuie (30 ml)

Zutaten über Eiswürfel ins gekühlte
Whiskyglas gießen und umrühren.

RYE FLIP

4 Teile Rye Whiskey (60 ml)
1 TL Zuckersirup
1 Ei
frisch gemahlener Muskat

Zutaten, außer Muskat, mit zerkleinertem Eis im Shaker mischen und sehr
kräftig schütteln. Ins gekühlte Weinglas
abseihen und mit Muskat bestreuen.

RYE WHISKY COCKTAIL

6 Teile Rye Whiskey (90 ml)
1 TL feiner Barzucker
1 Spritzer Angosturabitter
Maraschinokirsche

Zutaten, außer Kirsche, mit zerkleinertem Eis im Shaker mischen und kräftig
schütteln. Ins gekühlte Cocktailglas
abseihen und mit Kirsche garnieren.

S.F. SOUR

4 Teile Blended Whisky (60 ml)
2 Teile Bénédictine (30 ml)
1 TL frischer Zitronensaft
1 TL frischer Limettensaft
1 Spritzer Grenadine
Orangenscheibe

Zutaten, außer Orange, mit zerkleinertem Eis im Shaker mischen. Ins gekühlte Sour-Glas abseihen und mit Orangenscheibe garnieren.

SADIE SMASH

6 Teile Bourbon (90 ml)
2 Teile Soda (30 ml)
1 TL feiner Barzucker
4 frische Zweige Minze
Orangenscheibe
Maraschinokirsche

Minze im gekühlten Whiskyglas mit Zucker und Soda vermengen. Glas hoch mit Eiswürfeln füllen und Bourbon hineingießen. Umrühren und mit Früchten garnieren.

SAFE SEX ON THE BEACH

4 Teile Pfirsichnektar (60 ml)
6 Teile Preiselbeersaft (90 ml)
6 Teile Ananassaft (90 ml)
Maraschinokirsche

Zutaten, außer Kirsche, ins mit Eiswürfeln gefüllte Collinsglas gießen und gut umrühren. Mit Kirsche garnieren.

SAKETINI

6 Teile Gin (90 ml)
1 Teil Sake (15 ml)
Zitronenspirale

Zutaten, außer Zitronenspirale, mit zerkleinertem Eis im Shaker mischen und kräftig schütteln. Ins gekühlte Cocktailglas abseihen und mit Zitronenspirale garnieren.

SALLY'S SUMMER COOLER

6 Teile Pfefferminzschnaps (90 ml)
2 Teile frischer Limettensaft (30 ml)
Soda
Limettenscheibe

Schnaps und Limettensaft über Eiswürfel ins gekühlte Collinsglas gießen. Mit Soda auffüllen und langsam umrühren. Mit Limettenscheibe garnieren.

SALTY DOG

4 Teile Wodka (60 ml)
Grapefruitsaft
grobkörniges Salz
granulierter Zucker
Zitronenachtel

Salz und Zucker mischen, Whiskyglasrand mit Zitronenachtel befeuchten und in die Mischung stülpen. Zitronenachtel weglegen. Glas mit Eiswürfeln füllen, Wodka und Grapefruitsaft hineingießen. Umrühren.

SALTY DOG

199

SALTY PUPPY

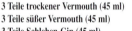

Grapefruitsaft
grobkörniges Salz
granulierter Zucker
Zitronenachtel

Salz und Zucker mischen, Whiskyglasrand mit Zitronenachtel befeuchten
und in die Mischung stülpen. Zitronenachtel weglegen. Glas mit Eiswürfeln
und Grapefruitsaft füllen.
Gut umrühren.

SAN FRANCISCO COCKTAIL

3 Teile trockener Vermouth (45 ml)
3 Teile süßer Vermouth (45 ml)
3 Teile Schlehen-Gin (45 ml)
3-5 Spritzer Angosturabitter
3-5 Spritzer Orangenbitter
Maraschinokirsche

Zutaten, außer Kirsche, mit zerkleinertem Eis im Shaker mischen und kräftig
schütteln. Ins gekühlte Cocktailglas
abseihen.

SAN JUAN

4 Teile weißer Rum (60 ml)
1 EL Brandy
3 Teile Grapefruitsaft (45 ml)
1 EL Kokosmilch
1 EL frischer Limettensaft

Zutaten, außer Brandy, im Mixgerät mit
zerkleinertem Eis mixen. Cremig
rühren und ins gekühlte Weinglas
gießen. Brandy darübergleiten lassen
(floaten).

SAN JUAN CAPISTRANO

4 Teile Grapefruitsaft (60 ml)
2 Teile Kokosmilch (30 ml)
2 Teile frischer Limettensaft (30 ml)
Limettenspirale

Zutaten im Mixgerät mit zerkleinertem
Eis mixen. Cremig rühren und ins
gekühlte Weinglas gießen. Mit
Limettenspirale garnieren.

SAN SEBASTIAN

4 Teile Gin (60 ml)
1 Teil weißer Rum (15 ml)
1 Teil Triple Sec (15 ml)
1 Teil frischer Zitronensaft (15 ml)
1 Teil Grapefruitsaft (15 ml)

Zutaten mit zerkleinertem Eis im
Shaker mischen und kräftig schütteln.
Ins gekühlte Cocktailglas abseihen.

SANCTUARY

4 Teile Dubonnet Rouge (60 ml)
2 Teile Amer Picon (30 ml)
2 Teile Triple Sec (30 ml)
Zitronenspirale

Zutaten, außer Zitronenspirale, mit zerkleinertem Eis im Shaker mischen und
kräftig schütteln. Ins gekühlte
Cocktailglas abseihen und mit
Zitronenspirale garnieren.

SANGRIA

2 Flaschen trockener Rotwein
(à 750 ml)
8 Teile Triple Sec (120 ml)
6 Teile Brandy (90 ml)
6 Teile frischer Orangensaft (90 ml)
4 Teile frischer Zitronensaft (60 ml)
4 Teile frischer Limettensaft (60 ml)
125 ml Zuckersirup
Zitronenscheiben
Limettenscheiben
Orangenscheiben

Zutaten mindestens eine Stunde kühlen.
In Bowle gießen und umrühren.
Großen Block Eis und Früchte
hinzugeben. Für 20 Personen.

SANGRITA

32 Teile Tomatensaft
(480 ml)
16 Teile frischer Orangensaft (240 ml)
6 Teile frischer Limettensaft (90 ml)
eine halbe Jalapeño-Pfefferschote,
entkernt und zerhackt
1 EL Tabasco
2 TL Worcestershire-Sauce
1/4 TL weißer Pfeffer
Selleriesalz nach Geschmack
4 Teile Tequila silver (60 ml) pro Person

SANGRIA

Zutaten, außer Tequila, in großen Krug füllen. Mindestens eine Stunde kühlen (je länger Sie die Mischung ziehen lassen, desto würziger wird sie). Kurz vor dem Servieren in sauberen Krug umfüllen. Tequila in Schnapsglas gießen, Sangrita in anderes Glas. Tequila in einem Zug leeren und sofort einen Schluck Sangrita trinken. Für 14 Personen.

SANGRITA SECA

32 Teile Tomatensaft (480 ml)
16 Teile frischer Orangensaft (240 ml)
6 Teile frischer Limettensaft (90 ml)
eine halbe Jalapeño-Pfefferschote, entkernt und zerhackt
1 EL Tabasco, 2 TL Worcestershire-Sauce
1/2 TL weißer Pfeffer
Selleriesalz nach Geschmack

Zutaten in großen Krug füllen. Mindestens eine Stunde kühlen (je länger Sie die Mischung ziehen lassen, desto würziger wird sie). Kurz vor dem Servieren in sauberen Krug umfüllen. Über Eiswürfel ins gekühlte Longdrinkglas gießen. Für sechs bis acht Personen.

SARATOGA COCKTAIL

SANTIAGO COCKTAIL

4 Teile weißer Rum (60 ml)
4 Teile frischer Limettensaft (60 ml)
Spritzer Grenadine
1/2 TL Zuckersirup

Zutaten mit zerkleinertem Eis im
Shaker mischen und kräftig schütteln.
Ins gekühlte Cocktailglas abseihen.

SARATOGA COCKTAIL

6 Teile Brandy (90 ml)
1/2 TL Maraschinolikör
1 TL frischer Zitronensaft
1 EL Ananassaft

Zutaten mit zerkleinertem Eis im
Shaker mischen und kräftig schütteln.
Ins gekühlte Cocktailglas abseihen.

SAUCY SUE-SUE

4 Teile Apfelbrandy (60 ml)
2 Teile Aprikosenbrandy (30 ml)
1/4 TL Pernod
Orangenspirale

Zutaten, außer Orangenspirale, mit zerkleinertem Eis im Shaker mischen und
kräftig schütteln. Ins gekühlte Cocktailglas abseihen und mit Orangenspirale
garnieren.

SAUZALIKY

4 Teile Tequila gold (60 ml)
125 ml frischer Orangensaft
1/2 TL frischer Limettensaft
eine halbe Banane, in Scheiben

Zutaten im Mixgerät mit zerkleinertem Eis mixen. Cremig rühren. Ins gekühlte Weinglas abseihen.

SAVOY HOTEL

1,5 Teile Crème de Cacao, dunkel (22,5 ml)
1,5 Teile Bénédictine (22,5 ml)
1,5 Teile Cognac (22,5 ml)

Zutaten in dieser Reihenfolge langsam und vorsichtig ins gekühlte Pousse-Café-Glas gießen, so daß jede einzelne eine separate Schicht bildet.

SAXON COCKTAIL

4 Teile weißer Rum (60 ml)
2 Teile frischer Limettensaft (30 ml)
1/4 TL Grenadine
Orangenspirale

Zutaten, außer Orangenspirale, mit zerkleinertem Eis im Shaker mischen und kräftig schütteln. Ins gekühlte Cocktailglas abseihen und mit Orangenspirale garnieren.

SAZERAC

6 Teile Bourbon oder Rye Whiskey (90 ml)
1/2 TL Pernod
1/2 TL feiner Barzucker
2 Spritzer Angostura oder Peychaud's Bitter, 1 TL Wasser, Zitronenspirale

Pernod ins gekühlte Whiskeyglas gießen und schwenken, bis das Glas innen gleichmäßig benetzt ist. Zucker, Wasser und Bitter im Glas vermengen, bis der Zucker aufgelöst ist. Glas mit Eiswürfeln füllen und Bourbon hinzugeben. Gut umrühren. Zitronenspirale ins Glas fallen lassen.

SCARLETT O'HARA

4 Teile Southern Comfort (60 ml)
4 Teile Preiselbeersaft (60 ml)
2 Teile frischer Limettensaft (30 ml)

Zutaten mit zerkleinertem Eis im Shaker mischen und kräftig schütteln. Ins gekühlte Cocktailglas abseihen.

SCARLETT O'HARA

SCORPION

SCORPION

4 Teile goldener Rum (60 ml)
2 Teile Brandy (30 ml)
1 Teil Orgeatsirup (Mandelsirup; 15 ml)
3 Teile frischer Zitronensaft (45 ml)
4 Teile frischer Orangensaft (60 ml)
Orangenscheibe
Zitronenscheibe

Zutaten, außer Früchte, im Mixgerät mit zerkleinertem Eis mixen. Cremig rühren und ins gekühlte Weinglas abseihen. Mit Früchten garnieren.

SCOTCH COBBLER

4 Teile Scotch (60 ml)
1 Teil Honig (15 ml)
1 Teil Curaçao weiß (15 ml)
ein Zweig frische Minze

Zutaten, außer Minze, mit zerkleinertem Eis im Shaker mischen und kräftig schütteln. Über Eiswürfel ins gekühlte Whiskyglas abseihen und mit Minze garnieren.

SCOTCH COOLER

6 Teile Scotch (90 ml)
1 Teil Crème de Menthe, weiß (15 ml)
Soda

Scotch und Crème de Menthe über Eiswürfel ins gekühlte Longdrinkglas gießen. Mit Soda auffüllen und langsam umrühren.

SCOTCH HOLIDAY SOUR

4 Teile Scotch (60 ml)
2 Teile Cherry Heering (30 ml)
2 Teile frischer Zitronensaft (30 ml)
1 Teil süßer Vermouth (15 ml)
Zitronenscheibe

Zutaten mit zerkleinertem Eis im Shaker mischen und kräftig schütteln. Ins gekühlte Sour-Glas abseihen und mit Zitronenscheibe garnieren.

SCOTCH MIST

6 Teile Scotch (90 ml)
Zitronenspirale

Scotch ins gekühlte, mit zerstoßenem Eis gefüllte Whiskyglas gießen. Mit Zitronenspirale garnieren.

SCOTCH SOUR

SCOTCH ORANGE FIX

4 Teile Scotch (60 ml)
1 EL Triple Sec
2 Teile frischer Zitronensaft (30 ml)
1/2 TL feiner Barzucker
Orangenspirale

Scotch, Zucker, Zitronensaft, Eis im
Shaker mischen. Über Eiswürfel ins
Longdrinkglas abseihen.
Orangenspirale ins Glas fallen lassen
und Triple Sec darübergleiten lassen
(floaten).

SCOTCH SANGAREE

4 Teile Scotch (60 ml)
1 TL Honig
Zitronenspirale
Soda
frisch gemahlener Muskat

Den Honig im gekühlten Longdrinkglas in ein wenig Soda auflösen.
Daraufhin Scotch, Zitronenspirale
und Eiswürfel hinzugeben.
Mit genügend Soda auffüllen
und langsam umrühren.
Mit Muskat bestreuen.

SCOTCH SMASH

6 Teile Scotch (90 ml)
1 EL Honig
8 frische Minzeblätter
1 Spritzer Orangenbitter
ein Zweig frische Minze

Minzeblätter im gekühlten Longdrinkglas mit Honig vermengen. Glas mit
zerstoßenem Eis füllen, Scotch hinzugeben. Umrühren. Mit Orangenbitter
abspritzen und mit Minze garnieren.

SCOTCH SOUR

4 Teile Scotch (60 ml)
2 Teile frischer Zitronensaft (30 ml)
1 TL Zuckersirup
Maraschinokirsche
Orangenscheibe

Flüssige Zutaten mit zerkleinertem Eis
im Shaker mischen und kräftig schütteln. Ins gekühlte Cocktailglas abseihen
und mit Früchten garnieren.

SCREWDRIVER

SCREWDRIVER

4 Teile Wodka (60 ml)
frischer Orangensaft
Orangenscheibe

Wodka und Orangensaft über Eiswürfel
ins gekühlte Longdrinkglas gießen.
Umrühren und garnieren.

SEA BREEZE

4 Teile Wodka (60 ml)
4 Teile Preiselbeersaft (60 ml)
Grapefruitsaft

Wodka und Preiselbeersaft über
Eiswürfel ins gekühlte Longdrinkglas
abseihen. Mit Grapefruitsaft auffüllen
und umrühren.

SEABOARD

4 Teile Blended Whisky (60 ml)
2 Teile Gin (30 ml)
1 Teil frischer Zitronensaft (15 ml)
1 TL feiner Barzucker
ein Zweig frische Minze

Zutaten, außer Minze, mit zerkleinertem Eis im Shaker mischen und kräftig
schütteln. Über Eiswürfel ins gekühlte
Whiskyglas abseihen. Mit Minze garnieren.

205

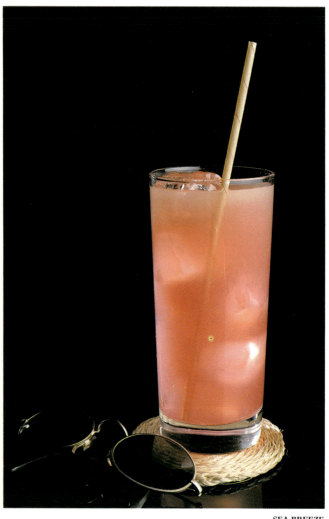

SEA BREEZE

SECRET

4 Teile Scotch (60 ml)
1/2 TL Crème de Menthe, weiß
Soda

Scotch und Likör mit zerkleinertem Eis
im Shaker mischen und kräftig schütteln. Über Eiswürfel ins gekühlte
Longdrinkglas abseihen und mit Soda
auffüllen. Langsam umrühren.

SELF-STARTER

4 Teile Gin (60 ml)
2 Teile Lillet Blanc (30 ml)
1 Teil Aprikosenbrandy (15 ml)
1/4 TL Pernod

Zutaten mit zerkleinertem Eis im
Shaker mischen und kräftig schütteln.
Ins gekühlte Cocktailglas abseihen.

SEPTEMBER MORN

6 Teile weißer Rum (90 ml)
2 Teile frischer Limettensaft (30 ml)
1 TL Grenadine
1 Eiweiß

Zutaten mit zerkleinertem Eis im
Shaker mischen und sehr kräftig schütteln. Ins Cocktailglas abseihen.

SERPENT'S TOOTH

4 Teile irischer Whiskey (60 ml)
2 Teile süßer Vermouth (30 ml)
1 Teil Jägermeister (15 ml)
3 Teile frischer Zitronensaft (45 ml)
3-5 Spritzer Angosturabitter
Zitronenspirale

Zutaten, außer Zitronenspirale, mit zerkleinertem Eis im Shaker mischen und
kräftig schütteln. Ins gekühlte Whiskyglas gießen und mit Zitronenspirale
garnieren.

7 & 7

4 Teile Seagram's 7-Crown (Blended
Whisky; 60 ml)
7-Up

Whisky über Eiswürfel ins gekühlte
Longdrinkglas gießen. Mit 7-Up auffüllen und langsam umrühren.

SEVENTH HEAVEN

4 Teile Gin (60 ml)
1 Teil Maraschinolikör (15 ml)
1 Teil Grapefruitsaft (15 ml)
ein Zweig frische Minze

Zutaten, außer Minze, mit zerkleinertem Eis im Shaker mischen und kräftig
schütteln. Ins gekühlte Cocktailglas
abseihen und mit Minze garnieren.

SEVILLA

4 Teile weißer Rum (60 ml)
4 Teile rubinroter Portwein (60 ml)
1/2 TL Zucker
1 Ei

Zutaten mit zerkleinertem Eis im
Shaker mischen und sehr kräftig schütteln. Ins gekühlte Weinglas abseihen.

SEVILLE

4 Teile Gin (60 ml)
1 Teil Fino Sherry (15 ml)
1 Teil frischer Zitronensaft (15 ml)
1 Teil frischer Orangensaft (15 ml)
1 EL Zuckersirup

Sämtliche Zutaten mit zerkleinertem
Eis im Shaker gründlich mischen und
kräftig schütteln. Ins gekühlte Whiskyglas gießen.

SEX ON THE BEACH

4 Teile Wodka (60 ml)
3 Teile Pfirsichschnaps (45 ml)
6 Teile Preiselbeersaft (90 ml)
6 Teile Ananassaft (90 ml)
Maraschinokirsche

Zutaten, außer Kirsche, ins gekühlte,
mit Eiswürfeln gefüllte Longdrinkglas
gießen und gut umrühren. Mit Kirsche
garnieren.

SHADY LADY

4 Teile Tequila silver (60 ml)
2 Teile Melonenlikör (30 ml)
Grapefruitsaft

Tequila, Likör, Eiswürfel im Longdrinkglas verrühren. Mit Grapefruitsaft
auffüllen und umrühren.

SHAMROCK

4 Teile irischer Whiskey (60 ml)
1 Teil trockener Vermouth (15 ml)
1 Teil Crème de Menthe, grün (15 ml)
1 TL Chartreuse grün

Zutaten mit zerkleinertem Eis im
Shaker mischen und kräftig schütteln.
Ins gekühlte Cocktailglas abseihen.

SHANDY GAFF

Bier
Ginger Ale

Zu gleichen Teilen gleichzeitig ins
gekühlte Collinsglas gießen.

SHANGHAI COCKTAIL

4 Teile brauner Rum (60 ml)
1 Teil Pernod (15 ml)
2 Teile frischer Zitronensaft (30 ml)
1/4 TL Grenadine

Zutaten mit zerkleinertem Eis im
Shaker mischen und kräftig schütteln.
Ins gekühlte Cocktailglas abseihen.

SHARK ATTACK

6 Teile Wodka (90 ml)
3 Teile Limonade (45 ml)
2 Spritzer Grenadine

Zutaten über Eiswürfel ins Collinsglas
gießen und umrühren.

SHARK'S TOOTH

SHARK BITE

4 Teile brauner Rum (60 ml)
6 Teile frischer Orangensaft
(90 ml)
2 Teile frischer Zitronensaft (30 ml)
2 Teile Grenadine (30 ml)

Zutaten im Mixgerät mit zerkleinertem
Eis mixen. Cremig rühren und ins
gekühlte Weinglas gießen.

SHARK'S TOOTH

4 Teile hochprozentiger Rum
(60 ml)
2 Teile frischer Limettensaft (30 ml)
2 Teile frischer Zitronensaft (30 ml)
Spritzer Grenadine
1/4 TL Zuckersirup
Soda
Zitronenachtel

Zutaten, außer Soda und Zitronenachtel, mit zerkleinertem Eis im Shaker
mischen und kräftig schütteln. Ins
gekühlte Longdrinkglas gießen. Mit
Soda auffüllen und mit Zitronenachtel
garnieren.

SHARKY PUNCH

4 Teile Apfelbrandy (60 ml)
2 Teile Rye Whiskey (30 ml)
1/2 TL feiner Barzucker
Soda

Zutaten, außer Soda, mit zerkleinertem
Eis im Shaker mischen und kräftig
schütteln. Ins gekühlte Whiskyglas
gießen. Mit Soda auffüllen und langsam
umrühren.

SHERRY AND EGG

Manzanilla Sherry
1 Ei

Ei vorsichtig ins gekühlte Weinglas
geben, so daß das Eigelb nicht zerläuft.
Mit Sherry auffüllen.

SHERRY COBBLER

8 Teile Amontillado Sherry (120 ml)
1/4 TL Curaçao weiß
1/4 TL Zuckersirup
Zitronenspirale
Ananasstück

Weinglas mit zerstoßenem Eis füllen,
Curaçao und Sirup hinzugeben. Gut
umrühren, bis das Glas beschlägt.
Sherry hinzugeben und nochmals
umrühren. Mit Zitronenspirale und
Ananasstück garnieren.

SHERRY COCKTAIL

6 Teile Amontillado Sherry (90 ml)
3 Spritzer Angosturabitter
Orangenspirale

Zutaten im Rührglas mit Eiswürfeln
verrühren. Ins gekühlte Cocktailglas
abseihen und mit Orangenspirale garnieren.

SHERRY EGGNOG

6 Teile Cream Sherry (90 ml)
1/2 TL feiner Barzucker
1 Ei
Milch
frisch gemahlener Muskat

Zutaten, außer Milch und Muskat, mit zerkleinertem Eis im Shaker mischen und sehr kräftig schütteln. Ins gekühlte Collinsglas abseihen, mit Milch auffüllen und gut umrühren. Mit Muskat bestreuen.

SHERRY FLIP

4 Teile Fino Sherry (60 ml)
1 TL feiner Barzucker
1 Teil Half-and-half (15 ml)
1 Ei
frisch gemahlener Muskat

Zutaten, außer Muskat, mit zerkleinertem Eis im Shaker mischen und sehr kräftig schütteln. Ins gekühlte Sour-Glas abseihen. Mit Muskat bestreuen.

SHERRY SANGAREE

4 Teile Fino Sherry (60 ml)
1 EL rubinroter Portwein
1/2 TL feiner Barzucker
1 TL Wasser
2 Teile Soda (30 ml)

Zucker im gekühlten Whiskyglas im Wasser auflösen und Sherry hinzugießen. Umrühren. Glas mit Eiswürfeln und Soda füllen. Portwein darübergleiten lassen (floaten).

SHERRY TWIST

4 Teile Cream Sherry (60 ml)
2 Teile Brandy (30 ml)
1 Teil trockener Vermouth (15 ml)
1 Teil Curaçao weiß (15 ml)
1 TL frischer Zitronensaft
Orangenspirale

Zutaten, außer Orangenspirale, mit zerkleinertem Eis im Shaker mischen und kräftig schütteln. Ins gekühlte Cocktailglas abseihen und mit Orangenspirale garnieren.

SHIRLEY TEMPLE

2 Teile frischer Zitronensaft (30 ml)
1 Teil Zuckersirup (15 ml)
1 Teil Grenadine (15 ml)
Ginger Ale
Maraschinokirsche
Orangenscheibe

Zutaten, außer Ginger Ale und Früchte, mit zerkleinertem Eis im Shaker mischen und kräftig schütteln. Über Eiswürfel ins gekühlte Whiskyglas abseihen. Mit Ginger Ale auffüllen und langsam umrühren. Mit Früchten garnieren.

SHRINER COCKTAIL

4 Teile Brandy (60 ml)
2 Teile Schlehen-Gin (30 ml)
3 Spritzer Angosturabitter
1/4 TL feiner Barzucker
Zitronenspirale

Zutaten, außer Zitronenspirale, mit zerkleinertem Eis im Shaker mischen und kräftig schütteln. Ins gekühlte Cocktailglas abseihen und mit Zitronenspirale garnieren.

SIDECAR

4 Teile Brandy (60 ml)
2 Teile Triple Sec (30 ml)
2 Teile frischer Zitronensaft (30 ml)

Zutaten mit zerkleinertem Eis im Shaker mischen und kräftig schütteln. Ins gekühlte Cocktailglas abseihen.

SILK STOCKINGS

4 Teile Tequila silver (60 ml)
2 Teile Crème de Cacao, weiß (30 ml)
4 Teile Half-and-half (60 ml)
1 Spritzer Grenadine
gemahlener Zimt

Zutaten, außer Zimt, mit zerkleinertem Eis im Shaker mischen und kräftig schütteln. Ins gekühlte Cocktailglas abseihen und mit Zimt bestreuen.

SILVER BULLET

4 Teile Gin (60 ml)
2 Teile Jägermeister (30 ml)
1 Teil frischer Zitronensaft (15 ml)

Zutaten mit zerkleinertem Eis im
Shaker mischen und kräftig schütteln.
Ins gekühlte Cocktailglas abseihen.

SILVER COCKTAIL

4 Teile Gin (60 ml)
2 Teile trockener Vermouth (30 ml)
1 TL Maraschinolikör
3 Spritzer Orangenbitter
Zitronenspirale

Zutaten, außer Zitronenspirale, mit zerkleinertem Eis im Shaker mischen und
kräftig schütteln. Ins gekühlte Cocktailglas abseihen und mit Zitronenspirale
garnieren.

SILVER FIZZ

6 Teile Gin (90 ml)
3 Teile frischer Zitronensaft (45 ml)
1 TL feiner Barzucker
1 Eiweiß
Soda

Sämtliche Zutaten, außer Soda, mit
zerkleinertem Eis im Shaker mischen
und kräftig schütteln. Über Eiswürfel
ins gekühlte Longdrinkglas abseihen.
Mit Soda auffüllen und langsam
umrühren.

SILVER KING COCKTAIL

4 Teile Gin (60 ml)
2 Teile frischer Zitronensaft (30 ml)
1 TL Zuckersirup
1 Eiweiß
Spritzer Angosturabitter

Zutaten mit zerkleinertem Eis im
Shaker mischen und sehr kräftig
schütteln. Ins gekühlte Cocktailglas
abseihen.

SILVER STALLION

4 Teile Gin (60 ml)
2 Teile frischer Limettensaft (30 ml)
kleine Kugel Vanilleeis
Soda

Sämtliche Zutaten, außer Soda, im
Mixgerät mit zerkleinertem Eis mixen.
Kurz rühren, bis die Mischung dick-
flüssig und cremig ist. Ins gut gekühlte
Longdrinkglas gießen. Nach Ge-
schmack mit Soda auffüllen.

SILVER STREAK

6 Teile Gin (90 ml)
3 Teile Jägermeister (45 ml)

Zutaten mit zerkleinertem Eis im
Shaker mischen und kräftig schütteln.
Ins gekühlte Cocktailglas abseihen.

SINGAPORE SLING

6 Teile Gin (90 ml)
2 Teile Kirschbrandy (30 ml)
2 Teile frischer Zitronensaft (30 ml)
1 TL feiner Barzucker
Soda
Maraschinokirsche
Orangenscheibe

Zutaten - außer Soda, Brandy und
Früchte - mit zerkleinertem Eis im
Shaker mischen und kräftig schütteln.
Über Eiswürfel ins gekühlte Collinsglas
abseihen. Mit Soda auffüllen und
Brandy darübergleiten lassen (floaten).
Mit Früchten garnieren.

SINGAPORE SLING

SINK OR SWIM

4 Teile Brandy (60 ml)
1 Teil süßer Vermouth (15 ml)
3-5 Spritzer Angosturabitter

Zutaten mit zerkleinertem Eis im Shaker mischen und kräftig schütteln. Ins gekühlte Cocktailglas abseihen.

SIR WALTER RALEIGH COCKTAIL

4 Teile brauner Rum (60 ml)
3 Teile Brandy (45 ml)
1 Teil Grenadine (15 ml)
1 Teil Curaçao weiß (15 ml)
1 Teil frischer Zitronensaft (15 ml)

Zutaten mit zerkleinertem Eis im Shaker mischen und kräftig schütteln. Ins gekühlte Cocktailglas abseihen.

SLEDGEHAMMER

2 Teile Apfelbrandy (30 ml)
2 Teile Brandy (30 ml)
2 Teile goldener Rum (30 ml)
1/4 TL Pernod

Zutaten mit zerkleinertem Eis im Shaker mischen und kräftig schütteln. Ins gekühlte Cocktailglas abseihen.

SLEEPING BULL

8 Teile Rindfleischbrühe (120 ml)
8 Teile Tomatensaft (120 ml)
Tabasco nach Geschmack
1/4 TL Worcestershire Sauce
1 Teil frischer Limettensaft (15 ml)
Selleriesalz nach Geschmack
frisch gemahlener Pfeffer nach Geschmack

Zutaten in der Pfanne mit gelegentlichem Umrühren erhitzen, jedoch nicht zum Kochen bringen. In einer vorgewärmten Kaffeetasse servieren.

SLEEPY HEAD

6 Teile Brandy (90 ml)
5 Minzeblätter
Ginger Ale
Orangenspirale

Minzeblätter im gekühlten Longdrinkglas mit Brandy vermengen.

Eiswürfel hinzugeben und mit Ginger Ale auffüllen. Langsam umrühren und mit Orangenspirale garnieren.

SLIPPERY NIPPLE

4 Teile Sambuca weiß (60 ml)
2 Teile Irish Cream Liqueur (30 ml)
1 Spritzer Grenadine

Sambuca ins gekühlte Cocktailglas gießen. Sahnelikör darübergleiten lassen (floaten) und Grenadine mitten auf das Getränk aufsetzen.

SLOE GIN COCKTAIL

6 Teile Schlehen-Gin (90 ml)
1 TL trockener Vermouth
2 Spritzer Angosturabitter

Zutaten im Rührglas mit Eiswürfeln verrühren und ins gekühlte Cocktailglas abseihen.

SLOE GIN FIZZ

4 Teile Schlehen-Gin (60 ml)
3 Teile frischer Zitronensaft (45 ml)
1 TL Zuckersirup
Soda
Zitronenscheibe

Zutaten, außer Soda und Zitronenscheibe, mit zerkleinertem Eis im Shaker mischen und kräftig schütteln. Über Eiswürfel ins gekühlte Longdrinkglas abseihen. Mit Soda auffüllen, langsam umrühren und mit Zitronenscheibe garnieren.

SLOE GIN FLIP

4 Teile Schlehen-Gin (60 ml)
2 Teile Half-and-half (30 ml)
1/2 TL feiner Barzucker
1 Ei
frisch gemahlener Muskat

Zutaten, außer Muskat, mit zerkleinertem Eis im Shaker mischen und sehr kräftig schütteln. Ins gekühlte Sour-Glas abseihen. Mit Muskat bestreuen.

THE ROYALTON

SLOE SCREW

SLOE GIN RICKEY

4 Teile Schlehen-Gin (60 ml)
2 Teile frischer Limettensaft (30 ml)
Soda
Limettenscheibe

Schlehen-Gin und Limettensaft über
Eiswürfel ins gekühlte Longdrinkglas
gießen. Mit Soda auffüllen und langsam
umrühren. Mit Limettenscheibe
garnieren.

SLOE SCREW

4 Teile Schlehen-Gin (60 ml)
frischer Orangensaft

Schlehen-Gin über Eiswürfel ins
gekühlte Longdrinkglas gießen. Mit
Orangensaft auffüllen und umrühren.

SLOE TEQUILA

4 Teile Tequila silver (60 ml)
2 Teile Schlehen-Gin (30 ml)
1 Teil frischer Limettensaft (15 ml)
Gurkenscheibe

Sämtliche Zutaten, außer Gurke, im Mixgerät mit zerkleinertem Eis mixen. Dickflüssig rühren und ins gekühlte Whiskyglas gießen. Bei Bedarf mehr Eis hinzugeben. Mit Gurke garnieren.

SLOE VERMOUTH

4 Teile trockener Vermouth (60 ml)
2 Teile Schlehen-Gin (30 ml)
1 Teil frischer Zitronensaft (15 ml)

Zutaten mit zerkleinertem Eis im Shaker mischen und kräftig schütteln. Ins gekühlte Cocktailglas abseihen.

SLOPPY JOE'S COCKTAIL

4 Teile weißer Rum (60 ml)
3 Teile trockener Vermouth (45 ml)
1/2 TL Grenadine
1/2 TL Triple Sec
3 Teile frischer Limettensaft (45 ml)

Zutaten mit zerkleinertem Eis im Shaker mischen und kräftig schütteln. Ins gekühlte Cocktailglas abseihen.

SLOPPY RUDY'S COCKTAIL

4 Teile Brandy (60 ml)
3 Teile rubinroter Portwein (45 ml)
1/2 TL Grenadine
1/2 TL Triple Sec
3 Teile Ananassaft (45 ml)

Zutaten mit zerkleinertem Eis im Shaker mischen und kräftig schütteln. Ins gekühlte Cocktailglas abseihen.

SLOW COMFORTABLE SCREW

4 Teile Wodka (60 ml)
2 Teile Southern Comfort (30 ml)
1 Teil Schlehen-Gin (15 ml)
frischer Orangensaft

Zutaten, außer Orangensaft, mit zerkleinertem Eis im Shaker mischen. Über

Eiswürfel ins gekühlte Longdrinkglas abseihen und mit Orangensaft auffüllen. Gut umrühren.

SMILER COCKTAIL

2 Teile trockener Vermouth (30 ml)
2 Teile süßer Vermouth (30 ml)
2 Teile Gin (30 ml)
Spritzer Angosturabitter
1/2 TL frischer Orangensaft

Zutaten mit zerkleinertem Eis im Shaker mischen und kräftig schütteln. Ins gekühlte Cocktailglas abseihen.

SMOKIN' TEXAS MARY

6 Teile Wodka (90 ml)
1 Teil frischer Limettensaft (15 ml)
1 Teil Barbecue-Sauce (15 ml)
Tabasco nach Geschmack
3-5 Spritzer Worcestershire-Sauce
frisch gemahlener Pfeffer
Tomatensaft
eingelegte Jalapeño-Pfefferschote
Limettenscheibe

Zutaten - außer Tomatensaft, Pfefferschote und Limettenscheibe - mit zerkleinertem Eis im Shaker mischen und kräftig schütteln. Ins gekühlte Longdrinkglas gießen. Mit Tomatensaft auffüllen und umrühren. Mit Jalapeno und Limettenscheibe garnieren.

SNEAKY PETE

4 Teile Tequila silver oder Mescal (60 ml)
2 Teile Crème de Menthe, weiß (30 ml)
2 Teile frischer Limettensaft (30 ml)
2 Teile Ananassaft (30 ml)
Limettenscheibe

Zutaten, außer Limette, mit zerkleinertem Eis im Shaker mischen und schütteln. Ins gekühlte Cocktailglas abseihen und mit Limettenscheibe garnieren.

SNOWBALL

4 Teile Gin (60 ml)
2 Teile Pernod (30 ml)
1 Teil Half-and-half (15 ml)

Zutaten mit zerkleinertem Eis im Shaker mischen und kräftig schütteln. Ins gekühlte Cocktailglas abseihen.

SOMBRERO

SOBER STRAWBERRY COLADA

2 Teile Kokoscreme (30 ml)
10 Teile Ananassaft (150 ml)
6 frische Erdbeeren
Ananasstück

Zutaten, außer Ananasstück und einer
Erdbeere, im Mixgerät mit zerkleinertem Eis mixen. Cremig rühren und ins
gekühlte Longdrinkglas gießen. Mit
Ananas und Erdbeere garnieren.

SOMBRERO

4 Teile Kaffeelikör (60 ml)
2 Teile Half-and-half (30 ml)

Likör über Eiswürfel ins gekühlte
Whiskyglas gießen. Half-and-half
darübergleiten lassen (floaten).

SOUL KISS

SOUL KISS

4 Teile Bourbon (60 ml)
2 Teile trockener Vermouth (30 ml)
1 Teil Dubonnet Rouge (15 ml)
1 Teil frischer Orangensaft (15 ml)

Zutaten mit zerkleinertem Eis im
Shaker mischen und kräftig schütteln.
Ins gekühlte Cocktailglas abseihen.

SOUTH PACIFIC

4 Teile Brandy (60 ml)
2 Teile Wodka (30 ml)
6 Teile Ananassaft (90 ml)
2 Teile frischer Zitronensaft (30 ml)
1/4 TL Grenadine

Zutaten mit zerkleinertem Eis im
Shaker mischen und kräftig schütteln.
Ins gekühlte Sour-Glas abseihen.

SOUTHERN BRIDE

6 Teile Gin (90 ml)
1 TL Maraschinolikör
4 Teile Grapefruitsaft (60 ml)

Zutaten mit zerkleinertem Eis im
Shaker mischen und kräftig schütteln.
Ins gekühlte Cocktailglas abseihen.

SOUTHERN GIN COCKTAIL

6 Teile Gin (90 ml)
1 Teil Triple Sec (15 ml)
3 Spritzer Orangenbitter
Zitronenspirale

Zutaten, außer Zitronenspirale, im
Rührglas mit Eiswürfeln mixen und
gut verrühren. Ins gekühlte Cocktailglas
abseihen und mit Zitronenspirale
garnieren.

SOUTHERN GINGER

4 Teile Bourbon (60 ml)
1 Teil Ingwerbrandy (15 ml)
1 Teil frischer Zitronensaft
(15 ml)
Ginger Ale
Zitronenspirale

Zutaten, außer Ginger Ale und Zitrone,
mit zerkleinertem Eis im Shaker
mischen und ins gekühlte Longdrinkglas gießen. Mit Ginger Ale auffüllen
und langsam umrühren. Mit Zitronenspirale garnieren.

SOUTHSIDE COCKTAIL

6 Teile Gin (90 ml)
3 Teile frischer Zitronensaft (45 ml)
1 TL feiner Barzucker
ein Zweig frische Minze

Zutaten, außer Minze, mit zerkleinertem Eis im Shaker mischen und kräftig
schütteln. Ins gekühlte Cocktailglas
abseihen und mit Minze garnieren.

SOVIET COCKTAIL

6 Teile Wodka (90 ml)
2 Teile Manzanilla Sherry (30 ml)
1 Teil trockener Vermouth (15 ml)
Zitronenspirale

Zutaten, außer Zitronenspirale, mit zerkleinertem Eis im Shaker mischen und
kräftig schütteln. Über Eiswürfel ins
gekühlte Whiskyglas gießen. Mit
Zitronenspirale garnieren.

SOYER AU CHAMPAGNE

1/4 TL Cognac
1/4 TL Maraschinolikör
1/4 TL Triple Sec
2 gehäufte EL Vanilleeis
Champagner oder Soda
Maraschinokirsche

Vanilleeis im gekühlten Weinglas mit
Cognac und Likör mixen. Mit
Champagner auffüllen und langsam
umrühren. Mit Kirsche garnieren.

SPANISH MOSS

6 Teile Tequila weiß (90 ml)
2 Teile Kaffeelikör (30 ml)
1 Teil Crème de Menthe, grün (15 ml)

Sämtliche Zutaten mit zerkleinertem
Eis im Shaker mischen und über
Eiswürfel ins gekühlte Whiskyglas
abseihen.

SPANISH TOWN COCKTAIL

6 Teile weißer Rum (90 ml)
1 Teil Triple Sec (15 ml)

Zutaten im Rührglas mit Eiswürfeln
mixen und verrühren. Ins gekühlte
Cocktailglas abseihen.

SPARKLING PEACH MELBA

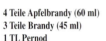

eine Vierteltasse tiefgefrorene Himbeeren
8 Teile Pfirsichnektar (120 ml)
Soda

Himbeeren pürieren und Samen entfernen. Mit Pfirsichnektar im Shaker mischen und kräftig schütteln. Ins gekühlte Collinsglas gießen und mit Soda auffüllen. Langsam umrühren.

SPECIAL ROUGH

4 Teile Apfelbrandy (60 ml)
3 Teile Brandy (45 ml)
1 TL Pernod

Zutaten im Rührglas mit Eiswürfeln mixen und gut verrühren. Ins gekühlte Cocktailglas abseihen.

SPENCER COCKTAIL

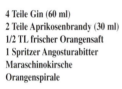

4 Teile Gin (60 ml)
2 Teile Aprikosenbrandy (30 ml)
1/2 TL frischer Orangensaft
1 Spritzer Angosturabitter
Maraschinokirsche
Orangenspirale

Zutaten, außer Früchte, mit zerkleinertem Eis im Shaker mischen und kräftig schütteln. Ins gekühlte Cocktailglas abseihen und mit den Früchten garnieren.

SPICED ICED COFFEE

1 Liter heißer und starker
schwarzer Kaffee
4 Zimtstangen
12 Gewürznelken
1/2 TL gemahlener Muskat
1/2 TL gemahlener Ingwer
in schmale Streifen geschnittene Schalen
von 2 Zitronen und 2 Orangen
4 Zuckerwürfel

Zimt, Gewürznelken, Fruchtschalen und Zucker im hitzebeständigen Gefäß vermengen. Heißen Kaffee hinzugeben, umrühren und im Kühlschrank kalt stellen. Über Eiswürfel in gekühlten Longdrinkgläsern servieren. Für sechs bis acht Personen.

SPRITZER

6 Teile Rotwein oder Weißwein
(90 ml)
Soda
Zitronenspirale

Wein über Eiswürfel ins gekühlte Weinglas gießen. Mit Soda auffüllen und mit Zitronenspirale garnieren.

ST. MARK'S PLACE LEMONADE

4 Teile frischer Zitronensaft (60 ml)
4 Teile frischer Limettensaft (60 ml)
1 TL feiner Barzucker
2 TL Passionsfruchtsirup
Soda
Orangenscheibe

Fruchtsäfte, Zucker und Sirup mit zerkleinertem Eis im Shaker mischen und kräftig schütteln. Ins gekühlte, hoch mit Eiswürfeln gefüllte Longdrinkglas abseihen. Mit Soda auffüllen und langsam umrühren. Mit Orangenscheibe garnieren.

ST. PETERSBURG

6 Teile Wodka (90 ml)
1/2 TL Orangenbitter
Orangenscheibe

Wodka und Bitter ins Rührglas mit zerkleinertem Eis gießen. Gut umrühren und über Eiswürfel ins gekühlte Whiskyglas abseihen. Mit Orangenscheibe garnieren.

STANLEY SPRITZER

4 Teile frischer Limettensaft (60 ml)
4 Teile frischer Orangensaft (60 ml)
Ginger Ale
Limettenscheibe

Fruchtsäfte mit zerkleinertem Eis im Shaker mischen und kräftig schütteln. Über Eiswürfel ins gekühlte Collinsglas abseihen. Mit Ginger Ale auffüllen und langsam umrühren. Mit Limettenscheibe garnieren.

SPRITZER

STAR COCKTAIL

4 Teile Apfelbrandy (60 ml)
2 Teile süßer Vermouth (30 ml)
1 Spritzer Angosturabitter
Zitronenspirale

Zutaten, außer Zitronenspirale, mit zerkleinertem Eis im Shaker mischen und
kräftig schütteln. Ins gekühlte Cocktailglas abseihen und mit Zitronenspirale
garnieren.

STAR DAISY

4 Teile Gin (60 ml)
3 Teile Apfelbrandy (45 ml)
3 Teile frischer Zitronensaft (45 ml)
1/2 TL Triple Sec
1 TL Zuckersirup

Zutaten mit zerkleinertem Eis im
Shaker mischen. Kräftig schütteln und
ins gekühlte Weinglas abseihen.

STARS AND STRIPES

1,5 Teile Cherry Heering
(22,5 ml)
1,5 Teile Half-and-half (22,5 ml)
1,5 Teile Curaçao blau (22,5 ml)

Zutaten in dieser Reihenfolge langsam
und vorsichtig ins gekühlte Pousse-
Café-Glas gießen, so daß jede einzelne
eine separate Schicht bildet.

STEAMING BULL

4 Teile Tequila weiß (60 ml)
6 Teile Rindfleischbrühe (90 ml)
6 Teile Tomatensaft (90 ml)
Tabasco nach Geschmack
1/4 TL Worcestershire-Sauce
1 Teil frischer Limettensaft (15 ml)
Selleriesalz nach Geschmack
frisch gemahlener Pfeffer nach Geschmack

Zutaten, außer Tequila, im Topf erhitzen, jedoch nicht zum Kochen bringen.
Tequila in vorgewärmte Tasse gießen
und Brühemischung hinzugeben.
Umrühren.

STILETTO

4 Teile Bourbon (60 ml)
1 Teil Amaretto (15 ml)
2 Teile frischer Zitronensaft (30 ml)

Zutaten mit zerkleinertem Eis im
Shaker mischen und kräftig schütteln.
Über Eiswürfel ins gekühlte Whisky-
glas abseihen.

STINGER

4 Teile Brandy (60 ml)
2 Teile Crème de Menthe, weiß (30 ml)

Zutaten mit zerkleinertem Eis im
Shaker mischen und kräftig schütteln.
Ins gekühlte Whiskyglas gießen.

STIRRUP CUP

4 Teile Brandy (60 ml)
3 Teile Kirschbrandy (45 ml)
3 Teile frischer Zitronensaft (45 ml)
1 TL feiner Barzucker

Zutaten mit zerkleinertem Eis im
Shaker mischen und kräftig schütteln.
Über Eiswürfel ins gekühlte
Whiskyglas abseihen.

STINGER

STONE FENCE

4 Teile Scotch (60 ml)
Spritzer Angosturabitter
Apfelcidre mit Kohlensäure

Scotch und Bitter über Eiswürfel ins
Longdrinkglas gießen. Mit Apfelcidre
auffüllen, langsam umrühren.

STRAIGHT LAW COCKTAIL

6 Teile Amontillado Sherry (90 ml)
2 Teile Gin (30 ml)

Zutaten im Rührglas mit Eiswürfeln
mixen und verrühren. Ins gekühlte
Cocktailglas abseihen.

STRAWBERRY COLADA

6 Teile goldener Rum (90 ml)
2 Teile Kokoscreme (30 ml)
8 Teile Ananassaft (120 ml)
6 frische Erdbeeren
Ananasstück

Zutaten, außer Ananasstück und einer
Erdbeere, im Mixgerät mit zerkleinertem Eis mixen. Cremig rühren und ins
gekühlte Collinsglas abseihen. Mit
Ananas und Erdbeere garnieren.

STRAWBERRY COLADA

STRAWBERRY DAIQUIRI

4 Teile weißer Rum (60 ml)
2 Teile frischer Limettensaft (30 ml)
1 TL Zuckersirup
7 große frische Erdbeeren (oder je nach Jahreszeit tiefgefrorene)

Zutaten, mit Ausnahme einer Erdbeere, im Mixgerät mit zerkleinertem Eis mixen. Cremig rühren und ins gekühlte Cocktailglas gießen. Mit Erdbeere garnieren.

STRAWBERRY MARGARITA

4 Teile Tequila silver (60 ml)
1 EL Triple Sec
1 Teil Erdbeersirup (15 ml)
4 Teile frischer Limettensaft (60 ml)
frische Erdbeere
grobkörniges Salz
Zitronenachtel

Großes Cocktailglas mit Kragen aus Salz versehen, indem Sie den Glasrand mit einem Zitronenachtel befeuchten und in grobkörniges Salz stülpen. Restliche Zutaten mit zerkleinertem Eis im Shaker mischen und kräftig schütteln. Ins gekühlte Cocktailglas abseihen und mit frischer Erdbeere garnieren.

221

STRAWBERRY / BANANA KEFIR

1 Banane, in Scheiben
1 Tasse frische Erdbeeren
2 Teile Honig (30 ml)
16 Teile Vanillejoghurt (240 ml)
16 Teile Apfelsaft (240 ml)

Zutaten, außer Apfelsaft, im Mixgerät mixen und cremig rühren. Apfelsaft unter beständigem Rühren bei niedriger Stufe langsam hinzugießen, bis gewünschte Flüssigkeitsdichte erreicht ist. Im Krug kalt stellen. In gekühlten Longdrinkgläsern und mit frischen Erdbeeren garniert servieren. Für vier Personen.

(Anm.: Mit Honig-Joghurt-Fruchtsaft-Kombinationen können auch andere Fruchtkefirs zubereitet werden.)

STREGA FLIP

4 Teile Strega (60 ml)
2 Teile Brandy (30 ml)
2 Teile frischer Zitronensaft (30 ml)
3 Teile frischer Orangensaft (45 ml)
1 Teil Zuckersirup (15 ml)
1 Ei
frisch gemahlener Muskat

Sämtliche Zutaten, außer Muskat, im Mixgerät mit zerkleinertem Eis mixen. Cremig rühren und ins gekühlte Longdrinkglas gießen. Mit Muskat bestreuen.

STREGA SOUR

4 Teile Gin (60 ml)
2 Teile Strega (30 ml)
2 Teile frischer Zitronensaft (30 ml)
Zitronenscheibe

Zutaten, außer Zitronenscheibe, mit Eis im Shaker mischen. Ins gekühlte Sour-Glas abseihen und mit Zitronenscheibe garnieren.

SUBMARINO

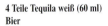

4 Teile Tequila weiß (60 ml)
Bier

Gekühlten Krug zu drei Vierteln mit Bier füllen. Tequila in Schnapsglas füllen und dieses im Bier versenken.

SUBMARINO

SUBWAY COOLER

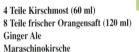

4 Teile Kirschmost (60 ml)
8 Teile frischer Orangensaft (120 ml)
Ginger Ale
Maraschinokirsche

Zutaten, außer Ginger Ale, mit zerkleinertem Eis im Shaker mischen. Über Eiswürfel ins gekühlte Longdrinkglas abseihen. Mit Ginger Ale auffüllen und langsam umrühren. Mit Kirsche garnieren.

SUFFERING BASTARD

4 Teile Gin (60 ml)
3 Teile Brandy (45 ml)
1 Teil frischer Limettensaft (15 ml)
1 TL Zuckersirup
1 EL Angosturabitter
Ingwerbier
Gurkenscheibe
ein Zweig Minze
Limettenscheibe

Bitter ins gekühlte Collinsglas gießen und schwenken, bis das Glas innen gleichmäßig benetzt ist. Überschuß weggießen. Glas mit Eiswürfeln füllen. Gin, Brandy, Limettensaft und Zuckersirup hinzugeben. Gut umrühren und mit Ingwerbier auffüllen. Nochmals langsam umrühren und mit Gurke, Limettenscheibe und Minze garnieren.

SUFFERING BASTARD

SUISSESSE COCKTAIL

4 Teile Pernod (60 ml)
1 Teil Half-and-half (15 ml)
1 Eiweiß

Zutaten mit zerkleinertem Eis im
Shaker mischen und sehr kräftig
schütteln. Ins gekühlte Cocktailglas
abseihen.

SUN TEA

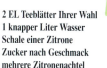

2 EL Teeblätter Ihrer Wahl
1 knapper Liter Wasser
Schale einer Zitrone
Zucker nach Geschmack
mehrere Zitronenachtel

Tee, Wasser und Zitronenschale im
Glaskrug mischen und abdecken.
Mindestens vier Stunden in direktes
Sonnenlicht stellen. In frischen Krug
schütten und kalt stellen. Mit
Zitronenachteln garnieren. Über
Eiswürfel in Collinsgläsern servieren.
Nach Geschmack süßen.

SWAMP WATER

SWEET AND SOUR BOURBON

4 Teile Bourbon (60 ml)
2 Teile frischer Zitronensaft (30 ml)
6 Teile frischer Orangensaft (90 ml)
Prise Salz
1/4 TL feiner Barzucker
Maraschinokirsche

Sämtliche Zutaten, außer der Kirsche,
mit zerkleinertem Eis im Shaker
gründlich mischen und kräftig
schütteln. Ins gekühlte Sour-Glas
abseihen. Mit Kirsche garnieren.

SWEET JANE

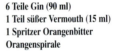

4 Teile frischer Orangensaft
(60 ml)
4 Teile frischer Limettensaft (60 ml)
2 Teile Kokoscreme (30 ml)
1 Teil Orgeatsirup (Mandelsirup; 15 ml)

Zutaten im Mixgerät mit zerkleinertem
Eis mixen. Bei niedriger Stufe cremig
rühren. Ins gekühlte bauchige Weinglas
füllen.

SWEET MARTINI

6 Teile Gin (90 ml)
1 Teil süßer Vermouth (15 ml)
1 Spritzer Orangenbitter
Orangenspirale

Zutaten, außer Orangenspirale, ins
Rührglas mit Eiswürfeln gießen, gut
verrühren und ins gekühlte Cocktailglas
abseihen. Mit Orangenspirale garnieren.

SUNDOWNER

4 Teile goldener Rum (60 ml)
2 Teile frischer Limettensaft (30 ml)
1/4 TL Maraschinolikör
1/4 TL Curaçao weiß
Tonic Water
Limettenscheibe

Zutaten, außer Tonic Water und
Limette, mit Eis im Shaker mischen.
Über Eiswürfel ins gekühlte Long-
drinkglas abseihen und mit Tonic Water
auffüllen. Langsam umrühren und mit
Limettenscheibe garnieren.

SWAMP WATER

4 Teile brauner Rum (60 ml)
1 Teil Curaçao blau (15 ml)
3 Teile frischer Orangensaft (45 ml)
1 Teil frischer Zitronensaft (15 ml)

Zutaten mit zerkleinertem Eis im
Shaker mischen und kräftig schütteln.
Über Eiswürfel ins gekühlte Whisky-
glas abseihen.

TAHITI CLUB

6 Teile goldener Rum (90 ml)
1 Teil Maraschinolikör (15 ml)
2 Teile Ananassaft (30 ml)
1 Teil frischer Zitronensaft (15 ml)
1 Teil frischer Limettensaft (15 ml)
Orangenscheibe

Sämtliche Zutaten, außer Orangenscheibe, mit zerkleinertem Eis im
Shaker gründlich mischen. Ins gekühlte
Whiskyglas gießen und mit Orangenscheibe garnieren.

TAHOE JULIUS

4 Teile Wodka (60 ml)
8 Teile frischer Orangensaft (120 ml)
2 Teile Half-and-half (30 ml)
1 TL Zuckersirup
1 Ei

Sämtliche Zutaten im Mixgerät mixen
und cremig rühren. Ins gekühlte Weinglas gießen.

TAILSPIN

4 Teile Gin (60 ml)
3 Teile Chartreuse grün (45 ml)
3 Teile süßer Vermouth (45 ml)
1 Spritzer Orangenbitter
Zitronenspirale
Maraschinokirsche

Zutaten, außer Zitronenspirale und
Kirsche, ins Rührglas mit Eiswürfeln
gießen. Gut umrühren und ins gekühlte
Cocktailglas abseihen. Mit Zitronenspirale und Kirsche garnieren.

TAMARINDO

4 Teile Tamarindensirup (60 ml)
2 Teile Grenadine (30 ml)
Grapefruitsaft

Zutaten, außer Saft, mit zerkleinertem
Eis im Shaker mischen und kräftig
schütteln. Über Eiswürfel ins gekühlte
Collinsglas gießen. Mit Pampelmusen-
saft auffüllen und umrühren.

TANGO COCKTAIL

4 Teile Gin (60 ml)
2 Teile trockener Vermouth (30 ml)
2 Teile süßer Vermouth (30 ml)
1 Teil Triple Sec (15 ml)

Zutaten mit zerkleinertem Eis im
Shaker mischen und kräftig schütteln.
Ins gekühlte Cocktailglas abseihen.

TEA SANDWICH

8 Teile ungesüßter Ananassaft
(120 ml)
eine halbe Tasse Gurkenwürfel (geschält
und entkernt)
4 Zweige Brunnenkresse
1 Zweig frische Minze
1 Zweig Petersilie
1/2 TL frischer Limettensaft

Zutaten im Mixgerät mit zerkleinertem
Eis mixen und cremig rühren. Ins
gekühlte Collinsglas gießen.

TEMPTATION COCKTAIL

4 Teile Blended Whisky (60 ml)
1 Teil Cointreau (15 ml)
1 Teil Dubonnet Rouge (15 ml)
1 TL Pernod
Zitronenspirale

Zutaten, außer Zitronenspirale, mit zerkleinertem Eis im Shaker mischen und
kräftig schütteln. Ins gekühlte
Cocktailglas abseihen und mit
Zitronenspirale garnieren.

TEMPTER COCKTAIL

4 Teile rubinroter Portwein (60 ml)
3 Teile Aprikosenbrandy (45 ml)

Zutaten im Rührglas mit Eiswürfeln
verrühren. Ins gekühlte Cocktailglas
abseihen.

TEN-GALLON COCKTAIL

TEN-GALLON COCKTAIL

2 Teile Gin (30 ml)
2 Teile Kaffeelikör (30 ml)
2 Teile süßer Vermouth (30 ml)
Eigelb

Zutaten im Mixgerät oder Shaker
mixen. Ins gekühlte Whiskyglas
gießen.

TENNESSEE

4 Teile Rye Whiskey (60 ml)
2 Teile Maraschinolikör (30 ml)
2 Teile frischer Zitronensaft (30 ml)

Zutaten mit zerkleinertem Eis im
Shaker mischen und kräftig schütteln.
Ins gekühlte Cocktailglas abseihen.

TEQUILA COCKTAIL

6 Teile Tequila gold (90 ml)
2 Teile frischer Limettensaft (30 ml)
1/4 TL Grenadine
1 Spritzer Angosturabitter

Zutaten mit zerkleinertem Eis im
Shaker mischen und kräftig schütteln.
Ins gekühlte Cocktailglas abseihen.

TEQUILA COLLINS

4 Teile Tequila silver (60 ml)
2 Teile frischer Zitronensaft (30 ml)
1 TL Zuckersirup
Soda
Maraschinokirsche

Tequila über Eiswürfel ins gekühlte
Collinsglas gießen. Zitronensaft und
Sirup hinzugeben. Gut umrühren und
mit Soda auffüllen. Langsam umrühren
und mit Kirsche garnieren.

TEQUILA FIZZ

6 Teile Tequila weiß (90 ml)
2 Teile frischer Limettensaft (30 ml)
2 Teile Grenadine (30 ml)
1 Eiweiß
Ginger Ale

Zutaten, außer Ginger Ale, mit zerkleinertem Eis im Shaker mischen und schütteln. Über Eiswürfel ins gekühlte Collinsglas abseihen und mit Ginger Ale auffüllen. Langsam umrühren.

TEQUILA GHOST

4 Teile Tequila silver (60 ml)
2 Teile Pernod (30 ml)
1 Teil frischer Zitronensaft (15 ml)

Zutaten mit zerkleinertem Eis im Shaker mischen und kräftig schütteln. Ins gekühlte Cocktailglas abseihen.

TEQUILA GIMLET

6 Teile Tequila silver (90 ml)
2 Teile Limettensaft (30 ml)
Limettenscheibe

Tequila und Limettensaft über Eiswürfel ins Whiskyglas gießen. Umrühren und mit Limette garnieren.

TEQUILA MANHATTAN

6 Teile Tequila gold (90 ml)
2 Teile süßer Vermouth (30 ml)
1 TL frischer Limettensaft
Maraschinokirsche
Orangenscheibe

Zutaten, außer Früchte, mit zerkleinertem Eis im Shaker mischen und kräftig schütteln. Über Eiswürfel ins gekühlte Whiskyglas abseihen und mit Früchten garnieren.

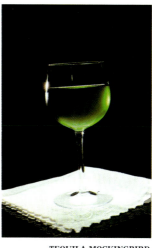

TEQUILA MOCKINGBIRD

TEQUILA MARIA

4 Teile Tequila weiß (60 ml)
8 Teile Tomatensaft (120 ml)
1 Teil frischer Limettensaft (15 ml)
1 TL weißer Meerrettich
Tabasco nach Geschmack
3-5 Spritzer Worcestershire-Sauce
gemahlener schwarzer Pfeffer
Selleriesalz nach Geschmack
1 Prise Chili-Gewürzmischung
Zitronenachtel

Zutaten, außer Zitronenachtel, im Rührglas mit zerkleinertem Eis mischen und verrühren. Ins Whiskyglas gießen und mit Zitronenachtel garnieren.

TEQUILA MOCKINGBIRD

4 Teile Tequila silver (60 ml)
2 Teile Crème de Menthe, weiß (30 ml)
2 Teile frischer Limettensaft (30 ml)

Zutaten mit zerkleinertem Eis im Shaker mischen und kräftig schütteln. Ins gekühlte Cocktailglas abseihen.

TEQUILA SHOT

TEQUILA OLD-FASHIONED

4 Teile Tequila gold (60 ml)
1 TL feiner Barzucker
3 - 5 Spritzer Angosturabitter
Soda
Maraschinokirsche

Zucker, Angosturabitter und Soda im gekühlten Whiskyglas mischen. Glas mit Eiswürfeln füllen und Tequila hinzugeben. Gut umrühren und mit Kirsche garnieren.

TEQUILA SHOT

4 Teile Tequila nach Wahl (60 ml)
Zitronenachtel
Salz

Tequila ins Schnapsglas gießen. Handfläche zwischen Daumen und Zeigefinger benetzen und mit Salz bestreuen. Salz ablecken, Tequila in einem Zug leeren und sofort an der Zitrone saugen.

TEQUILA SOUR

4 Teile Tequila weiß (60 ml)
3 Teile frischer Zitronensaft (45 ml)
1 TL feiner Barzucker
Zitronenscheibe
Maraschinokirsche

Zutaten, außer Früchte, mit zerkleinertem Eis im Shaker mischen und kräftig schütteln. Ins gekühlte Sour-Glas abseihen und mit Früchten garnieren.

TEQUILA STINGER

4 Teile Tequila gold (60 ml)
2 Teile Crème de Menthe, weiß (30 ml)

Zutaten mit zerkleinertem Eis im Shaker mischen und kräftig schütteln. Ins gekühlte Cocktailglas abseihen.

TEQUILA SUNRISE

TEQUILA SUNRISE

4 Teile Tequila silver (60 ml)
frischer Orangensaft
2 Teile Grenadine (30 ml)

Tequila über Eiswürfel ins gekühlte
Longdrinkglas gießen. Glas mit
Orangensaft füllen, jedoch etwas Raum
lassen. Umrühren und Grenadine langsam hinzugießen.

TEQUINI

6 Teile Tequila silver (90 ml)
1 Teil trockener Vermouth (15 ml)
Spritzer Angosturabitter
Zitronenspirale

Zutaten, außer Zitronenspirale, im
Rührglas mit Eiswürfeln verrühren. Ins
gekühlte Cocktailglas abseihen und mit
Zitronenspirale garnieren.

TEQUONIC

4 Teile Tequila silver (60 ml)
3 Teile frischer Limettensaft (45 ml)
Tonic Water
Zitronenachtel

Tequila über Eiswürfel ins Longdrinkglas gießen. Limettensaft hinzugeben
und umrühren. Mit Tonic Water auffüllen und mit Zitronenachtel garnieren.

TEXAS VIRGIN

2 Teile frischer Limettensaft (30 ml)
2 Teile Barbecue-Sauce (30 ml)
Tabasco nach Geschmack
3-5 Spritzer Worcestershire-Sauce
frisch gemahlener Pfeffer
Tomatensaft
1 eingelegte Jalapeño-Pfefferschote
Limettenscheibe

Zutaten - außer Tomatensaft, Jalapeño
und Limettenscheibe - mit zerkleinertem Eis im Shaker mischen und kräftig
schütteln. Ins gekühlte Longdrinkglas
gießen. Mit Tomatensaft auffüllen und
umrühren. Mit Jalapeño und Limette
garnieren.

THANKSGIVING
SPECIAL COCKTAIL

4 Teile Gin (60 ml)
3 Teile Aprikosenbrandy (45 ml)
2 Teile trockener Vermouth (30 ml)
1 Teil frischer Zitronensaft (15 ml)
Maraschinokirsche

Sämtliche Zutaten, außer der Kirsche,
mit zerkleinertem Eis im Shaker
mischen und kräftig schütteln. Ins
gekühlte Cocktailglas abseihen.
Anschließend mit Kirsche garnieren.

THIRD DEGREE
COCKTAIL

6 Teile Gin (90 ml)
2 Teile trockener Vermouth (30 ml)
1 Teil Pernod (15 ml)

Zutaten ins Rührglas mit Eiswürfeln
gießen, gut verrühren und ins gekühlte
Cocktailglas abseihen.

THIRD RAIL
COCKTAIL

4 Teile Apfelbrandy (60 ml)
4 Teile Brandy (60 ml)
1 Teil weißer Rum (15 ml)
1/4 TL Pernod

Zutaten mit zerkleinertem Eis im
Shaker mischen und kräftig schütteln.
Ins gekühlte Cocktailglas abseihen.

THISTLE COCKTAIL

4 Teile Scotch (60 ml)
3 Teile süßer Vermouth
(45 ml)
3 Spritzer Angosturabitter

Zutaten im Rührglas mit Eiswürfeln
mischen und gut verrühren. Ins gekühlte Cocktailglas abseihen.

THREE MILLER
COCKTAIL

4 Teile weißer Rum (60 ml)
2 Teile Brandy (30 ml)
1 Teil Grenadine (15 ml)
1 Teil frischer Zitronensaft (15 ml)

Zutaten mit Eis im Shaker mischen und
kräftig schütteln. Ins gekühlte Cocktailglas abseihen.

THREE STRIPES
COCKTAIL

4 Teile Gin (60 ml)
2 Teile trockener Vermouth (30 ml)
2 Teile frischer Orangensaft (30 ml)

Zutaten mit zerkleinertem Eis im
Shaker mischen und kräftig schütteln.
Ins gekühlte Cocktailglas abseihen.

THUNDER COCKTAIL

4 Teile Brandy (60 ml)
1 TL feiner Barzucker
1/4 TL Cayennepfeffer
1 Eigelb

Zutaten mit zerkleinertem Eis im
Shaker mischen und sehr kräftig schütteln. Ins gekühlte Cocktailglas gießen.

THIRD RAIL COCKTAIL

THUNDERCLAP

4 Teile Blended Whisky (60 ml)
2 Teile Brandy (30 ml)
2 Teile Gin (30 ml)

Zutaten mit zerkleinertem Eis im
Shaker mischen und kräftig schütteln.
Ins gekühlte Cocktailglas abseihen.

TIDBIT

4 Teile Gin (60 ml)
1 Teil Fino Sherry (15 ml)
1 kleine Kugel Vanilleeis

Zutaten im Mixgerät cremig rühren. Ins
gekühlte Longdrinkglas gießen.

TIGER TAIL

4 Teile Pernod (60 ml)
8 Teile frischer Orangensaft (120 ml)
1/4 TL Cointreau
Zitronenachtel

Zutaten, außer Zitronenachtel, im
Mixgerät mit zerkleinertem Eis mixen.
Cremig rühren und ins gekühlte
Weinglas gießen. Mit Zitronenachtel
garnieren.

TIGER'S MILK

4 Teile goldener Rum (60 ml)
3 Teile Cognac (45 ml)
10 Teile Milch (150 ml)
1 TL Zuckersirup
gemahlener Zimt

Zutaten, außer Zimt, im Mixgerät mit
zerkleinertem Eis mixen. Cremig
rühren und ins gekühlte Weinglas
gießen. Mit Zimt bestreuen.

TINTORETTO

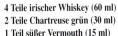

4 Teile Williams Christ Birne
(60 ml)
eine Viertel Tasse reife Anjoubirne
Champagner oder Schaumwein

Anjoubirne im Küchenmixer pürieren
und ins Weinglas geben. Brandy
hinzugießen und mit Champagner
auffüllen. Langsam umrühren.

TIPPERARY COCKTAIL

4 Teile irischer Whiskey (60 ml)
2 Teile Chartreuse grün (30 ml)
1 Teil süßer Vermouth (15 ml)

Zutaten mit zerkleinertem Eis im
Shaker mischen und kräftig schütteln.
Ins gekühlte Cocktailglas abseihen.

TOASTED ALMOND

4 Teile Kaffeelikör (60 ml)
3 Teile Amaretto (45 ml)
4 Teile Half-and-half (60 ml)

Zutaten mit zerkleinertem Eis im
Shaker mischen und kräftig schütteln.
Über Eiswürfel ins gekühlte Whisky-
glas abseihen.

TOM AND JERRY

4 Teile weißer Rum (60 ml)
2 Teile Brandy (30 ml)
12 Teile heiße Milch (180 ml)
1 Ei, Eiweiß und Eigelb getrennt
feiner Barzucker,
frisch gemahlener Muskat

Eiweiß und Eigelb getrennt verquirlen
und in Kaffeetasse vermischen. Zucker
hinzugeben und erneut verquirlen.
Rum, Brandy und heiße Milch
hinzugießen und langsam umrühren.
Mit Muskat bestreuen.

TOM COLLINS

6 Teile Gin (90 ml)
4 Teile frischer Zitronensaft (60 ml)
1 Teil Zuckersirup (15 ml)
Soda
Maraschinokirsche
Orangenscheibe

Sämtliche Zutaten, außer dem Soda und
den Früchte, über Eiswürfel in ein gut
gekühltes Collinsglas gießen. Mit Soda
auffüllen und langsam umrühren. Mit
Früchten garnieren.

TOMATO COCKTAIL

32 Teile Tomatensaft
(480 ml)
2 Teile Rotweinessig (30 ml)
1/2 TL Salz
1/8 TL Paprika
1/2 TL Basilikum
1/2 TL frisch gemahlener Pfeffer
1 Gurke, geschält und püriert
4 Zitronenachtel

Zutaten, außer Zitronenachtel, im
Glaskrug mischen und gut umrühren.
Kühlen und über Eiswürfel im mit
Zitronenachteln garnierten Longdrink-
glas servieren.

TOREADOR

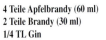

4 Teile Tequila weiß
(60 ml)
2 Teile Crème de Cacao, dunkel (30 ml)
2 Teile Half-and-half (30 ml)
Schlagsahne
Kakaopulver

Sämtliche Zutaten, außer Schlagsahne
und Kakao, im Mixgerät mit zerkleinertem Eis gründlich mixen. Cremig
rühren und ins gekühlte Weinglas
gießen. Schlagsahnehaube aufsetzen
und mit Kakao bestreuen.

TORPEDO

4 Teile Apfelbrandy (60 ml)
2 Teile Brandy (30 ml)
1/4 TL Gin

Zutaten mit zerkleinertem Eis im
Shaker mischen und kräftig schütteln.
Ins gekühlte Cocktailglas abseihen.

TORRIDORA COCKTAIL

4 Teile weißer Rum (60 ml)
1 EL hochprozentiger Rum
2 Teile Kaffeelikör (30 ml)
1 Teil Half-and-half (15 ml)

Zutaten, außer Rum, mit zerkleinertem Eis im Shaker mischen und kräftig schütteln. Ins gekühlte Cocktailglas abseihen. Hochprozentigen Rum darübergleiten lassen (floaten).

TOVARISCH COCKTAIL

6 Teile Wodka (90 ml)
3 Teile Jägermeister (45 ml)
2 Teile frischer Limettensaft (30 ml)

Zutaten mit zerkleinertem Eis im Shaker mischen und kräftig schütteln. Ins gekühlte Cocktailglas abseihen.

TRADE WINDS

4 Teile goldener Rum (60 ml)
2 Teile Slibowitz (30 ml)
2 Teile frischer Limettensaft (30 ml)
1 Teil Falernum (15 ml)

Zutaten mit zerkleinertem Eis im Shaker mischen und kräftig schütteln. Ins gekühlte Cocktailglas abseihen.

TRILBY COCKTAIL

6 Teile Bourbon (90 ml)
2 Teile süßer Vermouth (30 ml)
3 Spritzer Angosturabitter

Zutaten mit zerkleinertem Eis im Shaker mischen und kräftig schütteln. Ins gekühlte Cocktailglas abseihen.

TROIS RIVIERES

4 Teile kanadischer Whisky
(60 ml)
1 Teil Dubonnet Rouge (15 ml)
1 EL Cointreau
Orangenspirale

Zutaten, außer Orangenspirale, mit zerkleinertem Eis im Shaker mischen und kräftig schütteln. Ins gekühlte Cocktailglas abseihen. Mit Orangenspirale garnieren.

TROLLEY COOLER

6 Teile Bourbon (90 ml)
Preiselbeersaft
Grapefruitsaft

Bourbon ins mit Eiswürfeln gefüllte Collinsglas gießen. Fruchtsäfte zu gleichen Teilen hinzugeben. Gut umrühren.

TROPICAL COCKTAIL

4 Teile Crème de Cacao, weiß
(60 ml)
3 Teile Maraschinolikör (45 ml)
2 Teile trockener Vermouth (30 ml)
1 Spritzer Angosturabitter

Zutaten mit zerkleinertem Eis im Shaker mischen und kräftig schütteln. Ins gekühlte Cocktailglas abseihen.

TROPICAL STORM

4 Teile Ananassaft (60 ml)
4 Teile frischer Limettensaft (60 ml)
2 Teile Passionsfruchtsaft (30 ml)
1/2 TL Orgeatsirup (Mandelsirup)
Ananasstück

Zutaten, außer Ananasstück, mit zerkleinertem Eis im Shaker mischen und kräftig schütteln. Ins gekühlte Whiskyglas gießen. Mit Ananasstück garnieren.

TULIP COCKTAIL

4 Teile Apfelbrandy (60 ml)
3 Teile süßer Vermouth
(45 ml)
1 Teil Aprikosenbrandy (15 ml)
1 Teil frischer Zitronensaft (15 ml)

Zutaten mit zerkleinertem Eis im Shaker mischen und kräftig schütteln. Ins gekühlte Cocktailglas abseihen.

TURF COCKTAIL

4 Teile Gin (60 ml)
2 Teile trockener Vermouth (30 ml)
1 Teil Pernod (15 ml)
1 Teil frischer Zitronensaft (15 ml)
3 Spritzer Angosturabitter

Zutaten mit zerkleinertem Eis im Shaker mischen und kräftig schütteln. Ins gekühlte Cocktailglas abseihen.

233

TUTTI-FRUTTI

6 Teile Gin (90 ml)
2 Teile Amaretto (30 ml)
2 Teile Kirschlikör (30 ml)
kleingehackter frischer Apfel
kleingehackte frische Birne
kleingehackter frischer Pfirsich

Zutaten im Mixgerät mit zerkleinertem
Eis mixen. Cremig rühren und ins
gekühlte Longdrinkglas gießen.
(Anm.: Sollten Sie Dosenfrüchte verwenden,
dann bevorzugen Sie im eigenen Saft und
ohne Zucker konservierte Produkte.)

TUXEDO COCKTAIL

4 Teile Gin (60 ml)
3 Teile trockener Vermouth (45 ml)
1/2 TL Maraschinolikör
3 Spritzer Orangenbitter
Maraschinokirsche

Zutaten, außer Kirsche, im Rührglas
mit Eiswürfeln mixen und verrühren.
Ins gekühlte Cocktailglas abseihen und
mit Kirsche garnieren.

TWIN HILLS

4 Teile Bourbon (60 ml)
1 Teil Bénédictine (15 ml)
1 Teil frischer Zitronensaft (15 ml)
1 Teil frischer Limettensaft (15 ml)
1 TL Zuckersirup
Zitronenscheibe
Limettenscheibe

Zutaten, außer Früchte, mit zerkleinertem Eis im Shaker mischen. Ins gekühlte Sour-Glas abseihen und mit Früchten
garnieren.

TWIN SIX COCKTAIL

4 Teile Gin (60 ml)
2 Teile süßer Vermouth (30 ml)
1 Spritzer Grenadine
1 Eiweiß

Zutaten mit zerkleinertem Eis im
Shaker mischen und sehr kräftig schütteln. Ins gekühlte Cocktailglas abseihen.

U, V

ULANDA COCKTAIL

4 Teile Gin (60 ml)
2 Teile Triple Sec (30 ml)
1 TL Pernod

Zutaten im Rührglas mit Eiswürfeln mixen und verrühren. Ins gekühlte Cocktailglas abseihen.

UNDER THE BOARDWALK

4 Teile frischer Zitronensaft (60 ml)
1/2 TL feiner Barzucker
halber frischer Pfirsich,
geschält und gewürfelt
frische Himbeeren, Soda

Zutaten, außer Soda und Himbeeren, im Mixgerät mit zerkleinertem Eis mixen. Dickflüssig rühren und ins gekühlte Longdrinkglas gießen. Mit Soda auffüllen und langsam umrühren. Mit frischen Himbeeren garnieren.

UNION JACK

4 Teile Gin (60 ml)
2 Teile Schlehen-Gin (30 ml)
1 TL Grenadine

Zutaten mit zerkleinertem Eis im Shaker mischen und kräftig schütteln. Ins gekühlte Cocktailglas abseihen.

UNION LEAGUE CLUB

4 Teile Gin (60 ml)
2 Teile rubinroter Portwein (30 ml)
3-5 Spritzer Orangenbitter
Orangenspirale

Zutaten, außer Orangenspirale, mit zerkleinertem Eis im Shaker mischen und kräftig schütteln. Ins gekühlte Cocktailglas abseihen und mit Orangenspirale garnieren.

VALENCIA COCKTAIL

4 Teile Gin (60 ml)
2 Teile Amontillado Sherry (30 ml)
Zitronenspirale

Zutaten, außer Zitronenspirale, mit Eiswürfeln mischen und verrühren. Ins gekühlte Cocktailglas abseihen und mit Zitronenspirale garnieren.

VANDERBILT COCKTAIL

4 Teile Brandy (60 ml)
2 Teile Kirschbrandy (30 ml)
1/2 TL feiner Barzucker
3 Spritzer Angosturabitter

Zutaten mit zerkleinertem Eis im Shaker mischen und kräftig schütteln. Ins gekühlte Cocktailglas abseihen.

VANITY FAIR

4 Teile Apfelbrandy (60 ml)
2 Teile Kirschwasser (30 ml)
1 Teil Maraschinolikör (15 ml)
1 EL Amaretto

Zutaten, außer Amaretto, mit zerkleinertem Eis im Shaker mischen. Ins gekühlte Cocktailglas abseihen und Amaretto darübergleiten lassen (floaten).

VELVET HAMMER

6 Teile Wodka (90 ml)
2 Teile Crème de Cacao, dunkel (30 ml)
2 Teile Half-and-half (30 ml)

Zutaten mit zerkleinertem Eis im Shaker mischen und kräftig schütteln. Ins gekühlte Cocktailglas abseihen.

VELVET KISS

4 Teile Gin (60 ml)
1 Teil Crème de Bananes
(15 ml)
2 Teile Ananassaft (30 ml)
2 Teile Half-and-half (30 ml)
Spritzer Grenadine

Zutaten mit zerkleinertem Eis im
Shaker mischen und kräftig schütteln.
Ins gekühlte Cocktailglas abseihen.

VERMOUTH CASSIS

4 Teile trockener Vermouth (60 ml)
2 Teile Crème de Cassis (30 ml)
Soda

Vermouth und Cassis über Eiswürfel
ins gekühlte Longdrinkglas gießen und
verrühren. Mit Soda auffüllen und langsam umrühren.

VERMOUTH COCKTAIL

3 Teile trockener Vermouth (45 ml)
3 Teile süßer Vermouth (45 ml)
1 Spritzer Angosturabitter
Maraschinokirsche

Zutaten, außer Kirsche, im Rührglas
mit Eiswürfeln mischen und verrühren.
Ins gekühlte Cocktailglas abseihen und
mit Kirsche garnieren.

VERONA COCKTAIL

4 Teile Gin (60 ml)
2 Teile Amaretto (30 ml)
1 Teil süßer Vermouth (15 ml)
1/4 TL frischer Zitronensaft
Orangenscheibe

Zutaten, außer Orangenscheibe, mit
zerkleinertem Eis im Shaker mischen
und kräftig schütteln. Über Eiswürfel
ins gekühlte Whiskyglas abseihen und
mit Orangenscheibe garnieren.

VIA VENETO

4 Teile Brandy (60 ml)
2 Teile Sambuca weiß (30 ml)
2 Teile frischer Zitronensaft (30 ml)
1/2 TL feiner Barzucker
1 Eiweiß

Sämtliche Zutaten mit zerkleinertem
Eis im Shaker mischen und sehr kräftig
schütteln. Ins gekühlte Whiskyglas
gießen - sofort servieren.

VICTOR

4 Teile Gin (60 ml)
2 Teile Brandy (30 ml)
1 Teil süßer Vermouth (15 ml)

Zutaten mit zerkleinertem Eis im
Shaker mischen und kräftig schütteln.
Ins gekühlte Cocktailglas abseihen.

VICTORY

4 Teile Pernod (60 ml)
2 Teile Grenadine (30 ml)
Soda

Sämtliche Zutaten, außer Soda,
mit zerkleinertem Eis im Shaker
mischen. Ins gekühlte Longdrinkglas
gießen und mit Soda auffüllen.
Langsam umrühren.

VIRGIN ISLAND

6 Teile Ananassaft (90 ml)
2 Teile Kokoscreme (30 ml)
2 Teile frischer Limettensaft (30 ml)
1/2 TL Orgeatsirup (Mandelsirup)
Ananasstück

Zutaten, außer Ananasstück, im
Mixgerät mit zerkleinertem Eis mixen.
Dickflüssig rühren und ins gekühlte
Longdrinkglas gießen. Mit Ananasstück
garnieren.

VIRGIN MARY

8 Teile Tomatensaft (120 ml)
2 Teile frischer Limettensaft (30 ml)
1/4 TL weißer Meerrettich
3-5 Spritzer Tabasco
3-5 Spritzer Worcestershire-Sauce
frisch gemahlener Pfeffer nach Geschmack
Salz nach Geschmack
Zitronenachtel

Zutaten, außer Zitronenachtel, mit zerkleinertem Eis im Shaker mischen und
kräftig schütteln. Ins gekühlte Longdrinkglas gießen. Mit Zitronenachtel
garnieren.

VIVA VILLA

4 Teile Tequila silver (60 ml)
4 Teile frischer Limettensaft (60 ml)
1 TL feiner Barzucker
Zitronenachtel
grobkörniges Salz

Gekühltes Whiskyglas mit Kragen aus
Salz versehen, indem Sie den Glasrand
mit einem Zitronenachtel befeuchten
und in grobkörniges Salz stülpen. Zitronenachtel wegwerfen. Restliche Zutaten
mit zerkleinertem Eis im Shaker mischen und kräftig schütteln. Über Eiswürfel ins Glas abseihen.

VODKA AND TONIC

6 Teile Wodka (90 ml)
Tonic Water
Zitronenachtel

Wodka über Eiswürfel ins gekühlte
Collinsglas gießen. Mit Tonic auffüllen
und langsam umrühren.

VODKA COLLINS

6 Teile Wodka (90 ml)
4 Teile frischer Zitronensaft (60 ml)
1 Teil Zuckersirup (15 ml)
Soda
Maraschinokirsche
Orangenscheibe

Zutaten, außer Soda und Früchte, im
gekühlten, mit Eiswürfeln gefüllten
Collinsglas mischen. Mit Soda auffüllen und langsam umrühren. Mit
Früchten garnieren.

VODKA COOLER

4 Teile Wodka (60 ml)
1/2 TL feiner Barzucker
Soda
Zitronenschale

Wodka und Zucker im gekühlten
Collinsglas mixen. Eiswürfel hinzugeben, mit Soda auffüllen. Langsam umrühren, mit Zitronenschale garnieren.

VODKA DAISY

6 Teile Wodka (90 ml)
2 Teile frischer Zitronensaft (30 ml)
1 EL Grenadine
1 TL Zuckersirup
Soda
Orangenscheibe

Zutaten, außer Soda und Orangen-
scheibe, mit zerkleinertem Eis im
Shaker mischen und kräftig schütteln.
Ins gekühlte Longdrinkglas gießen. Mit
Soda auffüllen, langsam umrühren und
mit Orangenscheibe garnieren.

VODKA GIMLET

6 Teile Wodka (90 ml)
2 Teile Limettensaft (30 ml)
Limettenscheibe

Den Wodka und den Limettensaft über
Eiswürfel ins Whiskyglas gießen.
Danach gründlich umrühren und mit
Limette garnieren.

VODKA GRASSHOPPER

4 Teile Wodka (60 ml)
4 Teile Crème de Menthe, grün (60 ml)
4 Teile Crème de Cacao, weiß (60 ml)

Zutaten mit zerkleinertem Eis im
Shaker mischen und kräftig schütteln.
Ins gekühlte Cocktailglas abseihen.

VODKA MARTINI

6 Teile eisgekühlter Wodka (90 ml)
1/8 bis 1/4 TL trockener Vermouth
Cocktailolive

Wodka und Vermouth sorgfältig im
Rührglas mit zerkleinertem Eis verrühren. Ins gekühlte Cocktailglas abseihen und mit Olive garnieren.

VODKA SLING

4 Teile Wodka (60 ml)
1 Teil frischer Zitronensaft (15 ml)
1 TL Wasser
1 TL feiner Barzucker
Orangenspirale

Zucker im Rührglas im Wasser und
Zitronensaft auflösen. Wodka hinzugeben und umrühren. Über Eiswürfel ins
gekühlte Whiskyglas gießen und mit
Orangenspirale garnieren.

VODKA SOUR

4 Teile Wodka (60 ml)
3 Teile frischer Zitronensaft (45 ml)
1 TL feiner Barzucker
Zitronenscheibe
Maraschinokirsche

Zutaten, außer Früchte, mit zerkleinertem Eis im Shaker mischen und kräftig
schütteln. Ins gekühlte Sour-Glas abseihen und mit Früchten garnieren.

VODKA STINGER

4 Teile Wodka (60 ml)
2 Teile Crème de Menthe, weiß (30 ml)

Zutaten mit zerkleinertem Eis im
Shaker mischen und kräftig schütteln.
Ins gekühlte Cocktailglas abseihen.

VOLGA BOATMAN

4 Teile Wodka (60 ml)
2 Teile Kirschwasser (30 ml)
2 Teile frischer Orangensaft (30 ml)
Maraschinokirsche

Zutaten, außer Kirsche, mit zerkleinertem Eis im Shaker mischen. Ins gekühlte Cocktailglas abseihen und mit
Kirsche garnieren.

WAIKIKI BEACHCOMBER

4 Teile Wodka (60 ml)
1 Teil Himbeerlikör (15 ml)
2 Teile frischer Limettensaft (30 ml)
10 Teile Guavensaft (150 ml)

Zutaten, außer Likör, mit zerkleinertem Eis im Shaker mischen. Ins gekühlte Collinsglas gießen und Likör darübergleiten lassen (floaten).

WALDORF COCKTAIL

4 Teile Bourbon (60 ml)
2 Teile Pernod (30 ml)
1 Teil süßer Vermouth (15 ml)
1 Spritzer Angosturabitter

Zutaten mit zerkleinertem Eis im Shaker mischen und kräftig schütteln. Ins gekühlte Cocktailglas abseihen.

WALKING ZOMBIE

4 Teile frischer Limettensaft (60 ml)
4 Teile frischer Orangensaft (60 ml)
4 Teile Ananassaft (60 ml)
4 Teile Guavennektar (60 ml)
2 Teile Grenadine (30 ml)
1 Teil Orgeatsirup (Mandelsirup; 15 ml)
ein Zweig frische Minze
Ananasstück

Zutaten, außer Minze und Ananasstück, im Mixgerät mit zerkleinertem Eis mixen. Cremig rühren. Ins gekühlte Collinsglas gießen und mit Ananas und Minze garnieren.

WALTERS

6 Teile Scotch (90 ml)
1 Teil frischer Zitronensaft (15 ml)
1 Teil frischer Orangensaft (15 ml)

Zutaten mit zerkleinertem Eis im Shaker mischen und kräftig schütteln. Ins gekühlte Cocktailglas abseihen.

WARD EIGHT

4 Teile Blended Whisky
(60 ml)
3 Teile frischer Zitronensaft (45 ml)
1 TL Grenadine
1 TL feiner Barzucker

Zutaten mit zerkleinertem Eis im Shaker mischen und kräftig schütteln. Ins gekühlte, mit zerkleinertem Eis gefüllte Weinglas abseihen.

WARDAY'S COCKTAIL

3 Teile Gin (45 ml)
2 Teile Apfelbrandy (30 ml)
2 Teile süßer Vermouth (30 ml)
1 EL Chartreuse gelb

Zutaten mit zerkleinertem Eis im Shaker mischen und kräftig schütteln. Ins gekühlte Cocktailglas abseihen.

WARSAW COCKTAIL

4 Teile Wodka (60 ml)
2 Teile Brombeerbrandy (30 ml)
1 Teil trockener Vermouth
(15 ml)
1 EL frischer Zitronensaft

Zutaten mit zerkleinertem Eis im Shaker mischen und kräftig schütteln. Ins gekühlte Cocktailglas abseihen.

WASHINGTON COCKTAIL

4 Teile trockener Vermouth (60 ml)
2 Teile Brandy (30 ml)
1/2 TL Zuckersirup
1 Spritzer Angosturabitter

Zutaten mit zerkleinertem Eis im Shaker mischen und kräftig schütteln. Ins gekühlte Cocktailglas abseihen.

WASSAIL BOWL

2 l Ale (6 Flaschen à 0,33 l)
16 Teile Cream Sherry (240 ml)
8 Teile feiner Barzucker (120 ml)
1/2 TL Gewürznelkenpfeffer
1 TL gemahlener Zimt
2 TL frisch gemahlener Muskat
1/4 TL Ingwergewürz
Zitronenscheiben

Sherry und eine Flasche Ale erhitzen.
Zucker und Gewürze hinzugeben und
umrühren, bis alles aufgelöst ist.
Restliches Ale hinzugießen und um-
rühren. Drei Stunden ziehen lassen. In
Bowle geben und mit Zitronenscheiben
garnieren.
Für 10 Personen.

WATERBURY COCKTAIL

4 Teile Brandy (60 ml)
2 Teile frischer Limettensaft (30 ml)
1 TL Grenadine
1 TL Zuckersirup
1 Eiweiß

Zutaten mit zerkleinertem Eis im
Shaker mischen und sehr kräftig
schütteln. Ins Cocktailglas abseihen.

WEDDING BELLE
COCKTAIL

4 Teile Gin (60 ml)
3 Teile Dubonnet Rouge (45 ml)
1 Teil Kirschwasser (15 ml)
1 Teil frischer Orangensaft (15 ml)

Zutaten mit zerkleinertem Eis im
Shaker mischen und kräftig schütteln.
Ins gekühlte Cocktailglas abseihen.

WEEP-NO-MORE

4 Teile Dubonnet Rouge
(60 ml)
3 Teile Brandy (45 ml)
1 TL Maraschinolikör
2 Teile frischer Limettensaft (30 ml)

Zutaten mit zerkleinertem Eis im
Shaker mischen und kräftig schütteln.
Ins gekühlte Cocktailglas abseihen.

WEMBLY COCKTAIL

4 Teile Gin (60 ml)
1 Teil trockener Vermouth (15 ml)
1 TL Aprikosenbrandy
1 TL Apfelbrandy

Zutaten mit zerkleinertem Eis im
Shaker mischen und kräftig schütteln.
Ins gekühlte Cocktailglas abseihen.

WHIRLAWAY

4 Teile Bourbon (60 ml)
2 Teile Triple Sec (30 ml)
3-5 Spritzer Angosturabitter
Soda

Sämtliche Zutaten, außer Soda,
mit zerkleinertem Eis im Shaker
mischen und kräftig schütteln.
Ins gekühlte Whiskyglas gießen.
Mit Soda auffüllen.

WHISKY COCKTAIL

6 Teile Blended Whisky (90 ml)
1 TL Zuckersirup
1 Spritzer Angosturabitter

Zutaten mit zerkleinertem Eis im
Shaker mischen und kräftig schütteln.
Ins gekühlte Cocktailglas abseihen.

WHISKY COLLINS

6 Teile Whisky (90 ml)
4 Teile frischer Zitronensaft (60 ml)
1 Teil Zuckersirup (15 ml)
Soda
Maraschinokirsche
Orangenscheibe

Zutaten, außer Soda und Früchten, im
gekühlten, mit Eiswürfeln gefüllten
Collinsglas mixen. Mit Soda auffüllen
und langsam umrühren. Mit Früchten
garnieren.

WHISKY COOLER

4 Teile Blended Whisky (60 ml)
1/2 TL feiner Barzucker
Soda
Zitronenschale

Whisky und Zucker im gekühlten
Collinsglas mixen. Eiswürfel hinzugeben und mit Soda auffüllen. Langsam
umrühren.

WHISKY DAISY

6 Teile Whisky (90 ml)
2 Teile frischer Zitronensaft (30 ml)
1 EL Grenadine
1 TL Zuckersirup
Soda
Orangenscheibe

Zutaten, außer Soda und Orangenscheibe, mit zerkleinertem Eis im Shaker mischen und kräftig schütteln. Ins gekühlte Longdrinkglas gießen. Mit Soda auffüllen, langsam umrühren und mit Orangenscheibe garnieren.

WHISKY FIX

4 Teile Blended Whisky
(60 ml)
2 Teile frischer Zitronensaft (30 ml)
1/2 TL feiner Barzucker
Orangenspirale

Zutaten, außer Orangenspirale, mit zerkleinertem Eis im Shaker mischen und kräftig schütteln. Über Eiswürfel ins gekühlte Longdrinkglas abseihen. Orangenspirale ins Getränk fallen lassen.

WHISKY FLIP

4 Teile Blended Whisky (60 ml)
2 Teile Half-and-half (30 ml)
1/2 TL feiner Barzucker
1 Ei
frisch gemahlener Muskat

Sämtliche Zutaten, außer Muskat, mit zerkleinertem Eis im Shaker mischen und sehr kräftig schütteln. Ins gekühlte Sour-Glas abseihen. Mit Muskat bestreuen.

WHISKY MILK PUNCH

6 Teile Blended Whisky (90 ml)
16 Teile Milch (240 ml)
1 TL Zuckersirup
frisch gemahlener Muskat

Sämtliche Zutaten, außer Muskat, mit zerkleinertem Eis im Shaker mischen und kräftig schütteln. Ins gekühlte Collinsglas abseihen und mit Muskat bestreuen.

WHISKY RICKEY

4 Teile Whisky (60 ml)
2 Teile frischer Limettensaft (30 ml)
Soda
Limettenscheibe

Whisky und Limettensaft über Eiswürfel ins gekühlte Longdrinkglas gießen. Mit Soda auffüllen und langsam umrühren. Mit Limettenscheibe garnieren.

WHISKY SANGAREE

4 Teile Blended Whisky
(60 ml)
1 EL rubinroter Portwein
1/2 TL feiner Barzucker
1 TL Wasser
2 Teile Soda (30 ml)

Zucker im gekühlten Whiskyglas im Wasser auflösen und Whisky hinzugießen. Umrühren. Glas mit Eiswürfeln und Soda füllen. Portwein darübergleiten lassen (floaten).

WHISKY SLING

4 Teile Blended Whisky
(60 ml)
1 Teil frischer Zitronensaft (15 ml)
1 TL Wasser
1 TL feiner Barzucker
Orangenspirale

Zucker im Rührglas im Wasser und Zitronensaft auflösen. Whisky hinzugeben und umrühren. Über Eiswürfel ins gekühlte Whiskyglas gießen und mit Orangenspirale garnieren.

WHISKY SOUR

4 Teile Blended Whisky
(60 ml)
2 Teile frischer Zitronensaft (30 ml)
1 TL Zuckersirup
Maraschinokirsche
Orangenscheibe

Flüssige Zutaten mit zerkleinertem Eis im Shaker mischen und kräftig schütteln. Ins gekühlte Sour-Glas abseihen und mit Früchten garnieren.

WHITE WAY COCKTAIL

WHISPERS OF THE FROST

2 Teile rubinroter Portwein (30 ml)
2 Teile Fino Sherry (30 ml)
2 Teile Bourbon (30 ml)
1/2 TL Zuckersirup
Zitronenspirale

Zutaten mit zerkleinertem Eis im Shaker mischen und kräftig schütteln. Ins gekühlte Cocktailglas abseihen.

WHITE LILY

4 Teile Gin (60 ml)
3 Teile Triple Sec (45 ml)
3 Teile weißer Rum (45 ml)
1/4 TL Pernod

Zutaten mit zerkleinertem Eis im Shaker mischen und kräftig schütteln. Ins gekühlte Cocktailglas abseihen.

WHITE LION

4 Teile brauner Rum (60 ml)
2 Teile frischer Zitronensaft (30 ml)
1 Teil Orgeatsirup (Mandelsirup; 15 ml)
1/4 TL Himbeersirup

Zutaten mit zerkleinertem Eis im Shaker mischen und kräftig schütteln. Ins gekühlte Cocktailglas abseihen.

WHITE ROSE

4 Teile Gin (60 ml)
2 Teile Maraschinolikör
(30 ml)
4 Teile frischer Orangensaft (60 ml)
2 Teile frischer Limettensaft (30 ml)
1 TL Zuckersirup
1 Eiweiß

Zutaten mit zerkleinertem Eis im
Shaker mischen und kräftig schütteln.
Ins gekühlte Cocktailglas abseihen.

WHITE RUSSIAN

4 Teile Wodka (60 ml)
2 Teile Kaffeelikör (30 ml)
2 Teile Half-and-half (30 ml)

Zutaten mit zerkleinertem Eis im
Shaker mischen und kräftig schütteln.
Ins gekühlte Whiskyglas abseihen.

WHITE WAY
COCKTAIL

4 Teile Gin (60 ml)
2 Teile Crème de Menthe, weiß (30 ml)

Zutaten mit zerkleinertem Eis im
Shaker mischen und kräftig schütteln.
Ins gekühlte Cocktailglas abseihen.

WHITE SPIDER

4 Teile Wodka (60 ml)
2 Teile Crème de Menthe, weiß
(30 ml)

Zutaten mit zerkleinertem Eis im
Shaker mischen und kräftig schütteln.
Ins gekühlte Cocktailglas abseihen.

WHY NOT?

4 Teile Gin (60 ml)
2 Teile Aprikosenbrandy (30 ml)
2 Teile trockener Vermouth (30 ml)
1/4 TL frischer Zitronensaft

Zutaten mit zerkleinertem Eis im
Shaker mischen und kräftig schütteln.
Ins gekühlte Cocktailglas abseihen.

WOMAN WARRIOR

6 Teile Wodka (90 ml)
2 Teile Curaçao blau (30 ml)
2 Teile frischer Limettensaft (30 ml)

Zutaten mit zerkleinertem Eis im
Shaker mischen und kräftig schütteln.
Ins gekühlte Cocktailglas abseihen.

WONDERFUL TOWN

4 Teile Pfefferminzsirup
(60 ml)
2 Teile Schokoladensirup (30 ml)
Soda
ein Zweig frische Minze

Sirups in einem gekühlten Longdrinkglas mixen. Glas mit Eiswürfeln und
anschließend mit Soda füllen. Langsam
umrühren und mit Minze garnieren.

(Anm: Dünnflüssigen Schokoladensirup verwenden.)

WOO-WOO

4 Teile Wodka (60 ml)
4 Teile Pfirsichschnaps (60 ml)
8 Teile Preiselbeersaft (120 ml)

Zutaten über Eiswürfel ins gekühlte
Longdrinkglas gießen. Umrühren.

WOODSTOCK

4 Teile Gin (60 ml)
2 Teile frischer Zitronensaft (30 ml)
1 EL Ahornsirup
1 Spritzer Orangenbitter

Zutaten mit zerkleinertem Eis im
Shaker mischen und kräftig schütteln.
Ins gekühlte Cocktailglas abseihen.

WOODWARD

4 Teile Scotch (60 ml)
1 Teil trockener Vermouth (15 ml)
1 Teil (15 ml) Grapefruitsaft

Zutaten mit zerkleinertem Eis im
Shaker mischen und kräftig schütteln.
Ins gekühlte Cocktailglas abseihen.

X, Y, Z

X.Y.Z. COCKTAIL

4 Teile weißer Rum (60 ml)
2 Teile Curaçao weiß (30 ml)
1 Teil frischer Zitronensaft (15 ml)

Zutaten mit zerkleinertem Eis im Shaker mischen und kräftig schütteln. Ins gekühlte Cocktailglas abseihen.

XANADU

4 Teile Guavennektar (60 ml)
4 Teile frischer Limettensaft (60 ml)
2 Teile Falernum (30 ml)
2 Teile Half-and-half (30 ml)

Sämtliche Zutaten im Mixgerät mit zerkleinertem Eis gründlich mixen. Bei niedriger Stufe cremig rühren. Ins gekühlte Sektglas gießen.

XANTHIA

4 Teile Gin (60 ml)
3 Teile Kirschbrandy (45 ml)
3 Teile Chartreuse gelb (45 ml)

Zutaten mit zerkleinertem Eis im Shaker mischen und kräftig schütteln. Ins gekühlte Cocktailglas abseihen.

XERES COCKTAIL

6 Teile Manzanilla Sherry
(90 ml)
1 Spritzer Orangenbitter
Orangenspirale

Zutaten, außer Orangenspirale, im Rührglas mit zerkleinertem Eis verrühren und ins Cocktailglas abseihen. Mit Orangenspirale garnieren.

YALE COCKTAIL

4 Teile Gin (60 ml)
1 Teil trockener Vermouth (15 ml)
1/4 TL Maraschinolikör
3-5 Spritzer Orangenbitter

Zutaten mit zerkleinertem Eis im Shaker mischen und kräftig schütteln. Ins gekühlte Cocktailglas abseihen.

YELLOW FINGERS

4 Teile Gin (60 ml)
2 Teile Brombeerbrandy
(30 ml)
2 Teile Crème de Bananes (30 ml)
2 Teile Half-and-half (30 ml)

Zutaten mit zerkleinertem Eis im Shaker mischen und kräftig schütteln. Ins gekühlte Cocktailglas abseihen.

YELLOW PARROT

4 Teile Brandy (60 ml)
4 Teile Pernod (60 ml)
4 Teile Chartreuse gelb (60 ml)

Zutaten mit zerkleinertem Eis im Shaker mischen. Ins gekühlte Cocktailglas abseihen.

YODEL

6 Teile Fernet Branca (90 ml)
8 Teile frischer Orangensaft
(120 ml)
Soda

Likör und Fruchtsaft über Eiswürfel ins gekühlte Longdrinkglas gießen. Umrühren und mit Soda auffüllen.

YORSH

4 Teile Wodka (60 ml)
Bier

Krug zu drei Vierteln mit Bier füllen. Wodka dazugießen und sofort trinken.

ZAZA COCKTAIL

4 Teile Dubonnet Rouge
(60 ml)
2 Teile Gin (30 ml)
1 Spritzer Orangenbitter
Orangenspirale

Zutaten, außer Orangenspirale, mit zerkleinertem Eis im Shaker mischen und kräftig schütteln. Ins gekühlte Cocktailglas abseihen und mit Orangenspirale garnieren.

ZOMBIE

ZOMBIE

4 Teile brauner Rum (60 ml)
4 Teile weißer Rum (60 ml)
2 Teile hochprozentiger Rum (30 ml)
2 Teile Triple Sec (30 ml)
1 TL Pernod
2 Teile frischer Limettensaft (30 ml)
2 Teile frischer Orangensaft (30 ml)
2 Teile Ananassaft (30 ml)
2 Teile Guavennektar (30 ml)
1 EL Grenadine
1 EL Orgeatsirup (Mandelsirup)
ein Zweig frische Minze
Ananasstück

Zutaten, außer Minze und Ananasstück,
im Mixgerät mit zerkleinertem Eis
mixen. Cremig rühren. Ins gekühlte
Collinsglas gießen und mit Minze und
Ananasstück garnieren.

ZESTY COOLER

2 Teile frischer Limettensaft (30 ml)
Ingwerbier
Zitronenachtel

Limettensaft über Eiswürfel ins gekühlte Bierglas gießen. Mit Ingwerbier auffüllen und langsam umrühren. Mit
Zitronenachtel garnieren.

REGISTER